Hubertus Mynarek

Die Jesus-Fälschung

Wie ihn die Kirche zum vollkommensten Menschen und Gott machte

Angelika Lenz Verlag

www.lenz-verlag.de

Neuauflage

Ortrun E. Lenz M. A.
Beethovenstraße 96 | 63263 Neu-Isenburg
Druck: Druckerei Siefert GmbH, Frankfurt/Main
Erstausgabe Alsdorf 2020
Printed in Germany
ISBN 978-3-943624-87-8

Inhalt

I. Teil: Jesus – Ein jüdischer Prophet, kein Religionsstifter

1. Jesus hat keine christliche Religion und keine Kirche gegründet

Die römisch-katholische Kirche verkündet seit dem ersten Beginn ihrer Existenz als eines ihrer zentralen Dogmen, dass sie die *authentische Kirche Jesu Christi* sei, dass *Jesus sie gegründet habe*. Auch die protestantische Kirche, die lutherische ebenso wie die reformierten Kirchen Calvins und Zwinglis leiten sich mit voller Überzeugung von Jesus Christus ab. Alle Theologen dieser Kirchen sind Agitatoren, Propagatoren und Apologeten der These von der Herkunft ihrer Kirche aus dem Ursprung, der Jesus Christus heißt.

In radikalem Gegensatz dazu muss als sicher gelten: Jesus war Jude, blieb Jude und hat *nie vorgehabt, eine christliche Religion oder eine sich christlich nennende Kirche zu gründen*. Die Frage, ob es diesen Jesus wirklich gegeben, ob er wirklich gelebt hat, können wir hier außer Acht lassen. Sie ist bis heute wissenschaftlich nicht endgültig entschieden. Aber wenn er gelebt hat, war er Jude und hat er nicht an ein Christentum und schon gar nicht an die Stiftung einer christlichen oder katholischen Kirche gedacht. Daran hinderte ihn nicht nur seine tiefe, innere Zugehörigkeit zur jüdischen Religion, sondern auch der Umstand, dass er fest an die sehr bald hereinbrechende Gottesherrschaft auf Erden glaubte, dass sein Leben ganz im Zeichen dieser Naherwartung stand. Wie sollte er da an die Gründung einer neuen Religion oder gar an eine Organisation wie die katholische Kirche denken?

Die „Kirche Jesu Christi“ hängt also in der Luft, sie hat keinen realhistorischen Ursprungs- und Herkunftsort, weil sie sich auf den jüdischen Jesus legitimerweise nicht berufen kann.

Diese Kirche enthält noch einen zweiten Fehler, denn vom jüdischen Jesus wissen wir nicht, ob er sich als Christus, als Messias empfand. Wenn ja, dann eben nur als den Messias und Retter des jüdischen Volkes, nicht als Retter der ganzen Welt oder auch nur anderer Völker. Nirgendwo bei den Juden war „ein Messias als Gott gedacht wie in der späteren Dogmatik der Christen. Auch der von den Juden erwartete Retter, der ebenfalls als Messias bezeichnet wurde, war als Mensch gedacht. Sicherlich hat auch Jesus selbst mit seinen Glaubensbrüdern den Messias erwartet.“[1]

Die ursprüngliche Botschaft Jesu vom nahen Gottesreich war ebenfalls jüdisch. Sie war kein originelles Sondergut innerhalb der jüdischen Religion. Auch andere Juden verkündeten sie. „Wichtig aber ist, dass Jesus, wenn er das Reich Gottes verkündet, nicht sich selbst verkündet. In den älteren Schichten der Evangelien erscheint Jesus als frommer Jude, der an den einzigen Gott glaubt und zum Glauben an diesen aufgerufen hat, aber nicht zum Glauben an seine eigene Person.“[2]

Mit so einem Juden Jesus und seiner Art von Predigt konnte das Christentum jedoch nichts anfangen. Es wäre dann nichts als eine Variante, eine der vielen Varianten der jüdischen Religion gewesen und geblieben. Es musste also eine Umgestaltung dieses Menschen Jesus von einem Verkünder zum Verkündeten, vom einfachen Verkünder der messianischen Botschaft zum Messias höchstpersönlich in Gang gesetzt werden. Er selbst musste zum Zentrum und Kern der Botschaft werden. Mit anderen Worten: Der Jude Jesus musste verfälscht, zum Christen und Gründer der christlichen Religion umfunktioniert werden. Wehren konnte er sich dagegen ja nicht mehr, er war sehr früh, im ersten Mannesalter, getötet worden.

Die frühchristlichen Gemeinden verstanden also, um es milder auszudrücken, unter der »Frohen Botschaft« etwas durchaus anderes als Jesus selbst. Es war „die Überzeugung, dass in Jesus der versprochene Messias erschienen sei und dass er wiederkommen werde. Die ersten Christen verstanden also unter Evangelium etwas ganz anderes als Jesus. Der Bedeutungsinhalt des Begriffs hatte sich gewandelt ... Im Verständnis der Gemeinde spielte das Reich Gottes, an dem Jesus so interessiert war, immer weniger eine Rolle. Heiden konnten mit dieser jüdischen Vorstellung wenig anfangen ... Stattdessen wartete die Gemeinde auf die Wiederkunft Jesu ...“[3]

Als auch diese nicht stattfand, wurde aus der Hoffnung auf sie der Glaube an ein jenseitiges Leben, an dessen Beginn Gottmensch Jesus den Verstorbenen mit seiner Frohbotschaft oder dem Gerichtsurteil über den Todsünder empfängt.[4] Die weitere Umgestaltung der christlichen Religion, die Entfernung vom Mutterboden der jüdischen ging zügig voran. *Jesus wurde zu Gott, zum Gottessohn, wesensgleich mit Gott Vater,* der ihn auf die Erde gesandt hat, um die Menschen durch seinen Kreuzestod von ihren Sünden zu erlösen. *Um sein Werk nach seinem Wiederaufstieg in den Himmel auf Erden weiterzuführen, habe Jesus die Kirche gegründet.*

Das also ist im Wesentlichen die „Kirche Jesu Christi“ nach der Lehre der katholischen Dogmatik und auch der heutigen Theologen.

Allen Ernstes stellen sich diese gegen den eindeutigen Befund der gesamten historisch-kritischen Erforschung des Neuen Testaments, wenn sie erklären: „Der Christus der Christen ist niemand anders als *Jesus von Nazaret.*“[5] Dagegen steht das bekannte Wort Adolf von Harnacks, eines der bedeutendsten Bibelforscher und Theologen, das alle wissenschaftlich ernstzunehmenden Exegeten unterschreiben können, nämlich dass „nicht der Sohn, (sondern) allein der Vater in das Evangelium gehört, das Jesus verkündet hat“. Wenn der an Hunderttausende verteilte katholische Jugendkatechismus YOUCAT posaunt: „In der

Kurzformel *Jesus ist der Christus* kommt der Kern des christlichen Glaubens zum Ausdruck“, dann klingt das gar nicht anders als der mit Ziffer 5 versehene Ausspruch. Der ursprüngliche jüdische Jesus wird von einer »Jesus ist der Christus«-Theologie total an den Rand gedrängt, ja verdrängt.

Heidenchristlich-hellenistische Vorstellungen von Jesus als auf die Erde herabgestiegenem Gottessohn und Heilsbringer haben sich unter dem mächtigen Einfluss eines Paulus von Tarsus und der daran anschließenden Bewegung des Frühkatholizismus über das ursprüngliche Bild des Juden Jesus geschoben, haben dessen Verstehenshorizont durch einen ganz anderen, ihm nicht gemäßen ersetzt. Man ist „eigentlich gar nicht an dem interessiert, was Jesus wirklich dachte und sagte, sondern viel eher an einer an den Haaren herbeigezogenen Bestätigung der viel späteren Dogmatik der Kirche. Ihr hat sich alles unterzuordnen, selbst der historische Jesus.“[6]

Papst Benedikt alias Joseph Ratzinger glaubt, dass diese Verschiebung von der göttlichen Vorsehung von Gott gewollt war, dass die Hellenisierung des Christentums das Mittel darstellte, um die christliche Religion größer, mächtiger, auch nobler und hoffähiger auf der weiten Arena des Imperium Romanum zu machen. Die gesamte Evolution des Christentums bis hin zur Alleinherrschaft des Papsttums sei das Produkt der Lenkung durch Gott und seinen Christus gewesen. Deshalb habe das Christentum nicht beim Judentum als einer lediglich von ihm abgespaltenen Sekte bleiben dürfen.

Gelegentlich macht Ratzinger-Benedikt gar keinen Hehl aus seiner Einschätzung der jüdischen als einer im Vergleich mit dem griechischen Geist niederen Religion, etwa wenn er sagt: „Für die Griechen war das Christentum ... Barbarei gegenüber der eigenen Kulturhöhe. Der griechische Geist hat dem christlichen Glauben wesentliche Formen des Denkens und Redens geliefert ... Abraham, Isaak, Jakob, Mose erscheinen mit all ihren Schlichen und ihrer Schläue, mit ihrem

Temperament und ihrer Neigung zur Gewaltsamkeit zumindest recht mittelmäßig und armselig neben einem Buddha, Konfutse oder Laotse, aber selbst so große prophetische Gestalten wie Hosea, Jeremia, Ezechiel machen bei einem solchen Vergleich keine ganz überzeugende Figur ... Vor der Erhabenheit mythischen Denkens erscheinen die Träger der Geschichte des Glaubens beinahe pöbelhaft ... Religionsgeschichtlich gesehen, sind Abraham, Isaac und Jakob wirklich keine großen religiösen Persönlichkeiten."[7]

Es klafft ein an sich unüberspringbarer Graben zwischen dem ursprünglichen, durch und durch jüdischen Jesus und dem hellenistischen Christus, wie ihn das frühe Christentum der ersten vier Jahrhunderte konstruiert hat. Diese Konstruktion wird bis heute, auch noch – trotz ihrer scheinbaren Antagonismen und Animositäten – in seltener Einmütigkeit von den Theologen den Gläubigen als der wahre, ja als der historische Jesus verkündet. Alle Kirchentheologen von links bis rechts wollen nicht wahrhaben, nicht akzeptieren, dass drei Jahrhunderte intensivster Forschung in Neuzeit und Gegenwart den erwähnten Graben ständig noch immer breiter werden ließen.

Diese urteilt eindeutig: „Jesus war Jude, der seinen Glauben reformieren wollte. Eine neue Religion stiften wollte er nicht."[8] Eine andere Expertenstimme: „Man muss sich immer wieder vor Augen halten, dass Jesus Jude war, dass er nichts anderes als Jude sein wollte und nur aus dem Judentum heraus verstanden werden kann. Er bewegte sich im Rahmen der jüdischen Traditionen und Sitten, von der Beschneidung über die Speisevorschriften zum Synagogenbesuch und der Sabbatheiligung, er war im Wesentlichen toratreu und setzte die göttliche Erwähltheit des Volkes Israel voraus. Alles, was er tat, dachte und sagte, bezog sich auf das Judentum und war an das Volk Israel gerichtet."[9]

Auch der evangelische Neutestamentler Gerd Theißen gibt zu, dass die früheste Jesusbewegung nur „in Wechselwirkung mit der umgebenden jüdisch-palästinensischen Gesellschaft" verstanden werden könne. Es habe sich um „eine Bewegung vagabundierender Charismatiker" gehandelt, also um „wandernde Apostel, Propheten und Jünger, die von Ort zu Ort zogen ... Es war eine innerjüdische Erneuerungsbewegung, die der Menschensohn da, fern der großen Städte im Hinterland, ins Leben rief, und die anfangs mit vielen anderen innerjüdischen Reformbewegungen in Konkurrenz stand."[10]

Aber man braucht zu dem heiß debattierten Punkt eigentlich gar nicht das Urteil der Bibelexegeten zu bemühen. Wer lesen kann, wird ganz eindeutige Stellen in den Evangelien finden, die Jesu exklusive Ausrichtung auf die jüdische Religion beweisen. Die frühkatholische Kirche hat es eben nicht ganz geschafft, all die Stellen in den vier kanonischen, also von ihr amtlich anerkannten Evangelien zu löschen, die gegen ihren vermeintlich von vornherein christlichen Jesus sprechen. Eine Stelle ist in unserem Zusammenhang besonders zu erwähnen, und sie zeigt, dass der ursprüngliche jüdische Jesus auch in seinem Charakter von dem nur noch lieb und lieblich gezeichneten christlichen Jesus, dem »Jesus Christus« der Amtskirche und der Theologen, wesentlich abweicht.

Es handelt sich um die Stelle Mk. 7,24-30 (und Mt. 15,21-28), die darüber berichtet, wie Jesus sich gegenüber einer „Heidin, aus Syrophönizien gebürtig", verhält. Sie bittet Jesus, doch den Dämon, den unreinen Geist, der ihrer Tochter schwer zu schaffen mache, aus dieser auszutreiben. Die Frau hatte erfahren, dass sich der Wunderheiler Jesus in Phönizien, also dem Land nordwestlich von Galiläa, genauer im Gebiet von Tyros und Sidon, aufhielt. Vielleicht war nun Jesus schon deshalb ungehalten, weil die Frau ihn in einer Situation überraschte, die er verbergen, die er geheimhalten wollte. Markus sagt nämlich: „Er ging in ein Haus und wollte nicht, dass es jemand erführe." Fügt aber auch hinzu, dass das „nicht verborgen bleiben konnte". Das Matthäusevangelium, das ja später verfasst wurde, hat offenbar schon bemerkt, dass diese Formulierungen des Markusevangeliums einige unerwünschte Mutmaßungen über die Art des Hauses nahelegen konnten. Deshalb sagt es nur kurz und knapp, Jesus habe sich in die Gegend von Tyros und Sidon zurückgezogen, und dort sei ihm dann die heidnische Frau entgegengetreten.

Sie wirft sich Jesus zu Füßen, zeigt so ihre ganze Ohnmacht, Hilflosigkeit, Demut vor dem jüdischen Wunderheiler, dessen Ruf ihm schon über die Grenzen seines Heimatlandes hinweg vorausgeeilt war. Im Fußfall drückt sich aber auch ihre ganze Hoffnung aus, dass dieser Mann ihr arg leidendes Töchterchen heilen könnte. Sie fleht ihn an, er möge ihre vom Dämon böse drangsalierte Tochter befreien. Jesus aber ist hier ganz und gar männliche Hoheit und Überlegenheit. Er nimmt die heidnische Frau, die da vor ihm im Staub liegt und ihn anfleht, gar nicht zur Kenntnis, sie ist einfach Luft für ihn, existiert sozusagen überhaupt nicht. Er ist der Mann, der eine religiöse Mission zu erfüllen hat. Und die ist auf Israel beschränkt. Hier, im Grenzgebiet, aber schon jenseits Palästinas, hält er sich nur zum Vergnügen, zur Erholung oder im Rahmen eines Ausweichmanövers vor seinen Gegnern, jedenfalls inoffiziell, auf. Er ist hier gleichsam inkognito anwesend. Was will also diese Frau? Sie hat bei ihm nichts zu suchen. „Er aber antwortete ihr nicht ein Wort!“ (Mt. 15,23).

Doch eine liebende Frau gibt so schnell nicht auf, und diese Mutter liebt nun einmal ihre Tochter über alles. So verwandelt sich ihr Flehen und Bitten in ein ungestümes, lautes Schreien. „Und sie schrie laut: Erbarme dich meiner, Herr, du Sohn Davids“ (Mt. 15,22). Aber auch das ändert nichts an der schroff abweisenden, ja sie total ignorierenden Haltung Jesu. Er ist längst an ihr vorübergegangen, die Sache ist an sich schon für ihn abgehakt, erledigt. Doch die Frau sagt sich: „Hat er mein Flehen nicht erhört, so werde ich ihn durch mein Geschrei zwingen.“ Fühlte sie doch offenbar mit ihrem weiblichen Instinkt, dass dieser israelitische Wunderheiler hier im Ausland möglichst wenig auffallen möchte. Tatsächlich geht den Jüngern, die Jesus begleiten, ihr Gebrüll auf die Nerven. Die Situation wird ihnen zunehmend unangenehm, peinlich, vielleicht erscheint sie ihnen hier, auf dem ungewohnten Parkett jenseits der Grenze ihres Heimatlandes, sogar gefährlich. Also bitten sie jetzt ihrerseits den Chef: „Fertige sie doch ab, denn sie schreit uns nach!“ (Mt. 15,23). Aber der Chef bleibt stur und ungerührt. Immerhin lässt er sich zwar nicht der Frau, wohl aber den Jüngern gegenüber zu einer Erklärung herab: „Ich bin nur zu den verlorenen Schafen des Hauses Israel gesandt“ (Mt. 15,24).

Offenbar ist Jesus bei dieser Erklärung einen Moment stehengeblieben. Das gibt der verzweifelten Mutter Gelegenheit, wieder heranzukommen. Sie wirft sich erneut vor ihm zu Boden und bittet inständig: „Herr, hilf mir!“ (Mt. 15,25). Jetzt endlich macht dieser Mann, der bisher ihr gegenüber nur unnahbare Majestät und eisiges Schweigen war, endlich den Mund auf und redet auch sie an. Aber das, was er nun von sich gibt, bekundet tiefste Verachtung der Heiden, die nun einmal nicht zu den Kindern des auserwählten Volkes gehören: „Es ist nicht recht, den Kindern das Brot zu nehmen und es den Hunden hinzuwerfen“ (Mk. 7,27; Mt. 15,26).

Sie und alle Heiden sind also Hunde. Die arme Frau musste diese Charakterisierung wie ein Keulenschlag treffen. Ihre ganze Würde als Mensch, als Frau, als Person tritt dieser Mann mit einer so verächtlichen Bemerkung einfach nieder. Aber aus unsagbarer Liebe zu ihrer Tochter schluckt sie auch diese Beleidigung. Sie rafft sich zu einsamer Größe, zur Genialität der Niedrigkeit und Schwäche auf und schlägt Jesus mit dessen eigenen Waffen, mit dem Instrumentarium seiner eigenen hässlichen Bemerkung: „Sie aber sagte: Doch, Herr, denn auch die Hunde fressen von den Brocken, die vom Tisch ihrer Herren fallen“ (Mk. 7,28; Mt. 15,27). Jetzt ist der Chauvi besiegt, er streckt die Waffen, ist überwältigt von der Größe ihrer Liebe zur Tochter. „Um dieses Wortes willen geh hin; der Dämon ist aus deiner Tochter ausgefahren“, lässt das Markusevangelium Jesus sagen (7,29). Matthäus macht aus der ganzen Geschichte schon wieder einen Sieg des Glaubens an den Messias („O Weib, dein Glaube ist groß“ 15,28), während der realistischere, faktennähere Markus durchaus noch sieht und zugibt, dass Jesus sich von der Frau widerlegt fühlt, sich durch ihre Antwort geschlagen gibt. „Um dieses Wortes willen geh hin!“ Das heißt: „Weil du diese Antwort gefunden hast, der ich nichts mehr entgegenzusetzen habe, will ich deine Tochter heilen.“

Wie der apologetische Verfasser des Matthäusevangeliums halten es bis heute selbst die kritischsten kirchlichen Theologen und Schriftsteller: Sie sind eifrig bemüht, das außerordentlich Peinliche an der Begegnung zwischen Jesus und der heidnischen, kanaanäischen oder syrochaldäischen Frau möglichst gar nicht wahrzunehmen oder aber herunterzuspielen, wegzuerklären und schließlich und endlich doch wieder in einen Triumph der Größe und Vollkommenheit des Gottessohnes umzuwandeln. Selbst feministische Theologinnen behaupten allen Ernstes, dass Jesus in dieser Begegnung mit der heidnischen Frau in grandioser Weise seinen Schatten besiegt und als erster Mann „die Androzentrik der antiken Welt durchbrochen“ habe. Im Endresultat all seiner Begegnungen mit Frauen zeige sich der Galiläer stets als reifer, integrierter Mensch, der imstande ist, Männliches (Animus) und Weibliches (Anima) gleichermaßen zu entfalten und zur gleichberechtigten Harmonie zu bringen.[11] Selbst wo man zunächst einmal – selten genug übrigens – eingesteht, dass der Mann Jesus sich daneben benommen hat, macht man am Ende daraus doch wieder einen Beweis für die enorme Lernfähigkeit und schnelle, geistesgegenwärtige Situationserfassung dieses „größten“ Lehrers der Menschheit: „Nur weil er selbst durch die Phase der Menschenverachtung gegangen ist und bereit war, sich eines Besseren belehren zu lassen, konnte er zum Lehrer anderer werden – denn hinter ihm stand die Autorität der Selbsterfahrung.“[12] Franz Alt, der, wie er dankend vermerkt, erst durch seine Frau Bigi auf die feministische Theologie, „diese Befreiungstheologie in den reichen

Ländern", gestoßen worden ist, hängt sich an die eben zitierte Aussage Christa Mulacks und überbietet sie noch: Zwar sei Jesus zunächst „noch ganz gefangen in Sexismus und Nationalismus". Die heidnische Frau sei als Frau für ihn anfangs „gar kein richtiger Mensch". Aber dann „lernt Jesus, sein eigenes Verhalten als ›hündisch‹ zu begreifen", weil er sich als fähig erweist, diese Frau ernst zu nehmen. „Er sieht seinen Schatten, seinen männlichen Stolz, seine noch nicht integrierte Anima. Er beginnt, auf das Weibliche in sich zu hören ... Jesus hat von der nichtjüdischen Frau viel gelernt ... Jesu Lernbereitschaft gegenüber Frauen ist deshalb so neu und überraschend, weil Männer zu seiner Zeit noch gar keine psychische Beziehung zum Weiblichen hatten."[13]

Man sieht: In den Augen von Christus-Bewegten kann dieser Jesus gar nichts falsch machen. Am Schluss ist er doch immer der Größte, und das in jeder, auch der peinlichsten Situation. Macht Jesus schon mal einen (allerdings nur oberflächlich als solcher erscheinenden) Fehler, dann behebt er ihn in einer Weise, wie es kein anderer könnte. Daher betont auch die evangelische Theologin Moltmann-Wendel: „Aus dem Nationalisten, der sich auf sein eigenes Volk beschränken möchte, wird Jesus – dank der kanaanäischen Frau – auch der Helfer und Heiler der Heiden, der Kanaanäer."[14]

Was Kirchentreue und von der »absoluten Person Jesus« (Drewermann) Überzeugte in die Begegnung mit der heidnischen Frau hineindeuten, ist totaler Unsinn. Nichts, aber auch gar nichts gibt diese Begegnung her für einen Beweis der Lernbereitschaft Jesu, der Überwindung seines Macho-Schattens, der Entdeckung der Weiblichkeit, der Befreiung von der Verachtung ausländischer, heidnischer Frauen und der Bekehrung vom Nationalisten zum Kosmopoliten. Wer die Stellen bei Markus und Matthäus so liest, wie sie dort aufgezeichnet sind, kann lediglich feststellen: Dieser Jesus ist einfach nur baff erstaunt über die clevere Antwort der heidnischen Frau und weiß im Moment wirklich nichts darauf zu erwidern. Dass er deshalb seinen Machismo aufgegeben hätte, ist den Texten in keiner Weise zu entnehmen. Auch ein halbwegs intelligenter Macho unserer Tage kann mal einer witzig, spritzig, klug argumentierenden Frau recht geben oder sich für einen Augenblick durch sie geschlagen bekennen. Das wird ihn bei weiteren Konfrontationen mit Frauen kaum daran hindern, seine gewohnte Rolle wieder zu spielen, wird ihn höchstens dazu bewegen, beim nächsten Mal in seinen eigenen Argumentationen vorsichtiger zu agieren, um sich nicht wieder eine Blöße zu geben.

Auch dass Jesus mit Hilfe der kanaanäischen Frau gelernt hätte, seinen Nationalismus zu überwinden, lässt sich den Texten nicht entnehmen. Im Gegenteil, Jesus ist gerade deshalb so verblüfft, weil sie ihn mit seinen eigenen nationalistischen Waffen schlägt. Sie akzeptiert doch in ihrer eigenen Antwort seine Denk- und Vorurteilskategorien (»Juden = Kinder; Heiden = Hunde«), demütigt und erniedrigt sich so weit, dass sie zugibt: „Ja, wir sind Hunde", aber, in derselben Bildkategorie verbleibend, hinzufügt: „Auch die Hunde kriegen noch etwas von den Kindern ab." Eher könnte man also annehmen, dass Jesus sich geschmeichelt fühlt, dass diese ausländische Frau die Überlegenheit seines Volkes anerkennt. Wäre Jesus wirklich durch die heidnische Frau von seinem Nationalismus bekehrt worden, müsste wenigstens eine Andeutung davon bei den Evangelisten zu finden sein. Aber das ist in keiner Weise der Fall.

Das Gegenteil bestätigt sich. Denn es gibt genug Stellen in den Evangelien, in denen die Überzeugung Jesu, „nur zu den verlorenen Schafen des Hauses Israel gesandt" zu sein, zum Ausdruck kommt. Seine Apostel sendet er mit dem strikten Verbot der Heidenmission aus: „Gehet nicht zu den Heiden und betretet keine Stadt der Samariter, sondern geht zu den verlorenen Schafen des Hauses Israel" (Mt. 10,5 f). Ebenso exklusiv betont Jesus: „Das Heil kommt von den Juden" (Joh. 4,22). Es gibt für ihn kein anderes Gesetz als das jüdische, als das der Thora: „Leichter ist es, dass Himmel und Erde vergehen, als dass auch nur ein Tüpfelchen vom Gesetz wegfiele“ (Lk. 16,17). „Meinet nicht, ich sei gekommen, das Gesetz oder die Propheten aufzulösen. Ich bin nicht gekommen aufzulösen, sondern zu erfüllen“ (Mt. 5,17).

Freilich, Jesus nimmt das jüdische Gesetz (ein christliches kennt er nicht, kommt ihm auch gar nicht in den Sinn) locker-relativ. Nicht so stur, traurig-ernst und schwer wie die Schriftgelehrten, Pharisäer und Essener. Seinen eigenen äußerst freizügigen Lebensstil glaubt er leicht mit dem Willen Abbas, seines himmlischen Daddys, vereinbaren zu können, denn dieser sein Gott „lässt ja auch seine Sonne aufgehen über Böse und Gute und lässt regnen über Gerechte und Ungerechte“ (Mt. 5,45). Dieser Gott ruft im Verständnis Jesu selber zu heiliger Sorglosigkeit auf: „Schaut die Vögel des Himmels: sie säen nicht, sie ernten nicht, sie sammeln nicht in Scheunen – und euer himmlischer Vater ernährt sie“ (Mt. 6,26). Genau so hat sich Jesus von den von ihm begeisterten Frauen ernähren lassen, nicht direkt zwar vom himmlischen Vater, aber eben indirekt, über die Frauen. „Betrachtet die Lilien des Feldes, wie sie wachsen: sie mühen sich nicht ab und spinnen nicht, aber ich sage euch, nicht einmal Salomo in all seiner Pracht war gekleidet wie eine von ihnen“ (Mt. 6,28f). Wie ein jüdischer König, wie Salomo hat sich auch Jesus gefühlt. Warum also hätte er sich weiterhin in seinem Bauhandwerkerberuf in Nazareth abmühen sollen? Deshalb ist Jesus auch im Allgemeinen toleranter zu den Randsiedlern der Gesellschaft, den Dirnen, Ehebrecherinnen, Versagern, korrupten Zöllnern und Kollaborateuren mit der verhassten römischen Besatzungsmacht. Das aber nur unter der Bedingung, dass sie Juden sind.

Jesus versteht sich als Reformer des Judentums, will tatsächlich erneuern, aber stets im Rahmen des jüdischen Volkes, der jüdischen Gesellschaft. Die anderen, die Nichtjuden, sind für ihn tatsächlich »Hunde«, denen er nichts zu sagen hat. Nur widerwillig lässt er sich herab, ihnen auch einmal seine magische Heilkraft angedeihen zu lassen. Wir haben das bei der Kanaanäerin, der Nichtjüdin, gesehen. Beim heidnischen Hauptmann von Kapernaum, der um die Heilung seines Knechtes bittet, ist Jesus schneller zur Hilfe bereit. Aber da handelt es sich auch um einen Mann. Und vielleicht will sich's Jesus in diesem Fall auch nicht mit der römischen Obrigkeit verderben (Mt. 8,5-13). Denn immerhin stand in Kapernaum, damals einer blühenden Stadt mit dreißig- bis vierzigtausend Einwohnern, heute ein kleines Araberdorf, das geräumige, wohlhabende Haus des Simon Petrus, in dem Jesus gern weilte und sich wohl fühlte. Diese Gelegenheit hätte Jesus gefährdet, wenn er den Wunsch des heidnischen Hauptmanns nicht erfüllt hätte. Die Präsenz römischer Soldaten in Kapernaum war überall fühlbar, weil diese Stadt für Rom von strategischer Bedeutung war. Jesus war wohl keineswegs frei von jedem Opportunitätsdenken. Doch gibt es Autoren, die die Schuld, dass Jesus der heidnischen Frau nicht so schnell und willig wie dem heidnischen Offizier geholfen hat, dieser selbst zuschreiben. Sie sei ja doch „sehr aufdringlich", „neurotisch" gewesen und habe „ihren eigenen bösen Geist auf ihre Tochter übertragen."[15]

Jüdische, also nichtchristliche Religionswissenschaftler haben weit weniger Schwierigkeiten als ihre christlichen Kollegen, das spezifisch und exklusiv Jüdische des Galiläers zu sehen. Joseph Klausner z. B. betont ganz zu Recht: „Jesus war Jude und blieb es bis zu seinem letzten Atemzug. Sein einziges Ziel hieß: den Gedanken vom nahe bevorstehenden Kommen des Messias in das Herz des Volkes einzupflanzen." Klausner, der am Beginn der modernen jüdischen Leben-Jesu-Forschung steht, glaubt, dass Jesus überzeugt gewesen sei, sein Volk sei Gott das liebste. Stolz über das eigene Volk und seinen Glauben, Reserviertheit gegenüber den Nichtjuden nach dem Motto „Du hast uns erwählt, o Herr", hätten Jesus gekennzeichnet. [16] Geza Vermes hat weitere rabbinische Quellen über Klausner hinaus erschlossen, die Jesus noch deutlicher als Juden erweisen. In Werken wie „Jesus der Jude" und „Jesus and the World of Judaism" zeigt Vermes den Nazarener als einen in der prophetischen Tradition Israels fest verankerten Menschen. Jesus sei ein galiläischer Chassid gewesen, ausgestattet mit magisch charismatischen Heilkräften und besonderen Einblicken in die Beziehung des Menschen zu Gott. Viele Chassidim, nicht nur Jesus, hätten damals mit der religiösen Obrigkeit in Jerusalem im Streit gelegen. Vermes hat uns auf diese Weise weitere Aspekte des Judeseins Jesu eröffnet.[17] Auch Paul Winter, berühmt durch seine eingehende Untersuchung des Gerichtsprozesses gegen Jesus („On the Trial of Jesus"), den er als hervorragender Kenner des römischen und des talmudischen Rechtes unter juristischen und historischen Aspekten detailliert beschreibt, stellt eindeutig fest: „Jesus war Jude. Er lebte unter Juden, lernte von Juden, lehrte Juden. Die Erfolge, die er genoss, und die Schwierigkeiten, unter denen er sein Leben lang litt, teilte er mit anderen Juden. Diejenigen, die er lobte und die er tadelte, waren gleichermaßen Juden."[18]

Prof. David Flusser ist sogar überzeugt, dass der synoptische Jesus nie gegen die damalige (jüdische) Gesetzespraxis verstößt", mit einer einzigen Ausnahme, nämlich dem Ährenausraufen am Sabbath.[19] Flusser zeigt, vor allem in seinem bekannten Jesus-Buch, auf, dass dessen Gestalt nahtlos in die jüdische Umwelt des ersten Jahrhunderts hineinpasste.[20]

Schalom Ben-Chorin vermag Jesus in all dessen Gedanken und Aktionen als seinen »jüdischen Bruder« zu erkennen, auch wenn er keineswegs alles moralisch positiv bewertet, was dieser tut. Aber auch bei vielen Elementen in Lehre und Wirksamkeit Jesu, die Christen gern als originär neu und allein von diesem initiiert ansehen, weist Ben-Chorin jüdische Quellen und Parallelen nach.[21]

Man mag es merkwürdig, paradox, komisch oder tragikomisch finden. Aber der sog. Stifter des Christentums, der als sein Gründer geltende Jesus, war tatsächlich selber kein »Christ«, sondern zeitlebens, bis zu seinem Tode, ein Jude. Und er wollte auch nie etwas anderes sein als ein frommer, guter Jude in seinem durchaus nicht immer dem späteren christlichen entsprechenden Verständnis von fromm und gut.

Die verrückte Menschheitsgeschichte hat so manche Kapriolen geschlagen. Aber die Umwandlung Jesu von einem Juden in einen Christen, ja Antisemiten, könnte die paradoxeste aller Kapriolen sein.

Wir haben mit Klausner, Vermes, Winter, Ben-Chorin und Flusser lediglich eine kleine Auswahl hervorragender Kenner der Materie zum jüdischen Charakter Jesu zu Wort kommen lassen. Ihre Ansichten sind auch gar nicht speziell auf dessen Begegnung mit der kanaanäischen Frau bezogen. Aber sie bestätigen meine Interpretation dieser Begegnung. In der hier behandelten Begegnung zeigt nur eine Person wahre Größe: die heidnische Frau, Jesus nicht, bis zuletzt nicht.

Im Grunde können wir für Mk. 7,24-30, wo die Begegnung Jesu mit der heidnischen Frau zum ersten Mal erzählt ist, aus Gründen der historischen Wahrheit nur überaus dankbar sein. Wir stoßen hier auf Urgestein, das in die in allen Evangelien anzutreffende Erhöhungstendenz Jesu gar nicht hineinpasst, von der harmonisierenden Endredaktion der Evangelisten offenbar übersehen wurde. Die vier kanonischen Evangelien sind ja in griechischer Sprache verfasst, in griechisch-hellenistischer Umwelt und Kultur zu einem Zeitpunkt geschrieben, als Jesus längst tot war, das Christentum sich längst jenseits der Grenzen Israels in der Weite des römischen Imperiums ausbreitete. Da musste man Jesus selbstverständlich universale, kosmopolitische Aussagen in den Mund legen. Das »Logion«, also der Ausspruch Jesu beispielsweise: „Den Weg zu den Heidenvölkern schlagt nicht ein und betretet auch keine Samariterstadt, geht vielmehr (nur) zu den verlorenen Schafen des Hauses Israel“ (Mt. 10,5 f), muss deshalb als echt gelten, „weil die Christenheit ja alsbald Heidenmission betrieb, also das Gegenteil dieses Jesusbefehls praktizierte. Erfunden hätte sie ein solches Wort, das gegen ihre Praxis spricht, sicher nicht. Um diese Praxis aber zu rechtfertigen, schmuggelte man, im Widerspruch zu dem eben zitierten (echten) Ausspruch Jesu, später an den Schluss des Matthäusevangeliums den Taufbefehl, in dem der ›auferstandene‹ Jesus die Weltmission gebietet. Dieser Befehl, den die Christen ausführten, bevor er gegeben war, gilt ... als Fälschung."[22]

Überhaupt alle Aussagen Jesu in den Evangelien, die die „ganze Welt", „alle Völker", die „Verkündigung des Evangeliums an alle Geschöpfe" zum Gegenstand haben, wie auch Mk. 16,15, widersprechen in eklatanter Weise den Intentionen des Galiläers. Dass wir das so bestimmt und eindeutig konstatieren können, verdanken wir unter anderem ganz besonders dem Markus-Bericht über die kanaanäische Frau. Wie christliche Autoren gerade aus dieser Stelle der Evangelien eine neue, nationale Grenzen überschreitende Selbsterfahrung Jesu, eine im Vergleich zur gesamten Antike revolutionär neue psychische Beziehung zum Weiblichen herauslesen können, ist in keiner Weise zu begründen. In Wirklichkeit fehlt Jesus in der analysierten Situation jede Einfühlung in das konkrete Elend, den aktuellen Schmerz der heidnischen Frau um ihr Töchterchen. Seine Gefühlskälte gegenüber der Ausländerin lässt uns schaudern. Es gibt wahrscheinlich keine Stelle, keine Begebenheit in den Evangelien, wo Jesus derart eindeutig ein krass schroffes Macho-Gehabe aus nationalreligiösen Gründen an den Tag legt.

Wie also konnte es dazu kommen, dass der ursprüngliche, der ganz und gar jüdische Jesus zum Jesus Christus der (christlichen) Kirche wurde? An sich durfte es gar nicht dazu kommen, denn diese Umwandlung, Umgestaltung, Umfunktionierung Jesu geschah nach seinem Tod. Er konnte nichts dagegen tun, wurde nicht gefragt, ob er mit ihr einverstanden sei. Wenigstens Küng ist so ehrlich, dies in etwa zuzugeben, freilich nicht in seinem Buch „Ist die Kirche noch zu retten?" (2011), weil er da ja die katholische Kirche als die Kirche Jesu Christi und diese als die Kirche des ursprünglichen, des historischen Jesus einfach behauptet, einfach ohne Belege oder irgendeinen Beweis vor die

Leser hinstellt, um seine Reformversuche als Versuche erscheinen zu lassen, die auch die ursprüngliche Gestalt der Kirche, wie sie nach Küngs irrtümlicher Meinung schon Jesus im Sinn hatte, wieder erstehen lassen sollen. Nein, in seinem viel differenzierteren, durchdachteren Buch „Christ sein" von 1974 gibt er die Diskontinuität zwischen dem ursprünglichen jüdischen Jesus und dem nachösterlichen Christus der frühchristlichen Gemeinden durchaus noch zu: „Weder die unbestrittene Flucht der Jünger vor Ostern noch die ebenso unbestreitbare neue Qualifikation ihres Glaubens nach Ostern lassen sich hermeneutisch eskamotieren zugunsten einer durch den Tod Jesu kaum unterbrochenen Kontinuität des Glaubens. Erst jetzt bekennt ihn der Glaube als den auferweckten Messias, den erhöhten Herrn, den kommenden Menschensohn, den Gottessohn. *Keine unmittelbare Fortsetzung* der Sache Jesu nach seinem Tod ist bezeugt, sondern betont eine *Diskontinuität.*"[23]

Freilich macht es sich Küng auch in diesem weit früheren Werk zu einfach, wenn er diese »Diskontinuität« ohne Rekurs auf irgendwelche irdische Ursachen einfach als gottgewollt, als Werk Gottes selbst hinstellt: „Sämtliche neutestamentlichen Osterzeugnisse sind gekennzeichnet durch einen nicht eliminierbaren Gegensatz zwischen dem, was die *Jünger* taten und tun, und dem, was *Gott* an und durch Jesus getan hat."[24] Jene empfanden sich als in ihrem Glauben an Jesus Gescheiterte, hatten also nach Küng den neuen „christlichen" Jesus gar nicht erfinden können. Gott selbst habe eingreifen, die Diskontinuität überbrücken müssen, indem er ihnen durch Ostererfahrungen, also Erscheinungen des auferstandenen Christus klarmachte, dass der jüdische Jesus in seiner vorösterlichen Erdenzeit doch zugleich der jetzt Auferstandene ist. „Der Osterglaube ist ein Neuansatz, der im Neuen Testament übereinstimmend nicht auf irgendwelche Vorbilder, nicht auf eigene Erkenntnisse, nicht auf einen heimlich durchgehaltenen Glauben, sondern auf freilich zugleich gelebte und interpretierte –

neue Erfahrungen, auf wahre Begegnungen mit dem auferweckten Gekreuzigten zurückgeführt wird.“[25]

Hier macht es sich Küng wieder entschieden zu leicht, indem er die irdischen, weltlichen, oft sogar sehr weltlichen Ursachen einfach überspringt und den neuen Jesus Christus, den Auferstandenen des frühen Christentums, als Werk Gottes bezeichnet.

Küngs urwüchsiges Vertrauen ins Sein, mit dem er ja auch seinen eigenen Gottesglauben legitimiert, scheint auch hier wieder eine maßgebende Rolle gespielt zu haben.

In Wirklichkeit muss hier die überragende, maßgebliche, ja entscheidende Rolle des „Mythenschmieds“[26] Paulus aus Tarsus ins Spiel gebracht werden. *Er ist der hauptsächliche Schöpfer des christlichen Jesus, des Jesus Christus der Kirche, des Christentums, wie wir es kennen.* Paulus, der clevere Diaspora-Jude aus Tarsus, hatte glasklar erkannt, dass mit der Variante jüdischer Religion, wie sie der ursprüngliche Jesus vertreten hatte, kein Staat zu machen, sprich: keine Weltreligion zu gründen und zu schaffen war. Eine Religion für die ganze kulturelle Atmosphäre und Weite des Imperium Romanum musste anders aussehen!

Also brachten Paulus und seine zahlreichen Mitarbeiter das ganze voluminöse Mythenarsenal der damaligen Welt in ihre neue Religionsform ein: Babylonisches, Ägyptisches, Persisches, Griechisches, Römisches usw., *alles zentriert aber nicht mehr um die Gestalt und Biografie des jüdischen Wanderpredigers aus Galiläa, sondern um einen überirdischen, auf die Erde herabgestiegenen »Christus«, der auf ihr gelitten hatte, getötet wurde, doch durch Gott von den Toten auferweckt war und dessen Leiden und Sterben von diesem Gott als Erlösungstat, als Sühne für die Sünden der Welt akzeptiert wurde.*

Natürlich muss jede Mythe einen einigermaßen plausiblen, wenigstens minimalen, historisch real erscheinenden Ausgangspunkt haben. Paulus genügt als dieses biografische Minimum für seinen dann transzendenzerhöhten, mythisch aufgeblasenen Christus die Kurzformel: »Jesus, geboren aus einem Weib«. Weitere Details aus dem Leben des Juden Jesus interessierten ihn kaum.

Man stelle sich den enormen Gegensatz vor: Da ist der Wanderradikale Joshua, der nach der Logienquelle, die ganze zwanzig Jahre älter ist als das erste Evangelium, das des Markus, Besitzlosigkeit, Gewaltlosigkeit und Distanz zu den familiären und sippenmäßigen Blutsbanden predigt und nichts von sich selbst als Erlöser durch seinen Kreuzestod und von seiner Auferweckung von den Toten zu wissen scheint, und dort bei Paulus dagegen ein mit göttlicher Aureole umgebener übermenschlicher Heros, genannt Christus, der alle, zumindest sehr viele Fragmente der antiken Mythologien und Mysterienreligionen in sich versammelt und vereint, im Vergleich zum karg nüchternen Joshua-Jesus der Logienquelle ein barock-üppig mit bombastischen Attributen ausgestatteter paulinischer Christus!

Die frühchristliche Kirche außerhalb Palästinas übernahm gierig das »Paulus-Modell« des Christus. Wollte sie sich doch so weit wie möglich vom Judentum abgrenzen und absetzen, wobei sie zugleich den Machtzuwachs instinktiv spürte, der ihr mit einem solchen Christus im hellenistisch geprägten römischen Weltreich zufließen würde. *Bis zum heutigen Tag ist die Kirche, insbesondere die katholische, sind aber mehr oder minder auch die anderen christlichen Kirchen, in ihrer Dogmatik, ihren Glaubenssatzungen diesen Weg des Paulus weitergegangen.*

Wie schon für Paulus, so ist auch gerade für das offizielle Lehramt der römisch-katholischen Kirche Jesus letztlich nur unter heilsgeschichtlichem Aspekt belangvoll. Als historische Unterlage für seine theologischen, in Wirklichkeit aber dogmatischen und mythologischen Aufstellungen über ihn genügt ihm im Grunde ein relativ unbekanntes X, von dem nicht viel mehr bekannt sein muss, als dass es einmal existiert hat. Je weniger Konkretes und Präzises von ihm bekannt ist, um so zwangloser lässt sich dieses (historische) X zur heilsgeschichtlichen Universale und Totale, zum Gottmenschen, zum mit Gottvater konnaturalen Gottessohn, zum absoluten Menschheitsopfer und -erlöser, zum entscheidenden Wendepunkt des Geschichtsprozesses, zum universalen Christus usw. erhöhen. Nur mit einem solchen Christus lässt sich etwas „anfangen“: Theologie und Kirche, die ein solches Superwesen besitzen, haben einen absoluten Herrschaftsanspruch gegenüber allen anderen Wissenschaftsdisziplinen (ancillae theologiae – Mägde der Theologie!) und allen Bereichen von Welt, Gesellschaft und Leben. Man hält am absoluten Welt- und Geschichtsprinzip Christus fest, wie man am ersten Zentralgegenstand der Theologie, Gott, festhält, um die differentia specifica, um jenes Unterscheidende vorweisen zu können, durch das man mehr ist als alle Dimensionen von Menschheit, Welt, Gesellschaft und Geschichte und durch das man die eigene Existenz und Vorherrschaft legitimieren kann. *Aus der Verkündigung eines weltumspannenden und weltüberragenden Gottes und seines ebenso gearteten Christus leitet man selber totale und radikale Ansprüche gegenüber Staat, Gesellschaft und Wissenschaftsbetrieb ab.* Nur der dogmatisch umfunktionierte Jesus kann als kirchlicher Christus eine Stabilisierungsrolle für das hierarchische System der römisch-katholischen Konfession spielen und liefern.

Natürlich hätte alles ganz anders kommen können. Und ohne die gewaltige Energie, den immensen Ehrgeiz, den religiösen Fanatismus und das unbedingte Dominanzstreben des hellenisierten Juden Paulus wäre auch tatsächlich vieles, wenn nicht alles in der neu entstehenden Religion anders geworden. Was für eine Power musste in dieser Persönlichkeit stecken, dass sie es fertigbrachte, das Ruder der weiteren Entwicklung des Christentums an sich zu reißen, obwohl Paulus doch gar kein Apostel, kein Jünger Jesu war wie Petrus, Johannes, Jakobus usw.! Er war vom irdischen, hebräischen Jesus nicht berufen worden, er legitimierte sich gegenüber den Aposteln sozusagen durch eine höhere Berufung, indem er angab (oder vorgab?), von dem inzwischen in den Himmel aufgefahrenen, auferstandenen Jesus selbst berufen worden zu sein, dessen Kirche weiterzuführen und weiterzuentwickeln. Vor Damaskus sei ihm, dem fanatischen Verfolger der ersten Christen das ihn zu Boden werfende Lichterlebnis dieses Christus widerfahren, der ihm zugleich die Frage gestellt habe: „Saul, Saul, warum verfolgst du mich?" (Apostelgeschichte 9,4). Und als Saulus gefragt habe: „Wer bist du, Herr?" habe eine Stimme geantwortet: „Ich bin Jesus, den du verfolgst" (ApG 9,5).

Da Jesus nicht mehr auf Erden weilte, war für Saulus, der nun vom bösen Saulus zum guten Paulus mutierte, klar: Der Auferstandene, der in den Himmel gefahrene Jesus identifiziert sich mit der Kirche. Wenn sie verfolgt wird, wird er verfolgt! Der Auftrag des Herrn für Paulus wird gleich mitgeliefert, denn dem in Damaskus lebenden Jünger Hananias, dem die Aufgabe zufällt, den durch die Lichterscheinung blind gewordenen Paulus zu heilen, erklärt der Herr Jesus lang und breit, dass der Konvertit Paulus nun sein „auserwähltes Werkzeug" ist, der Jesu Christi „Namen vor Völker und Könige und die Söhne Israels tragen soll" (ApG 9,15). Und Paulus, nunmehr „mit dem Heiligen Geist erfüllt", verkündet allsogleich in den Gebetshäusern von Damaskus, dass Jesus „der Sohn Gottes" und „der Messias ist" (ApG 9,17; 20; 22).

Damit hatte der von Paulus beeinflusste Autor der Apostelgeschichte eine perfekte Legitimation für den Status des Paulus als neu hinzugekommenen Apostel und für dessen Weltmission geliefert. Die judenchristlichen Apostel um Petrus und Jakobus in Jerusalem konnten da nur staunen, sie wehrten sich auch vehement gegen die Verfälschung der Lehre ihres jüdischen Meisters durch diesen Emporkömmling und Usurpator Paulus, aber letztendlich verhindern konnten sie die paulinische Umwandlung der ursprünglichen Botschaft nicht mehr. Dazu fehlten ihnen der ésprit und der Feuereifer des Saulus-Paulus, der ja vor seiner Bekehrung die ersten Christen ebenso glühend verfolgt hatte wie er sie jetzt – allerdings nach Maßgabe seiner Vorstellungen von der neuen Religion – verteidigte. Der Autor der Apostelgeschichte gibt sich auch sichtlich viel Mühe, die erbitterten Richtungskämpfe zwischen den Altaposteln und ihrer Gefolgschaft auf der einen und dem Neuapostel Paulus und seinen Anhängern auf der anderen Seite teils zu verschweigen, teils zu entschärfen und abzumildern, so wie er ja auch die zahlreichen Zwiste, Spaltungen und Abspaltungen in der frühesten Christenheit nicht erwähnt, um das Bild einer wundervollen Einheit derselben vor dem Leser suggestiv erstehen zu lassen.

Den äußerst scharfen, im Grunde nicht überbrückbaren Gegensatz zwischen dem ursprünglichen, frühesten Christentum der Apostel Jakobus und Petrus und ihrer Anhänger, der sogenannten Nazarener, auf der einen und dem paulinischen Christentum, das bald das Monopol, das einzige Christentum zu sein, an sich reißen sollte, auf der anderen Seite hat einer der ausgewiesenermaßen besten Kenner der Geschichte des Altertums und des antiken Judentums, Hyam Maccoby, adäquat auf den Punkt gebracht: „Die Nazarener hielten sich nicht für Angehörige einer neuen Religion; ihre Religion war das Judentum. Sie errichteten eigene Synagogen, aber sie besuchten gelegentlich auch nicht-nazarenische, wie das unter allen praktizierenden Juden üblich war. Die Nazarener schöpften Verdacht gegen Paulus, als sie seine Predigt vernahmen, Jesus sei der Gründer einer neuen Religion und habe das mosaische Gesetz aufgehoben. Nach einem Versuch, mit Paulus ins Reine zu kommen, brachen die Nazarener (d.h. die Jerusalemer Kirche unter Jakobus und Petrus) unwiderruflich mit ihm und wollten nichts mehr mit ihm zu tun haben.“[27]

So war also „Paulus, nicht Jesus, der Gründer des Christentums als einer neuen Religion, die sich sowohl vom normalen Judentum wie von dessen nazarenischer Variante hinwegentwickelte. In dieser neuen Religion war das mosaische Gesetz aufgehoben mit der Begründung, es habe nur eine zeitlich begrenzte Gültigkeit besessen.“[28]

Paulus hat der neuen Religion, die nach ein paar Jahrhunderten durch die wachsende Macht der Kirche zum alleinigen Christentum avancierte, *schon fast all die Merkmale verpasst, die auch für die heutige römisch-katholische Kirche und die Kirchenkonzeption sowohl Ratzingers wie Küngs bestimmend sind.* Das »Kreuz« steht im Zentrum der paulinischen Theologie. Durch den Kreuzestod des göttlich Gerechten seien wir erlöst und mit Gott wieder versöhnt. Jesus „wäre über die ihm von Paulus zugeschriebene Rolle als eine leidende Gottheit verblüfft und schockiert gewesen.“[29] Nicht aber der Theologe Martin Luther, der das Kreuz, das Leid als das eigentliche Kennzeichen des Christen ansieht,[30] und auch nicht Küng, der ganz paulinisch, aber eben nicht jesuanisch tönt: „Das unterscheidend Christliche ist und bleibt das Kreuz. Auch die Aussagen über die *Menschwerdung* des Gottessohnes wären eine ›Göttergeschichte‹, wären reine Mythologie, wenn sie nicht im Zusammenhang der Botschaft von Kreuz und Auferweckung gesehen würden.“ Und Küng beruft sich auch für seine Sicht direkt auf Paulus: „Die früheste Aussage ist jener von Paulus erweiterte ... Hymnus im Philipperbrief von Jesus Christus, der in Gottes Gestalt war und es nicht für einen Raub hielt, mit Gott zu sein, sondern sich selbst entäußerte, indem er Knechtsgestalt annahm und den Menschen ähnlich wurde: Der Erscheinung nach wie ein Mensch erfunden, erniedrigte er sich selbst und wurde gehorsam bis zum Tod, ja, bis zum Tod am Kreuz. Menschwerdung also verstanden als Entäußerung und Erniedrigung: zur Begründung christlicher Liebe und Selbstlosigkeit!“[31]

Die Heuchelei eines Theologen kennt hier fast keine Grenzen mehr: Man stelle sich genau in diesem Zusammenhang den doch tatsächlich in teurer Sportlimousine daherkommenden oder besser daherfahrenden Theologen Küng vor, wie er sich nach dem Vorbild seines Meisters „entäußert“ und „erniedrigt“, und zwar zur Begründung seiner christlichen Liebe und Selbstlosigkeit. Immerhin hat er ja zur Zeit, als Ratzinger noch in Tübingen weilte, diesen manchmal im Auto mitgenommen.[32] Der fuhr damals noch mit dem Fahrrad zu seinen Vorlesungen an der Uni, aber später als Papst „entäußert“ und „erniedrigt“ er sich auch, indem er sich im teuren Papamobil den Massen gnädiglich zeigt. Der geistliche Diktator den ungeistigen Schafen! Aber bei allem Vertrauen auf Gott und gepredigtem Jenseitsglauben: Das Fahrzeug muss gepanzert sein!

Wohlgemerkt: Auch die Nobelkarossen des Vatikans kauft Mutter Kirche nie, sie werden ihr geschenkt. Jedenfalls ist die harmonische „Übereinstimmung“ zwischen dem seine Füße wundlaufenden jüdischen Wanderprediger Jesus und den sich ständig auf ihn berufenden Amtsherren und Theologen der Kirche hier nahezu „perfekt“.

In seinem Bestreben, eine neue, vom Judentum abgegrenzte Religion zu schaffen, kümmerte sich Paulus wenig bzw. gar nicht darum, was der ursprüngliche jüdische Jesus wirklich gewollt hatte. Küng kümmert das auch nicht wirklich. Er fragt z. B., ob Jesus die sieben Sakramente der katholischen Kirche eingesetzt habe, insbesondere die der Taufe und der Eucharistie, und bejaht dies zumindest in Bezug auf die beiden letztgenannten Sakramente. Nun hat der Hebräer Jesus weder eine Kirche noch Sakramente gestiftet, hat anders als beispielsweise Johannes der Täufer nie selber irgendjemanden getauft, auch keinen Taufbefehl für seine Jünger erlassen und auch kein Abendmahl im Sinne der Wandlung und Kommunion in der hl. Messe gefeiert, auch nicht das Ritualmahl, welches ihm später von den frühchristlichen Gemeinden, die in paulinisch-lukanischer Tradition standen, zugeschrieben, man kann sagen: untergejubelt wurde.

In künstlich gewundener Formulierung, unter geschickter Vermischung des Christus der Kirche mit dem ursprünglichen galiläischen Jesus erklärt Küng dennoch: „In angemessen geschichtlichem, wenn auch nicht juridisch verengtem Sinne können sie“ (die beiden Sakramente Taufe und Eucharistie) „zusammen mit der Vollmacht der Sündenvergebung als von Christus ›eingesetzt‹ gelten, insofern die Urgemeinde sie von Anfang an unter spezifischer Berufung auf Jesus von Nazareth, den als Christus geglaubten, vollzogen hat."[33] Staunenswerte theologische Akrobatik, mit der man, wiewohl auf vertrackten Umwegen, alles, was später von der Kirche gesagt, getan, eingesetzt wurde, auf Jesus von Nazareth zurückführen kann!

Küng ist bei seiner Rechtfertigung der beiden Sakramente so clever, nur ganz allgemein von ihrem Fundiertsein im Neuen Testament zu sprechen. Dass er aber dabei in Wirklichkeit den paulinischen Einfluss im Neuen Testament meint, verschweigt er geflissentlich. Selbst viele Theologen wissen ja nichts oder wenig von dem Ausmaß dieses paulinischen Einflusses. Der schon erwähnte hervorragende Altphilologe und Analytiker antiker Texte, Hyam Maccoby, ermahnt uns ganz zu Recht: „Wir sollten im Kopf behalten, dass das Neue Testament, wie es uns vorliegt, wesentlich stärker von Paulus dominiert ist, als es uns auf den ersten Blick vorkommt. So, wie wir es lesen, arbeiten wir uns zunächst durch die vier Evangelien, deren Hauptfigur Jesus ist, und lernen Paulus als Person erst in der Apostelgeschichte kennen, welche nach Abschluss der Jesuserzählung spielt. Dann erst kommen wir mit Paulus selbst in Berührung, nämlich in seinen Briefen. Aber dieser Eindruck ist irreführend, denn tatsächlich sind die Paulusbriefe der älteste Teil des NT, geschrieben zwischen 50–60 nach der christlichen Zeitrechnung, während die Evangelien erst aus der Zeit von 70–110 stammen. Das bedeutet, dass die metaphysischen Konstruktionen des Paulus schon existierten, bevor die ersten Evangelisten zur Feder (bzw. dem stilus) griffen, und dadurch ihren Schilderungen und Deutungen der Aktivitäten Jesu ihre Tönung verliehen ... In diesem Sinne ist Paulus mit von der Partie von der ersten Zeile des NT an. Natürlich ist das nicht die ganze Wahrheit, da die Evangelien auf Überlieferungen und sogar schriftlichen Quellen aufbauen, die auf eine Zeit zurückgehen, in der der Einfluss des Paulus noch nicht hatte wirksam werden können, und diese frühen Überlieferungen und Quellen wurden in der Endversion nicht vollständig getilgt; sie bewahren für uns wertvolle Hinweise darauf, wie die Erzählung etwa ausgesehen haben muss, bevor paulinistische Bearbeiter ihr den letzten Schliff gaben. Jedoch ist der dominierende Eindruck und die grundlegende Linie der Evangelien diejenige des Paulus, aus dem einfachen Grund, weil die paulinistische Auffassung des Sinns von Jesu Erdenwalten in der Kirche, wie sie sich geschichtlich entwickelte, triumphierte. Konkurrierende Ansichten, die vormals rechtgläubig waren und nur den höchstpersönlichen des Paulus entgegengesetzt, waren auf einmal ketzerisch geworden und wurden aus der Endfassung dessen ausgesondert, was die paulinische Kirche als den vom hl. Geist inspirierten neutestamentlichen Kanon auf den Schild hob.“[34]

Und auch die Apostelgeschichte im Neuen Testament, neben den Paulusbriefen selbst die umfassendste Quelle unserer Kenntnis von Paulus und ein einziger Lobeshymnus auf dessen gewaltige Leistungen und Leiden, stammt ja von einem Lukas, seinem überzeugten Anhänger, der eben nicht nur die Apostelgeschichte, sondern auch das dritte kanonische Evangelium unter paulinischem Einfluss verfasst hat.

Es gibt sodann Hinweise darauf, dass auch das erste Evangelium, das des Markus, durch Paulus beeinflusst wurde. Der zweite Brief an seinen Schüler Timotheus deutet die geistige Nähe des Paulus zu den beiden Evangelisten Markus und Lukas wenigstens an: „Beeil dich, komm bald zu mir!“ schreibt da Paulus und fährt alsdann fort: „Nur Lukas ist noch bei mir. Bring Markus mit, denn er wird mir ein guter Helfer sein ... Wenn du kommst, bring ... auch die Bücher mit, vor allem die Pergamente“ (2 Tim 4,9-13).[35]

Die „Kirche Jesu Christi“ ist in Wirklichkeit nicht die Religion des Wanderpredigers Jesus, auch nicht die der ersten nachjesuanischen Jerusalemer Gemeinde des Petrus und des Jesusbruders Jakobus, die doch am besten den Geist Jesu kennen müssten, jedenfalls besser als Paulus, der ihm nie begegnet war und seine vermeintliche Kenntnis dieses Mannes nur aus Visionen bezog. Natürlich gehörte zur Einflussnahme des Paulus auf die Evangelisten auch, dass diese die unmittelbaren Augenzeugen, eben die Jünger Jesu, als wenig bedeutend, ja teilweise als dumm und nichts von Jesu Sprüchen verstehend darstellen mussten, um dadurch den eigentlichen Gründer des Christentums Paulus dann um so größer erscheinen lassen zu können. Die Zwölf Jünger bleiben in den Evangelien ziemlich schattenhaft, schematisch, umrisshaft. Jedenfalls werden sie nicht als schöpferische Persönlichkeiten dargestellt, das Merkmal echter Kreativität bleibt Paulus vorbehalten.

Man muss das Ganze auch auf dem Hintergrund der Kämpfe zwischen Juden- und Heidenchristen sehen. Eine Jesussekte, die auf dem Boden Palästinas entstanden ist und von der entstehenden, an Macht ständig zunehmenden paulinischen Christuskirche vier Jahrhunderte lang grausam verfolgt wurde, die ebionitische, scheint das Erbe Jesu weit authentischer und getreuer bewahrt zu haben als die Fälschercrew um Paulus. Aus dem Wenigen, das wir über die Ebioniten wissen, geht hervor, dass für sie anders als für Paulus und seine zahlreichen Anhänger Jesus nur ein Mensch war, natürlicher biologischer Sohn der Maria und des Joseph, aber zugleich ein von Gott begnadeter und berufener Prophet, der gesetzestreu, thoratreu im Judentum stand, dieses erneuern, aber nicht abschaffen wollte. Natürlich waren die Ebioniten insofern eine auch misstrauisch beäugte Variante innerhalb des Judentums, als sie an Jesus als den Messias und Auferstandenen glaubten.

Angesichts der teuflischen Verfolgung, der diese Sekte seitens der paulinischen Christus-Kirche und nach einiger Zeit auch von Seiten des römischen Staates ausgesetzt war, so dass sie im vierten Jahrhundert praktisch zu existieren aufgehört hatte, kann man ihren ohnmächtigen Hass auf Paulus, den sie für einen betrügerischen Verfälscher der Intentionen Jesu hielt, durchaus verstehen. Plausibel allerdings erscheint, dass sie Petrus als den verteidigt, dem man fälschlicherweise gegen die Thora gerichtete Ansichten unterschoben habe, und dass sie ihn als jemanden darstellt, der Paulus für seinen schlimmsten Feind und den Feind der Sache Jesu gehalten habe, weil er von den realen An- und Absichten desselben keine Ahnung besaß.

Weniger plausibel klingt dann allerdings die Version der Ebioniten, Paulus sei gar kein Jude, sondern Grieche gewesen, der sich unsterblich in die Tochter des jüdischen Hohenpriesters verliebt habe und nur deshalb zum Judentum übergetreten sei, sich sogar beschneiden ließ. Erst als sein Wunsch, diese Frau zu heiraten, sich nicht erfüllte, sei er zum fanatischen Gegner der Beschneidung, des mosaischen Gesetzes und der Sabbatheiligung sowie eben Christ geworden.

Wir haben diese Story der Ebioniten über Paulus nur in der Fassung eines christlichen Theologen aus dem 4. Jahrhundert, des hl. Epiphanius vorliegen, also ist doppelte Vorsicht geboten. Dennoch gibt es ernstzunehmende Autoren, die Paulus, der sich ja als Pharisäer-Schüler ausgab, wegen zahlreicher Widersprüche in seinen Schilderungen tatsächlich für einen Nichtjuden halten: „Dennoch: so unvollständig und romantisierend der von Epiphanius überlieferte Bericht sein mag, so ist er doch in mehreren Aspekten genauer als der Bericht über Paulus, den die Kirche weitergibt, oder gar die Angaben, die Paulus über seine Person in seinen Briefen macht. Anstelle des respektablen Pharisäers makellos jüdischer Abstammung, anstelle des Freundes von Jakobus und Petrus und mit ihnen ranggleichen Führers entdecken wir hinter den verstümmelten und verzerrten Aussagen im Bericht des Epiphanius über die Ansichten zeitgenössischer Ebioniten doch noch Spuren des realen, historischen Paulus – Spuren eines innerlich zerquälten Abenteurers, der mit List und Verstellung seinen Weg findet, sich immer wieder knapp aus gefährlichen Situationen windet und schließlich eine Religion stiftet, die ganz und gar seine individuelle Schöpfung ist.“[36]

Wer so eine neue Religion auch gegen massive, weitgehend berechtigte Widerstände erschafft und durchsetzt, muss bestimmte Charaktereigenschaften haben, die ihn nicht unbedingt sympathisch erscheinen lassen. Das Urteil der Kritiker über Paulus geht tatsächlich ganz überwiegend in diese Richtung. Der jüdische Autor des Buches „Von Jesus zu Paulus“[37], Klausner, hält letzteren für einen „jener geistigen Tyrannen, denen ihre Person und ihr Werk eins werden und die im Namen dieses Werkes sich unbewusst das zu tun erlauben, was ihnen ihr Egoismus eingibt.“ Der Theologe und berühmte Arzt von Lambarene, Albert Schweitzer, hält Paulus für einen jener gefährlichen Menschentypen, die „alles als ein aus den Tatsachen unmittelbar und objektiv sich ergebendes System“ propagieren.[38] Tatsächlich sind für Paulus alle, die nicht dasselbe Evangelium verkünden wie er, „Werkzeuge des Satans“ oder „von niedrigen materiellen Bedürfnissen geleitete Betrüger“.[39] Seine „Wahrheit“ ist die einzig wahre, die er direkt „durch die Offenbarung Jesu Christi empfangen“ habe. „Wer euch aber ein anderes Evangelium verkündigt, als wir euch verkündigt haben, der sei verflucht.“ Selbst „ein Engel vom Himmel“ habe sich da nicht einzumischen. „Gott weiß, dass ich die reine Wahrheit sage“ (Gal 1,6-20). Das klingt alles schon sehr nach dem später proklamierten Dogma der päpstlichen Unfehlbarkeit. Und tatsächlich wimmelt es in den Briefen des Paulus auch von Verfluchungen und Verbannungen seiner Gegner oder derer, die er dafür hält. Mit seinen „Schimpftiraden ... bügelt er alle ab, die nicht seinen theologischen Spekulationen zustimmen wollen“.[40] Die Judenchristen bezeichnen ihn als einen „Emporkömmling“, „angeberisch, gleißnerisch“, der „nicht Jesus, sondern Paulus predige“. Sogar des „finanziellen Betruges und der Feigheit" bezichtigen sie ihn. „Sie halten ihn für verrückt und fallen zuletzt in seine Gemeinden ein, um sie ihm abzunehmen“, weil er ihrer Überzeugung nach gar nicht zum Heidenapostolat legitimiert sei.[41]

Nur Hans Küng, dessen Bücher von Noch-Katholiken am häufigsten gekauft werden, zeichnet den Paulus absolut positiv.[42] Er muss es aber im Grunde auch tun, denn der Jesus Christus des Paulus ist nicht nur der der römisch-katholischen Kirche, sondern auch ganz genau der des Theologen Küng. Deshalb hören wir von diesem nur lobende Worte über den „Völkerapostel". Um es nochmals zu sagen: Der nach ihm doch ganz ursprüngliche Jesus Christus des Hans Küng ist in Wirklichkeit der ganz und gar paulinisch gefärbte Jesus Christus der Paulusbriefe, der Apostelgeschichte und der römisch-katholischen Kirche mit der ganzen Überladung an vergöttlichenden Hoheitstiteln, die der ursprüngliche galiläisch-jüdische Jesus sich nie beigelegt hätte.

II. Teil: War Jesus einzigartig, vollkommen, fehlerlos, alle anderen Persönlichkeiten der Weltgeschichte überbietend?

2. Das Jesusbild der Kirche, der kirchlichen Theologen und Bücherschreiber

Auch ich war ja katholischer Theologe und Bücherschreiber, weiß also, wovon ich in diesem Kapitel spreche.

Selbst als ich 1972, damals bereits seit einigen Jahren Theologieprofessor, aus der Kirche austrat, glaubte ich noch, dass ich im Großen und Ganzen nur fundamentale Kritik und radikale Zweifel gegenüber dieser pseudoreligiösen Institution üben bzw. hegen müsste, dass aber z. B. das von ihr dargebotene Jesus-Bild weitgehend stimmig sei. Allerdings war mir damals schon aufgrund vergleichender religionswissenschaftlicher Studien klargeworden, dass Leben und Lehre anderer Religionsstifter und großer Philosophen, wie z. B. Buddha oder Sokrates, ebenso einzigartige Lebensentwürfe und -stile darstellen wie die Existenz und Handlungsweise des Jesus von Nazareth, wenn wir diese jetzt einmal als geschichtlich, als real-historisch voraussetzen.

Wie gesagt, Kindheit und Jugend, ja auch noch ein paar Jahre meines Daseins als Erwachsener und katholischer Priester waren sehr stark vom Jesusbild der Kirche geprägt. Jesus war für mich, wie sie es lehrt, die zweite Person der Gottheit, die als Gottessohn auf die Erde herabstieg, um den Menschen das Heil zu verkünden und zu bringen. Da er Gottessohn ist, konnte er selbstverständlich auch als Mensch nichts Unvollkommenes tun, keine Sünde begehen, nicht die geringste Abweichung von den höchsten ethischen Idealen aufweisen. Er war –

auch als Mensch – der Göttliche, der Vollkommene, der diese seine absolute Perfektion ebenfalls in seinem Leiden und Sterben bewies, in der Aufopferung seines heiligen Blutes für uns Sünder und zur Versöhnung seines durch unsere Missetaten schwer beleidigten göttlichen Vaters. Als Gottes Sohn konnte der Mensch Jesus – auch das glaubte ich der Lehre der Kirche gemäß – natürlich nicht im Grab vermodern. Er war in meinem Glauben der Auferstandene, der exemplarische Mensch, den Gottvater nach drei Tagen von den Toten auferweckt hatte.

Wie ungemein zäh ein solches in Kindheit und Jugend eingeprägtes kirchliches Gottes- und Jesusbild nachwirken kann, sehe ich an vielen christlichen Theologen, Schriftstellern und Journalisten, die immer noch an ihm hängen und kleben. Nicht, dass sie ihren Glauben an Jesus und seine absolute ethische Vollkommenheit so simpel und schlicht ausdrücken würden wie die Amtskirche und die von ihr herausgegebenen Lehrschreiben und Katechismen. Nein, sie formulieren selbstverständlich viel eleganter, moderner, differenzierter, subtiler und sublimer, lassen auch alles zu Anstößige in den kirchlichen Verlautbarungen weg, wie z. B., dass der zornige Gottvater sich nur durch das Blut seines Sohnes besänftigen, erweichen ließ, dass Blut nun mal eine zutiefst christliche Kategorie ist, wenn es um Sünden und Schuldvergebung geht.

Aber eines, und zwar das Wichtigste, haben alle diese Theologen, Buchautoren und Journalisten mit dem kirchenamtlichen Jesusbild gemein: das permanente Herausstellen seiner unbedingten Vollkommenheit. Auch dabei verfahren sie natürlich nicht so langweilig wie die Amtskirche, die monoton ewig dieselben Formeln verwendet, um die göttliche Vollkommenheit Jesu zu rühmen. Nein, sie erfinden zur Veranschaulichung der Perfektheit des Nazareners ständig neue Bilder, Formulierungen, Attribute, präziser ausgedrückt: Sie entnehmen dem jeweiligen Zeitgeist das, was dieser gerade für das Höchste, Wertvollste, Idealste, Effektvollste hält, und sprechen dann ihrem Jesus diese attraktivsten Eigenschaften exemplarisch zu. Selbst wenn sie mal ausnahmsweise in erkenntnistheoretischer Hinsicht einen Mangel bei Jesus einzuräumen bereit sind, wie z. B. in Bezug auf seine irrtümliche Naherwartung des Endgerichtes und des Reichs Gottes, zeigen sie doch keinerlei Bereitschaft, die geringsten Abstriche an der makellosen sittlichen Überlegenheit Jesu zu dulden.

Natürlich versteht und artikuliert jeder christliche Jesus-Autor den Zeitgeist ein wenig anders als seine Kollegin, sein Kollege, schreibt deshalb auch dem Nazarener jeweils ein paar andere Vollkommenheitsnuancen zu als diese anderen. So entsteht ein buntes Kaleidoskop ähnlicher, aber doch nicht ganz deckungsgleicher Jesusbilder, aus deren Angebot sich je nach Wunsch, Stimmung, Interesse und Bedürfnis die Gläubigen beliebig bedienen können. Es ist ein großes Warenhausangebot, und die Kirche sieht es nicht ungern, wenn ihre verstaubten Artikel auf diese Weise aufgefrischt und aktualisiert werden.

Die Kirche ist katholisch, allumfassend, will das Evangelium allen Geschöpfen, aller Kreatur predigen, also muss auch ihr Jesus für alle Völker, Kulturen, Ideologien, Weltanschauungen, Zeit- und Modeströmungen der Richtige und Allerbeste sein. Also muss Jesus der Mensch für alle Menschen, »der Mensch für andere« (Dorothee Sölle[43]) sein, obwohl der Jesus der Evangelien sich doch nur als »zu den verlorenen Schafen des Hauses Israel gesandt« empfand (Mt. 15,24). Und so ist denn Jesus, aus allen, aber auch allen möglichen Perspektiven betrachtet, der Perfekteste. Er ist der Größte, »befreiungstheologisch gesehen«[44], der Größte, »existentiell gesehen«,[45] der Größte, »kosmisch gesehen«[46], der Größte, »mystisch gesehen«[47], der Größte, »archetypisch gesehen«[48], der Größte, »therapeutisch gesehen«[49], der Größte, »solidarisch gesehen«[50], der Größte, »lateinamerikanisch«[51], »afrikanisch«[52], »asiatisch«[53], überhaupt »multikulturell«[54] gesehen, ja selbst der ungeheuer »Faszinierende«, wenn man ihn »islamisch«[55], »hinduistisch«[56],

»buddhistisch«[57], »jüdisch«[58] und sogar »atheistisch«[59], »marxistisch«[60], »rebellisch«[61] und »philosophisch«[62] betrachtet. Dass Jesus auch »päpstlich gesehen«[63], der Vollkommenste ist, versteht sich von selbst.

Bei all den aufgeführten Blickwinkeln, unter denen Jesus als der Perfekteste hingestellt wird, fehlt für mindestens die Hälfte der Menschheit noch eine äußerst wichtige Perspektive: Jesus als der für die Frauen Größte, Wichtigste, Bedeutsamste, Liebevollste. Auch christliche Apologeten haben schon bemerkt, dass das heute bereits die wohl wichtigste Perspektive ist.

Die Emanzipation der Frau, der Abbau der Vormachtstellung der Männer ist unumkehrbar. Der Brutalo, der Rambo, der Macho feiert zwar gelegentlich Überraschungserfolge, aber das ändert nichts daran, dass die Epoche der Arroganz, der Überlegenheit und Überheblichkeit des Mannes gegenüber der Frau endgültig zu Ende geht. Dementsprechend muss dem Mythos vom vollkommenen, fehlerfreien Jesus in unserer Epoche eine neue Perfektionsvariante beigefügt werden: die des »ersten neuen Mannes« (Franz Alt), der so ganz anders mit den Frauen umging als alle seine Geschlechtsgenossen vor ihm und weitgehend noch nach ihm in den letzten zwei Jahrtausenden; der ihnen alle Freiheit, Gleichheit, Gleichberechtigung nicht nur theoretisch zusprach, sondern das alles auch in seinem Verhalten und Handeln exemplarisch vorexerzierte.

Und so finden sich denn auch schon genügend Schreiber und Autorinnen auf dem Markt, die Jesus, ebenfalls »feministisch«[64] und »erotisch gesehen«[65], als den einfach nicht mehr zu Überbietenden anpreisen. Dabei wird das Kunststück fertiggebracht, den Nazarener als faszinierendes Objekt weiblicher Begierde zu schildern, der Frauen erotisch unerhört anzog, sie »verrückt« nach sich machte[66], dabei jedoch selbst von allen amourösen sinnlichen Anwandlungen frei blieb.

Den Vogel in dieser Hinsicht schießt Franz Alt ab. Es ist ja auch klar, dass er als Fernsehmann die Zeichen der Zeit schneller als mancher Theologe oder Kleriker erkennt, auch wenn Alt demütig beteuert, von Frauen wie Christa Mulack und Hanna Wolff oder Theologen wie Eugen Drewermann und Karl Herbst gelernt zu haben.[67] Aber der eigentliche Zauberkünstler, als der er bisweilen im lockeren Abendprogramm von New Age-Kongressen auftritt, ist doch er selbst. Und er zaubert einen neuen Jesus aus dem Hut, weil der alte nichts erneuert, nichts moralisch gebessert hat. »Es geht heute um einen *neuen* Jesus, um ein neues Bild von ihm, nachdem wir mit dem alten Jesus-Bild nichts *wirklich neu gemacht haben.*«[68]

Wenn die Kirche nicht die Hälfte ihrer Mitglieder, nämlich die Frauen, verlieren will, müssen ihre selbsternannten Retter aufs Tempo drücken. Und im neuen Jesus-Bild muss dieser vor allem als der große Frauen-Emanzipator ausgemalt werden. Zwar ist dieser Frauenbefreier zugegebenermaßen aus den Träumen Franz Alts geboren, der sich dabei der Traumanalysen C. G. Jungs bedient, aber natürlich ist es der »wirkliche Jesus«[69], der sich auf diese Weise herausschält. »Um Mißverständnissen vorzubeugen«, betont Alt, »die Tiefenpsychologie zeigte mir den neuen Weg zur Quelle. Die Quelle, aus der ich schöpfe, ist Jesus.«[70] Kein Zweifel, der ehemalige Theologiestudent und heutige katholische Journalist Franz Alt hat seine Lektion kirchlicher Dialektik gut gelernt und kann sie anwenden, wann immer es nötig ist. Denn auch das neue Jesus-Bild des Frauenbefreiers muss ja schon wieder erweitert und ergänzt werden, weil neue Problemgruppen auftauchen. Glücklicherweise hat nach Alt der »wirkliche Jesus« das alles schon vorher gewusst, gelebt, praktiziert. So beeilt er sich denn, in Jesus, dem »Freund der Frauen«, auch noch den »Freund der Alten und der Asylbewerber, der Aids-Kranken und der vielen alleinerziehenden Mütter und Väter«[71] zu entdecken.

Ist der Jesus, wie ihn die Evangelien zeichnen, wirklich »das leuchtende Beispiel für sich emanzipierende Frauen und Männer?«[72] Alt betont zwar, dass »nur über unsere Seele und über unsere Träume, die wir Nacht für Nacht als göttliche Botschaften von der Seele empfangen«, Heilung, Umkehr und Wahrheit erfolgen können: »für jeden einzelnen, für die Gesellschaft, für die Menschheit«[73]. Aber es muss uns dennoch erlaubt sein, nüchtern, traumlos, ohne göttliche Nacht-Botschaften das zu untersuchen, was in den Evangelien tatsächlich über Jesu Verhalten gegenüber den Frauen steht.

Wenn wir das tun, dann zeigt sich gleich auf den ersten Blick: Die Evangelisten bemühen sich zwar redlich, Jesus zu erhöhen, zu idealisieren, aber so raffiniert wie die späteren Theologen waren sie noch nicht. Aus den Evangelien tritt uns – wie wir immer wieder sehen – ein Mensch mit Widersprüchen und Unvollkommenheiten entgegen. Und das gilt auch für sein Verhältnis zu Frauen. Jesus erscheint hier als Mann mit allen Vorzügen und Nachteilen, mal schroff-patriarchalisch, überlegen, selbstherrlich, mal moderat-patriarchalisch, gütig, gelassen, barmherzig wie ein sanfter Macho, der aber nie vergisst, dass er es ist, der die Zügel in der Hand hält und behalten muss.

Es liegt in der Konsequenz der Tendenz, Jesus als den Größten, Einzigartigen, moralisch Vollkommensten dar- und hinzustellen, dass man alle Untersuchungen und Forschungen schlechtmacht, die nüchterner, ohne die Vorgabe des Christusglaubens, an die Evangelien herangehen und dabei auch Unvollkommenheiten, Schattenseiten im Charakter des Nazareners oder auch einfach Sachverhalte aufdecken, die keineswegs negativ sind und lediglich zur Kirchenmoral nicht passen. Solche Werke werden dann als »unüberbietbare Schmarren«, als »bizarr«, »abstrus«, »grotesk«, »hanebüchen«, »kurios«, »von der Kirche angewidert«, bestenfalls noch als »einseitig« diffamiert.[74] Jede andere Sicht als die des göttlich Vollkommenen wird durch das Heer der Schriftgelehrten der Kirche »wissenschaftlich«, »exegetisch«, philologisch«, »archäologisch«, »textkritisch«, »methodologisch«, aber auch aus »ethischen«, »humanen« und »philosophiegeschichtlichen« Gründen niedergemacht. »Erscheint irgendein Buch, das sich kritisch mit religiösen Themen auseinandersetzt, rotten sich sofort die Insider zusammen: Öffentlich und schriftlich verdammen sie das Werk in Grund und Boden – von der ersten bis zur letzten Zeile wird jedes Wort mit dem Bann der Experten belegt. Ist der Buchautor ein Laie: Na ja! Der kann ja nichts verstehen! Ist er – oder sie – ein Theologe/eine Theologin, dann weiß ja sowieso jeder gleich, was es geschlagen hat: Mein Gott! Der/die Sowieso – haha! – Was soll man denn von dem/der halten? Abweichler! Renegat! Frustriert! Etc. etc.«[75]

Sind in dem Werk, das man auf diese Weise fertigmacht, nur wenige Literaturhinweise oder ein bescheidener Anmerkungsteil, höhnen die Apologeten der Kirche: Der Verfasser hat ja nicht die geringste Ahnung von dem, was zu diesem Thema bereits geschrieben worden ist. Ist das Gegenteil der Fall, bringt der Autor viele Zitate, einen umfassenden Anmerkungsapparat, werfen sie ihm sklavische Abhängigkeit von anderen Büchern, totalen Mangel an Originalität vor.[76] Wenn diese ganze Strategie der Diffamierung, Desavouierung und Kompromittierung für die Vernichtung des Gegners noch nicht ausreichend erscheint, wird er als Stalinist, Kommunist oder Nazi hingestellt, was immer den gewünschten Erfolg zeitigt, obwohl der Vorwurf von Mitgliedern einer faschistoiden, durch und durch antidemokratischen Institution[77] kommt, die mit jedem faschistischen System des 20. Jahrhunderts (Mussolini, Hitler, Franco, Pavelic, Pinochet usw.) eng zusammengearbeitet hat. »Machtkämpfe bei uns, in der katholischen Kirche, laufen nämlich alle nach dem gleichen trostlosen Muster ab: Es siegt der, dem es gelingt, den anderen mit dem Judasmal des *Verrats* zu zeichnen. Für den, der etwas Neues will, ist das eine verzweifelte Ausgangslage.«[78] Die Institution Kirche musste zwangsläufig im Laufe von fast zwei Jahrtausenden ein derart großes Arsenal an primitiven Totschlag-Argumenten anhäufen, wenn sie mit den aus ihrem eigenen Schoß hervorsprießenden Sekten und Dissidenten fertig werden wollte. Standen doch diese Sekten und Abweichler meistens der Wahrheit und der Ethik, der Gerechtigkeit und der Humanität weit näher als sie selbst.

Es liegt in der Konsequenz der oben erwähnten Tendenz, dass die kirchlichen Zensoren und ihre kirchenabhängigen Ableger in den Medien zwar selbst die unseriösesten, kitschigsten Bücher, die Jesus als den Vollkommenen darstellen, ungeschoren passieren lassen, dass sie aber gegen Bücher, die an dieser Vollkommenheitsnorm Zweifel anmelden, die Totschlag-Methode der ipsissima verba et facta Jesu in Anwendung bringen. Jede den Evangelien entlehnte Begründung einer Abweichung von Maßstäben der christlichen Liebes- und Sexualmoral wird mit dem Hinweis »widerlegt«, genau bei dieser Stelle des Evangelientextes handele es sich mit Sicherheit nicht um ein authentisches Wort, eine authentische Handlung von Jesus selbst. Diese Stelle sei nicht echt.

Zwar gibt es kaum zwei Insider-Theologen oder -Exegeten, die derselben Meinung sind, wenn es darum geht zu entscheiden, ob ein Ausspruch oder eine Tat, die Jesus in den vier kirchlich anerkannten Evangelien zugeschrieben werden, echt oder unecht ist. Wehe aber, wenn ein Außenstehender oder gar Renegat Jesusworte, Jesustaten in den Evangelien zur Begründung seiner Hypothese, seiner Theorie heranzieht. Da tönen dann die vorher heillos unter- und miteinander zerstrittenen Insider in schönster Eintracht, diese Outsiderin, dieser Outsider befleißige sich ja einer völlig indiskutablen, unwissenschaftlichen, primitiven, naiven Methode. Dass die Amtskirche sich unentwegt eben solcher Methoden bedient, dass sie Bibelverse aus dem Zusammenhang reißt, dass sie in jedem Gottesdienst, jedem kirchlichen Dokument, im neuen Weltkatechismus wie in den päpstlichen Enzykliken und den bischöflichen Hirtenbriefen völlig isolierte Aussagen der Evangelien als Beweise für kirchlich-ideologische Zwecke aufbietet, wird selbstverständlich unterschlagen.

In Wirklichkeit gibt es kein einziges Jesus von den Evangelisten zugeschriebenes Wort, keine einzige ihm von ihnen zugeordnete Handlung oder Verhaltensweise, die mehr als nur wahrscheinlich, also hypothetisch echt und authentisch ist. Dennoch sind die vier kanonischen Evangelien die Hauptquelle, ja praktisch – zusammen mit noch einigen einigermaßen authentisch klingenden Aussagen Jesu in den apokryphen Evangelien – die einzige Quelle unseres Wissens über Jesus von Nazareth. Diese Quelle werden wir denn auch ausgiebig, in der ganzen Breite der vier Evangelien, für die Erforschung des Mannes Jesus nutzen. Sollten wir mit dieser Methode dem faktischen, dem historisch-realen Jesus, nicht entsprechen, so entsprechen wir auf jeden Fall dem Jesus der Evangelien, und einen anderen kennt niemand!

Die Kirche – im Grunde übrigens auch ihre Exegeten, Theologen und Prediger – bedient sich übrigens derselben Methode, nur dass sie wegen ihres dogmatischen Gottes- und Jesusbildes die verschiedenen Textstellen der Evangelien anders, nach einer vorgefassten Meinung, interpretiert. Aber was die Kirche und alle »Verteidiger des Christentums« den Menschen als authentischen Jesus anpreisen, ist zur Gänze den Evangelisten entlehnt. Für jeden Aspekt, jede Eigenschaft ihres Jesus berufen sich die Kirche und ihre Schriftgelehrten auf gewisse Textstellen der Evangelien. Die Amtskirche ist hier sogar ein bisschen ehrlicher als ihre inoffiziellen Zuarbeiter. Sie betont offiziell und verbindlich für ihre Gläubigen, dass »die Bücher des Alten wie des Neuen Testaments *in ihrer Ganzheit mit allen ihren Teilen* als heilig und kanonisch« gelten müssten, »weil sie, unter der Einwirkung des Heiligen Geistes geschrieben, Gott zum Urheber haben. ... Zur Abfassung der heiligen Bücher hat Gott Menschen erwählt, die ihm dazu dienen sollten, all das und *nur* das, was er – in ihnen und durch sie wirksam – geschrieben haben wollte, als echte Verfasser schriftlich zu überliefern. Da also *alles*, was die inspirierten Verfasser oder Hagiographen aussagen, als vom Heiligen Geist ausgesagt zu gelten hat, ist von den Büchern der Schrift zu bekennen, dass sie sicher, getreu und *ohne Irrtum die Wahrheit lehren, die Gott* um unseres Heiles willen in Heiligen Schriften aufgezeichnet haben wollte.«[79]

Nun denn, stützen wir uns also auf die Schrift, auf die Evangelien als Basis unserer Forschung genau wie die Kirche und im Grunde auch alle ihre Exegeten und Theologen. Nur befragen wir die Evangelientexte unvoreingenommener, vorurteilsfreier, unverklemmter als sie, ohne ideologische Brille. Und versuchen wir, freier, offener Jesus aus seinen Bedingungen heraus zu verstehen, seiner Heimat Galiläa, seinem jüdischen und religiösen Milieu, aus der Moral seiner Zeitgenossen. Dann eröffnen sie uns neue Einsichten und Aussichten. Die richtig gestellten Fragen führen zu Antworten, die auch das kirchliche Bild vom asexuellen, ultrakeuschen, über alle Sinnlichkeit erhabenen, rein geistigen »Agape-Jesus« als Farce, als sentimentalen Kitsch erscheinen lassen. Das Liebesleben Jesu, sein Verhältnis zum anderen Geschlecht, seine Beziehungen zu Frauen waren vielfältiger, vielseitiger, vielschichtiger, als dies uns das einseitige, eindimensionale Jesus-Bild der katholischen Kirche, aber auch die übrigen christlichen Jesus-Bilder zeigen.

Auch die Logienquelle Q, eine vor allem mündliche Überlieferung über Jesus noch vor der Entstehung der kanonischen vier Evangelien, hilft nicht weiter bei dem Versuch, mehr über Jesus zu erfahren, jedenfalls mehr, als in diesen vier Evangelien steht. Mit Recht betont N. Copray, Redakteur der kirchenkritischen Zeitschrift „Publik Forum“: »Auch der Griff zum Buch ›Das verlorene Evangelium‹ (über das, was Jesus wirklich sagte) geht ins Leere. Hier wird reißerisch die sogenannte Quelle Q angeboten, die Matthäus und Lukas für redaktionelle Zwecke in ihren Evangelien verwendeten. Was als Faktum oder wahre Lehre über Jesus ausgegeben wird, ist oft bereits eine autoritär festgelegte Interpretation früher Anhänger, die dann ins Unendliche fortgeschrieben und ausgefaltet wird. Die dadurch gewonnenen Dogmen stehen auf dünnen historischen Säulchen. Denn schon in frühesten Traditionen werden Jesusbilder transportiert, die sich eigenen Wahrnehmungsmustern verdanken. Und so wie Jesus zum Beweis seiner gesellschaftlichen und universalen Bedeutung in der Antike ›Messias‹ oder ›Herr‹ oder ›Sohn Gottes‹ sein musste, so muss er heute Pionier der Ökologie, großer Psychotherapeut oder Freund der Frauen sein. Für jeden und jede der perfekteste Mensch.«

Den kirchlichen, theologischen und schriftstellerischen Lobeshymnen auf die Einzigartigkeit Jesu seien zum Schluss dieses Kapitels noch zwei besondere Hymniker beigefügt: die mystisch und mythisch eminent Jesus-Begeisterten Hans Küng und Franz Alt. Nach Küng ist Jesus ohne Makel: fehlerlos, sündlos, schuldlos, keinerlei Defizite intellektueller, ethischer, biologischer oder sonst welcher Natur aufweisend, genau so vollkommen, dass er eigentlich nicht mehr ein Mensch, sondern bereits ein Gott auf Erden ist. Küngs Hauptwerk zu Jesus, sein Buch „Christ sein“ (ein gewaltiges, eng bedrucktes, fast 700 Seiten zählendes Kompendium, eigentlich ein Gemeinschaftswerk von etwa 20 Mitarbeitern, Anregern, Korrektoren bis hin zu Germanisten wie dem „Literaturpapst“ Walter Jens, der über den Stil des Buches wachte), ist eine einzige Lobeshymne auf diesen fehler- und makellosen Jesus, der für alle Eigenschaften, Perspektiven, Aspekte und wesentlichen Tendenzen des Menschseins und der Humanität das unübertreffliche Vorbild und Korrektiv darstellt. „Das Besondere, das Ureigenste des Christentums“, so Küng, „ist es, diesen Jesus als letztlich entscheidend, ausschlaggebend, *maßgebend* zu betrachten für den Menschen in diesen seinen verschiedenen Dimensionen ... Das Christentum kann letztlich nur dadurch relevant sein und werden, dass es ... die *Erinnerung an Jesus* als den *letztlich Maßgebenden* aktiviert: an Jesus den Christus und nicht nur einen der maßgebenden Menschen.“

Dem schließt sich der „Laientheologe“ Franz Alt voll übereinstimmend an: „Jesus war und ist einzigartig“ lautet die Überschrift gleich seines ersten Kapitels in seinem Buch „Was Jesus wirklich gesagt hat“, und im letzten Kapitel dieses Buches betont er noch einmal mit vielen Worten, dass „Jesus der einzigartigste Mensch aller Zeiten“ ist. Interessanterweise unterbaut Alt sein Jesus-Pathos nicht eigentlich mit Argumenten. Er kommt nur mit der Behauptung, dass Jesus der einzigartigste Mensch sei, weil er „uns liebend die Liebe seines uns alle liebenden Vaters erzählt und vorgelebt“ habe. „Er war, ist und wird immer sein: *der* große Liebende und Lehrer und Heiler unserer Zeit und aller Zeit.“ Dazu muss dann noch die „theologische Autorität“ des von der Kirche gemaßregelten, sich ihr aber immer noch von Zeit zu Zeit anschleimenden Eugen Drewermann herangezogen werden, wonach Jesus „das menschlich und göttlich Echteste und Tiefste verkörpert, das überhaupt möglich ist“ (S. 338).

3. Jesus als Kind und Jugendlicher

Immer wieder verlangt Jesus in den Evangelien die Loslösung von allem, was einem lieb ist, insbesondere von Eltern, Geschwistern, Kindern, und die exklusive Bindung an ihn, den einzigartigen Gottgesandten. Das deutet sich in seinem Charakter schon sehr früh an. Mit zwölf Jahren bereits nutzt er das Gewühl während einer Wallfahrt nach Jerusalem, um sich von den Eltern loszureißen. Drei Tage lang treibt er sich in der Heiligen Stadt herum, ohne sich Gedanken zu machen oder gar traurig darüber zu sein, dass seine Eltern ihn ja wohl suchen. Die suchen ihn tatsächlich verzweifelt. Aber auch nachdem sie ihn gefunden haben, zeigt er nicht den geringsten Anflug von Reue. Er ist sich nicht der geringsten Schuld bewusst. Vielmehr weist er sie hochmütig in die Schranken. »Warum habt ihr mich (überhaupt) gesucht? Wusstet ihr nicht, dass ich sein muss in dem, was meines Vaters ist?« (Lk. 2,49) Dieser junge Bursche hält sich schon zu dieser Zeit für etwas ganz Besonderes, für einen einzigartigen Sohn, der nur Gott zum Vater hat. Als religiös-metaphysisch begründete Arroganz und Bindungslosigkeit würde ein solches Verhalten heutzutage qualifiziert. Die Eltern stehen diesem Phänomen von Sprössling baff erstaunt gegenüber. »Und sie verstanden das Wort nicht, das er zu ihnen sagte« (Lk. 2,50). Vielleicht hielt ihn seine einfache, aber realistisch eingestellte Mutter schon zu diesem Zeitpunkt, also lange vor Beginn seines öffentlichen Wirkens, für einen »Spinner«, für übergeschnappt, für »verrückt« (Mk. 3,21). Seine zweifellos vorliegende Gefühlskälte dürfte sie auf jeden Fall schmerzlich empfunden haben. Fünf Söhne hat Maria zur Welt gebracht, außer Jesus noch Jakob, Joseph, Simon und Judas, aber dieser Jesus mit seiner religiösen Überheblichkeit macht ihr den größten Kummer. Schon jetzt! Er wird ihr später noch viel größeren bereiten.

Die vier kanonischen Evangelien schweigen zwar weitgehend, wenn es darum geht, Charakterfehler des Kindes Jesus aufzuzeichnen. Die vielen apokryphen Evangelien aber, die in der Zeit des Frühchristentums kursierten, nehmen dagegen kein Blatt vor den Mund. Ohne Hemmungen schildern sie Frechheit, Arroganz, ja Brutalität des Jesusknaben, weil sie in einem solchen Verhalten nichts Abträgliches, sondern gerade den Beweis der Gottessohnschaft Jesu erblicken. Das Jesuskind lässt z. B. laut dem Thomasevangelium Menschen blind, taub oder irrsinnig werden, um seine Macht des Heilens an ihnen zu demonstrieren. Sogar tot umfallen lässt der junge Jesus einige Personen, allerdings nur zum Spaß, zu einem freilich sehr makabren, denn er erweckt sie ja später wieder zum Leben. Im arabischen Kindheitsevangelium sowie in der syrischen »Geschichte der Jungfrau« rennen die Kinder aus Angst vor dem Jesusknaben weg, und eine Mutter versteckt sie vor ihm im Keller. Dafür, dass sie nicht mit ihm spielen wollen, rächt sich der kleine göttliche Hexenmeister damit, dass er alle diese Kinder in Geißlein verwandelt. Später lässt er sich erweichen und verwandelt die Geißlein wieder in Menschenkinder zurück, allerdings müssen sie jetzt brav mit ihm spielen und allen seinen Befehlen gehorchen.

Nach dem Thomasevangelium hat der Jesusknabe auch einen Lehrer namens Zachäus. Aber der Knabe weiß natürlich alles schon besser als der Lehrer und nennt diesen überheblich ein leeres Gefäß. Der Lehrer ist trotzdem voller Bewunderung und meint, Jesus müsse irgendetwas Großes, ein Gott oder ein Engel sein.[80] Die Kindheitsgeschichten, die sich um Jesus ranken, sind in ihrer Unmoral, ihrer »Albernheit, um nicht zu sagen schieren Dummheit, in der Weltliteratur fast ohne Beispiel«. Und das sagt der eben zitierte Autor sogar in Bezug auf die Kindheitserzählungen über Jesus bei Matthäus und Lukas! Bei deren Lektüre schon sei es unmöglich, auf die Idee zu kommen, »daß die christliche Religion einen Anspruch auf moralische Ernsthaftigkeit erhebt«.[81]

Bereits in den ersten dreißig Jahren seines Lebens, als er sich noch zu Hause aufhielt, muss Jesus schon sehr viel mit seiner Überzeugung, der besondere Auserwählte Gottes zu sein, geprahlt haben. Denn als er schließlich öffentlich auftritt, können seine Mutter und seine Geschwister nur mit großer Sorge sein öffentliches Reden und Tun verfolgen. Sie halten ihn für verrückt und versuchen, ihn mit Gewalt nach Hause zurückzuholen, ihn unter Kuratel zu stellen (Mk. 3,21). Ausdrücklich betont das Johannesevangelium (7,5), dass auch seine Brüder nicht an ihn glaubten. Jesus »bedankt« sich auf seine Weise: Als er das um ihn gescharte Volk mit seiner starken Rhetorik unterweist, platzt jemand mit der Nachricht herein, seine Mutter und seine Brüder stünden draußen und ließen ihn rufen. Jesus denkt gar nicht daran, seinen Redefluss zu stoppen. Er ist für das Heil zuständig, nicht für Mutter und Brüder. Unerhört, ihn in seiner Heilsunterrichtung unterbrechen zu wollen. Hochfahrend erklärt er daher, auf die ihn umringenden Menschen hinweisend: »Seht da meine Mutter und meine Brüder! Wer den Willen Gottes tut, der ist mir Bruder und Schwester und Mutter« (Mk. 3,31-35 par). Dass er sich wenigstens nach seiner Predigt zu seiner Familie begeben hätte, berichten nicht einmal die Evangelisten, dürfen deshalb auch wir völlig ausschließen. Bei einer anderen Gelegenheit preist eine Frau aus dem Volk seine Mutter: »Selig der Leib, der dich getragen, und die Brüste, an denen du dich genährt hast!« Jesus korrigiert sie sofort schroff und schneidend: »Vielmehr selig diejenigen, die das Wort Gottes hören und es befolgen« (Lk. 11,27f). Gleich im Anschluss daran (Lk. 11,29) wettert Jesus: »Dieses Geschlecht ist ein arges Geschlecht!« Ob er damit auch seine Mutter meinte?

4. Uneheliche Herkunft Jesu und sein Anspruch, einzigartig zu sein

Es könnte durchaus sein, dass Jesu Aversion gegen seine Mutter vor allem dem Umstand entsprang, dass er mit seiner unehelichen Herkunft nicht ins Reine zu kommen vermochte. Er, der besondere Gottesgesandte, der einzigartige Prophet Israels, der verborgene, aber immer klarer zum Vorschein kommende Messias des jüdischen Volkes ein uneheliches Kind, vielleicht sogar kein Nachkomme Davids, da möglicherweise von einem Nichtjuden gezeugt? Dieser Zwiespalt musste ihm schwer zusetzen. Es liegt jedenfalls ein Dunkel über der leiblichen Herkunft Jesu. Im Talmud gibt es die sogenannte Pandera-, Pantera- oder Panthera-Tradition. Nach dieser hat ein römischer Söldner oder Offizier eine Mirjam, die Verlobte des Joseph, verführt und geschwängert. Die Frucht dieses Aktes soll Jesus gewesen sein. Jesus wäre also Jeschu ben Pantera, der Sohn des Pantera.[82]

Das ihm offenbar peinliche Wissen um seine illegitime Abkunft, seine fremde, nichtjüdische Herkunft könnte der Grund dafür gewesen sein, dass Jesus seiner Mutter stets sehr distanziert, teilweise sogar schroff-verächtlich gegenüberstand, dass er sie nie anders als mit dem kaltherzig-herabsetzenden »Weib« anredete, dies selbst noch in seiner Todesstunde vom Kreuz herab: »Weib, siehe, dein Sohn!« (Joh.

19,26), mit dem er nicht etwa sich selbst meinte, sondern seinen Jünger Johannes. Auch in diesem letzten pietätheischenden Moment seines Lebens verweist er die Mutter an einen anderen, bleibt er in überlegener Distanz zu ihr, ist er ein der Mutterliebe und allen Familienbanden Enthobener, auch wenn er für sie Sorge trägt, genauer verordnet: »Und von jener Stunde an nahm sie der Jünger in sein Haus« (Joh. 19,27).

Es wäre psychologisch, im Rahmen der psychischen Entwicklung des jungen Jesus konsequent und verständlich, dass der von seinen Eltern Enttäuschte, seiner Mutter die Schande seiner dunklen Herkunft nie Verzeihende sein ganzes Vertrauen nur noch dem einzig idealen Vater im Himmel schenkte, von der Familie, von Vater, Mutter, (Halb-)Geschwistern aber nichts mehr wissen und halten wollte. Wobei man ja wohl hinzufügen müsste, dass Jesus seinen eigentlichen Vater, diesen römischen Offizier oder wer immer es war, wahrscheinlich nie zu Gesicht bekommen hat, es immer bloß mit seinem »Ziehvater« Joseph zu tun hatte, den selbst die lateinische Kirchensprache stets etwas abwertend als »pater putativus«, also als »vermeintlichen Vater« anredet.

Vielleicht hat sogar dieser Joseph selbst, der mit der »Schande« seiner Verlobten ja zunächst auch nicht zurechtkam und sie »entlassen« wollte (Mt. 1,19), dem Jesusknaben irgendwann die Geschichte von seiner Herkunft erzählt. Von irgendjemandem muss sie Jesus doch erfahren haben. Oder hat Jesus von sich aus seinen Ziehvater daraufhin angesprochen, nachdem er die beharrlich umherschwirrenden Gerüchte, er sei ein uneheliches Kind, zu Ohren bekommen hatte?

Ein Schicksalsschlag war's ja zunächst für Joseph selbst. Wir können das heute noch gut nachfühlen: Ein junges Mädchen in Nazareth, einer kleinen galiläischen Stadt, im damals dort üblichen Verlobungsalter von zwölf bis zwölfeinhalb Jahren, wird schwanger. Joseph, der Verlobte dieses Mädchens namens Mirjam (latinisiert Maria), weiß eines ganz genau, nämlich, dass er diese Schwangerschaft nicht verursacht hat. Das ist die Lücke, die Leerstelle, die christliche Schriftsteller dann mit der Befruchtung der Jungfrau durch den Heiligen Geist füllen werden, und zwar noch nicht Paulus, der älteste christliche Autor, und auch nicht das älteste, das Markusevangelium, wohl aber der anonyme Verfasser des Matthäusevangeliums und noch weit ausführlicher der des Lukasevangeliums.

Es fällt schwer, die Sache ganz ohne Ironie zu behandeln. Es verhält sich mit ihr ja ungefähr so, wie wenn Eltern ihre schwanger gewordene Tochter nach dem Vater ihres noch nicht geborenen Kindes fragen, diese sich aber beharrlich weigert, dessen Namen zu nennen. Frustriert sagt dann vielleicht ein Elternteil: »Dann hast du's wohl vom Heiligen Geist bekommen?!« Auf diese Idee sind also auch schon Matthäus und das Lukasevangelium gekommen: Sie proklamieren den Sohn Marias als Sohn keines irdischen, sondern des himmlischen Vaters, als gezeugt von dessen Heiligem Geist.

Hat etwa schon die junge Mirjam selbst die Weichen für diese Legendenbildung gestellt? Was macht ein verängstigtes Menschenkind nicht alles in der Gefahr? Und die Gefahr war ja real.

Die Untreue einer Verlobten galt im alten Israel als Ehebruch, weil die Verlobung ein erster Teil der Eheschließung war und rechtlich wie eine Ehe behandelt wurde. Nach jüdischem Recht galt eine Verlobte bereits als die Frau des Mannes, so dass sie seine Witwe wurde, wenn er in dem Zeitraum eines Jahres, das zwischen der Verlobung und der sogenannten Heimführung lag, starb. Verlangte der betrogene Verlobte vor Gericht die Bestrafung seiner Verlobten, drohte ihr im Falle der Überführung die Schwerststrafe: Sie wurde mit ihrem Liebhaber gesteinigt, wenn sie zwölf Jahre plus ein Tag bis zu zwölfeinhalb Jahre alt war. War sie älter, wurde sie erdrosselt. Nur noch nicht zwölfjährige Mädchen gingen straffrei aus (vgl. 5 Mose 22,13-29). Priestertöchtern erging es noch schlimmer: »Wenn sich die Tochter eines Priesters durch Unzucht entweiht, so entweiht sie ihren Vater; man soll sie verbrennen« (3 Mose 21,9). Freilich wurde auch damals nichts so heiß gegessen, wie es gekocht wurde. An die Beweisführung für die Untreue einer Verlobten waren ziemlich schwer zu erfüllende Bedingungen geknüpft: Zwei Zeugen waren mindestens nötig, die nachweisen mussten, dass sie die Verlobte und ihren heimlichen Lover gewarnt und auf die möglichen Folgen hingewiesen hatten, und dass die beiden trotzdem bei ihrem ehebrecherischen Verhalten geblieben waren. Dass die Strafvorschriften aber nicht bloß so in den Wind geschrieben waren, beweist die Tatsache, dass noch in der Regierungszeit des Königs Herodes Agrippa I. (41-44 n. Chr.) solch eine Hinrichtung durch Verbrennung stattfand.[83]

Nach allem, was die Evangelien von Joseph, dem Verlobten der Mirjam, berichten, war er kein Kämpfertyp, kein aggressiver, eher ein etwas passiver, introvertierter Charakter. Er wäre also sicher nicht gegen seine Verlobte vor Gericht gegangen, vielmehr fraß er den Kummer wegen ihrer offensichtlichen Untreue in sich hinein. »Weil indessen Joseph, ihr Mann, rechtschaffen war und sie (doch) nicht in Schande bringen wollte, gedachte er sie heimlich zu entlassen« (Mt. 1,19). Entweder begeht hier der Evangelist einen sachlichen Fehler, indem er sich in einen Widerspruch verwickelt, oder Joseph war doch nicht so »rechtschaffen«, d. h. in diesem Falle so großzügig und großherzig, wie das diese Stelle nahelegen möchte. Denn gerade wenn er sie entließ, überantwortete er sie doch der Schande. Es musste ja einer Reihe von Leuten bekannt sein, dass er mit dieser Mirjam verlobt war. Behielt er sie bei sich, dann konnte man ihre Schwangerschaft ursächlich auf ihn zurückführen. Entließ er sie aber, löste er seine Verlobung, dann wusste doch der Dümmste, dass das, was sich da in ihrem Schoß ankündigte, nicht von ihm sein konnte. Auch konnte Joseph doch wohl keineswegs annehmen, dass der wirkliche Erzeuger noch einmal auf der Bildfläche erscheinen würde. Was also Mirjam/Maria drohte, war keine Steinigung oder Erdrosselung, wohl aber die Schande, von ihrem

Verlobten verstoßen worden zu sein, und auch die Gefahr, eine alte Jungfer zu werden, da sich nach der Entlassung sicher kein Mann mehr finden würde, der sie heiraten mochte. Die Schande, um die es hier geht, ist heutzutage gering oder gar keine mehr. Damals jedoch, noch dazu in einer kleinen Ortschaft in der Provinz, in Untergaliläa, musste es dieser Mirjam und ihren Eltern wie der gesellschaftliche Todesstoß erscheinen.[84]

Es liegt also nahe, anzunehmen, dass unsere Maria oder Mirjam alles tat, um diesen Todesstoß abzuwenden. Ihrem gutmütigen, ein wenig unbedarften, einfältigen, aber tief frommen Verlobten die Mär vom göttlichen Geist als Erzeuger ihres Kindes beizubringen, kann ihr nicht sehr schwergefallen sein. Zumal es auch ihm, dem stets Kompromissbereiten, nie den Konflikt Suchenden, daran gelegen sein musste, die Sache so schnell und so still wie möglich zu bereinigen, denn einem gehörnten Mann dürfte auch damals der zumindest heimliche Spott der Nachbarschaft sicher gewesen sein. Vielleicht beschwichtigte ihn die Verlobte so lange, bis er einschlief und sie ihm laut und deutlich die Worte einhämmern, einsuggerieren konnte, die er dann als Offenbarung des Engels des Herrn im Traum deutete bzw. erlebte und gerne glaubte: »Joseph, Sohn Davids, scheue dich nicht, Maria, dein Weib, zu dir zu nehmen; denn was in ihr gezeugt ist, das ist vom Heiligen Geiste« (Mt. 1,20).

Es wäre, wie gesagt, gut möglich, dass Joseph dem jungen Jesus die Geschichte in seiner Sicht erzählt hat, seine Vermutungen, wer die Verlobte wohl geschwängert haben könnte, seine marternden Zweifel und dann die erlösende Auflösung des Rätsels: Es war gar kein irdischer Erzeuger, sondern der Geist Gottes! Wahrscheinlich nahm Jesus dem Joseph die Geschichte nur zur Hälfte ab. War er, Jesus, doch nicht so einfältig wie Joseph, um an die Version mit dem Heiligen Geist als Erzeuger zu glauben? Dann aber musste er diese Version für einen Trick, für eine Lüge seiner Mutter halten, die er dann gerade deswegen so verachtete, so herabsetzend, so von oben herab behandelte. Tatsache ist, dass Jesus selbst nicht im Entferntesten irgendwelche Andeutungen darüber macht, von einer Jungfrau geboren, vom Heiligen Geist gezeugt worden zu sein, dass ihm solche Gedankengänge offenbar völlig fremd sind.[85] Wären sie es nicht, dann müsste er ja auch seiner Mutter mit Ehrerbietung, Achtung und Ehrfurcht begegnen. Aber das Gegenteil ist der Fall: Er fährt ihr immer wieder über den Mund, redet sie mit »Weib«, niemals mit »Mutter« an, spricht und predigt nie von Mutterliebe, unterhält »verwandtschaftliche« Beziehungen einzig und allein zu einem transzendenten, überirdischen Wesen, zu Gott im Himmel, den er vertraulich und etwas infantil mit »Papi« (Abba) anredet, weil ihm offenbar schon als Kind die Atmosphäre des Vertrauens, der Geborgenheit, der seelischen Wärme im Haus der Mutter fehlte, woran nicht unbedingt diese schuld sein musste, sondern seine eigene Einstellung zu ihr und den Geschwistern.

Was hatte sie denn schon Schlimmes als blutjunges Mädchen begangen? Vielleicht war sie gegen ihren Willen von den Eltern dem viel älteren, etwas langweiligen Joseph versprochen worden, so dass sie sich mit ihm verloben musste, ohne ihn je geliebt zu haben. Sie hatte das alles – die Entscheidung ihrer Eltern, die Verlobung, das Eheversprechen über sich ergehen lassen; sie nahm es wie eine blinde Fügung des Schicksals entgegen, aber irgendwelche positiven Gefühle der Freude, der Lust, der Liebe konnten dabei in ihr nicht aufkommen. Und dann stand da plötzlich dieser junge, fesche römische Offizier vor ihr, umwarb sie, flirtete mit ihr, entfachte ein Gefühl in ihr, das sie vorher nicht gekannt hatte, das ihr irgendwie unheimlich, aber dennoch ungemein verlockend und süß vorkam. Und dann traten eben die Naturgesetze oder die Hormone in Aktion oder wie immer man das bezeichnen will.

Vielleicht war es aber auch anders. Vielleicht war es kein eleganter, sympathischer Offizier, sondern ein einfacher, brutaler Soldat der römischen Besatzungsmacht, der sich nahm, was er wollte, der sie ganz oder halb vergewaltigte, gegen den Widerstand ohnehin zwecklos war.

Doch wie auch immer, das, was Maria »verbrochen« hatte, war nichts Gravierendes, Böses, Schlimmes. Schlimm konnte es nur im Rahmen der Weltuntergangsstimmung im jüdischen Milieu ihrer Zeit sein, denn damals träumte wohl jede junge Israelitin davon, den Messias Israels zu gebären. Der aber musste Vollisraelit, musste aus dem »Hause Davids« sein. Diese Chance hatte Maria durch ihre Einlassung auf den römischen Mann vertan. Das konnte ihr Jesus nicht verzeihen. Nicht, dass seine ehrgeizig-starke Persönlichkeit deswegen vom Glauben, er sei der Messias, abgelassen hätte. Er betonte jetzt umso mehr das geistige Moment in der Nachkommenschaft Davids. Nicht »Fleisch und Blut« (siehe Mt. 16,17), nicht die leiblichen, blutsmäßigen Verwandtschaftsbeziehungen, die er, wie wir bereits sahen, verachtete, sondern allein der Geist, aus dem man neu wiedergeboren werde (Joh. 3,3-13), könne über die Zugehörigkeit zum Reich Gottes und über den Gottgesandten, den Messias als Führer zu diesem Gottesreich bestimmen und entscheiden (vgl. Mt. 16,17). Ein leiblicher Nachkomme Davids oder Abrahams zu sein, bedeute gar nichts. Als die Juden ihm immer wieder stolz entgegenhalten, sie hätten »Abraham zum Vater« (Mt. 3,9), seien »Abrahams Nachkommen« (Joh. 8,33;39), betont Jesus die Nichtigkeit dieser leiblichen Nachkommenschaft, indem er sogar auf den toten Stoff, die leblose Materie hinweist, aus der Gott Nachkommenschaft herbeischaffen könnte: »... ich sage euch: Gott vermag dem Abraham aus diesen Steinen Kinder zu erwecken« (Mt. 3,9). Der Geist sei es, »der lebendig macht, das Fleisch hilft nichts« (Joh. 6,63). Deshalb helfe es nichts, von Abraham oder David dem Fleisch nach abzustammen, es müsse einem geistig vom Vater im Himmel gegeben sein (Joh. 6,65).

In Anspielung auf seine uneheliche Herkunft sagen seine Gegner über Jesus: »Von diesem wissen wir nicht, woher er ist« (Joh. 9,29).

Hämisch fragen sie ihn: »Wo ist denn dein Vater?« und fügen sogleich zynisch hinzu, dass sie selbst »nicht aus Unzucht geboren« seien, sondern im Gegensatz zu ihm einen Vater hätten (Joh. 8,19;41). Sie machen sich lustig über einen solchen »Propheten aus Galiläa« (Joh. 7,52). Jesus lässt sich gar nicht auf ihre »fleischliche« Ebene herab oder ein, versucht gar nicht, seinen leiblichen Vater zu finden oder ins Spiel zu bringen, wirft ihnen vielmehr vor, »nach dem Fleische zu richten« (Joh. 8,15), weil sie eben »von unten her« kämen, während er »von oben her« komme (Joh. 8,23). Jesus gesteht ihnen zwar zu, seinen Vater nicht zu kennen (Joh. 8,19), aber dieser leibliche, irdische Vater interessiert ihn gar nicht. Er diskutiert mit seinen Gegnern nur auf der Ebene des himmlischen Vaters, den er genau kenne und dessen besondere Vaterschaft in Bezug auf seine eigene Person ihm klar bewusst sei: »Ich kenne ihn, denn ich bin von ihm her, und er hat mich gesandt« (Joh. 7,29). Was spiele es da schon für eine Rolle, ob ihn auf der terrestrischen Ebene ein Jude oder Nichtjude gezeugt habe. Wichtig sei für ihn, genau zu wissen, woher er in Wirklichkeit gekommen sei und wohin er gehe (Joh. 8,14), welches Wissen seinen Gegnern abgehe. »Ich bin«, so Jesus, »von Gott ausgegangen und gekommen; und nicht von mir aus bin ich ja gekommen, sondern jener hat mich gesandt« (Joh. 8,42).

Aber den Gegnern, die ihm gerade »die Nachkommenschaft Davids« (Joh. 7,42) streitig machen und nur auf diese Frage nach der leiblichen Herkunft eine Antwort erhalten wollen, müssen die abstrakt-transzendenten Antworten Jesu wie Halluzinationen vorkommen. Sie und auch ein Teil des Volkes halten ihn deshalb für »verrückt«, für besessen von einem Dämon (Joh. 7,20; 8,48,52; 10,20f.). Wie wir bereits sahen, taten das auch seine Mutter und seine Brüder. Es war schließlich ein schwerer Brocken, den er ihnen da vorsetzte: »Ihr seid aus dieser Welt, ich bin nicht aus dieser Welt«, und in Umkehrung aller Nachkommenschaftsabfolge: »Ehe Abraham war, bin ich« (Joh. 8,23; 58). Kein

Wunder, dass da die gottesfürchtigen Israeliten Steine auf den Größenwahnsinnigen werfen wollten, der sich eine ewige Präexistenz zuschrieb.

Wie gesagt, Jesu messianisches und göttliches Selbstbewusstsein war durch das Wissen um seine illegitime Herkunft nicht zu erschüttern. Im Gegenteil, er scheint deshalb umso schärfer und stärker die irdischen, weltlichen, leiblichen, fleischlichen, blutsmäßigen, familiären Bande verurteilt und verachtet zu haben. Besonders richtete sich diese Haltung gegen seine Mutter, die ihn in diese dunkle, niedrige Sphäre, in dieses »unten« hineingeboren hatte. Ihretwegen musste er sich mit den Anspielungen und Verleumdungen seiner Feinde herumschlagen. Seiner »haltlosen« Mutter wegen hatte er es so viel schwerer, seinen messianischen Anspruch vor der jüdischen Öffentlichkeit zu beweisen.

Einer Ehebrecherin, auch einer seine Füße küssenden Dirne zu vergeben, fiel ihm leicht. Das verletzte im Grunde nicht seinen messianischen Stolz, im Gegenteil, der Umstand, dass er ihnen ihre Sünden verzieh, verstärkte bei manchen den Glauben an seine Göttlichkeit. Aber den schlimmstenfalls jugendlichen Leichtsinn seiner Mutter zu verzeihen, war ihm offenbar unmöglich. Hier blieb er hart, unnachgiebig, unnachsichtig, uneinsichtig. Sie hatte seine Person, seine Messianität in Misskredit gebracht, dafür gab es kein Pardon!

5. Die Widersprüche der Evangelien bei der Darstellung der Herkunft Jesu

Die Tendenz, Jesus die Illegitimität seiner Herkunft zu nehmen, wird schon in den Evangelien erkennbar. Hier geschieht dies auf zweierlei Weise, wobei die eine Weise der anderen widerspricht. Aber die Evangelien weisen auch in anderen Hinsichten eine ganze Menge Widersprüche auf.[86] Einerseits wird Jesus gezeugt vom Heiligen Geist. Andererseits wird Joseph doch wieder als leiblicher Vater Jesu eingeführt, um diesen als »Sohn Davids« erscheinen zu lassen – nach der Tradition Voraussetzung für den Messiasanspruch.

Wahrscheinlich trieb schon die Autoren des Matthäus- und des Lukasevangeliums das Unbehagen um, denn die Zeugung durch den Heiligen Geist Gottes befreite Jesus zwar vom Odium der Unehelichkeit, doch konnte er nun nicht mehr als der Same Davids gelten. Also musste doch wieder Joseph herhalten, Jesus als Messias, als Same oder Sohn Davids zu legitimieren. Dabei verwickeln sich aber die beiden Evangelien in neue Widersprüche. Sie geben zwar die Genealogie Josephs an, um die Vorfahren Jesu zu bestimmen, aber bei diesem selbst springen sie doch wieder zu Maria über, aus der Jesus geboren worden sei, ohne von Joseph gezeugt zu sein. »Jakob zeugte Joseph, den Mann Marias, aus der Jesus gezeugt wurde, der der Messias genannt wird« (Mt. 1,16; vgl. Lk. 3,23). »Es ist eine theologische Schizophrenie, wenn der gute Katholik sagen darf, ja sagen soll: ›Jesus ist der Sohn Davids‹, aber niemals sagen darf: ›Jesus ist der Sohn Josefs‹, über den allein er doch Sohn Davids ist. Ist Jesus aber kein echter und eigentlicher Sohn Josefs, so ist er auch kein echter und eigentlicher Sohn Davids. Und umgekehrt: Ist Jesus nur ein vermeintlicher Sohn Josefs, so ist er auch nur ein vermeintlicher Sohn Davids. Ist Josef nur ein Nährvater Jesu, wie er katholischerseits genannt wird, so ist auch David nur ein Nährurahn Jesu.«[87]

Man muss allerdings die hier angesprochenen Inkonsequenzen nicht unbedingt den ersten Exemplaren des Matthäusevangeliums anlasten. Die Fälschungsarbeit an den Evangelien begann ja schon sehr früh. Jedenfalls fungiert in einer alten syrischen Handschrift, die die Engländerinnen Lewis und Gibson in einem Kloster auf dem Sinai fanden, Joseph noch als Erzeuger Jesu. In Matthäus 1,16 steht nach dieser Handschrift: »Und Joseph, mit dem die Jungfrau Maria verlobt war, zeugte Jesus, der Messias genannt wurde.« Allerdings bleibt auch in diesem

Fall ein weiterer Widerspruch bestehen, nämlich der zwischen der Heilig-Geist-Zeugung ohne irdisch-männlichen Beitrag und der Zeugung durch den Mann Joseph.

Maria selbst scheint übrigens bald vergessen zu haben, dass der Heilige Geist Jesu Vater war. Obwohl ihr laut Lk. 1,31 ein Engel angekündigt hatte, sie werde durch den Heiligen Geist schwanger werden und nach Lk. 1,43 von ihrer Base Elisabeth als »die Mutter meines Herrn« gegrüßt worden war, obwohl sie während der Geburt die himmlischen Heerscharen gesehen und die Worte der Hirten über die Geburt des göttlichen Kindes gehört und in ihrem Herzen bewahrt hatte (Lk. 2,8-20), kam ihr nach relativ kurzer Zeit die Kenntnis von diesen großartigen Vorgängen offenbar völlig abhanden. Sowohl bei der »Darstellung Jesu im Tempel« wie beim Auftritt des zwölfjährigen Jesus im Tempel ist nur noch von ganz normalen Eltern die Rede. Maria versteht nicht einmal die Worte Jesu an sie, dass er sich doch um die Angelegenheiten seines (himmlischen) Vaters kümmern müsse (Lk. 2,50). »Die Eltern brachten das Kind Jesus herein«, heißt es bei Lk. 2,27, um es beschneiden zu lassen.

Und: »Sein Vater und seine Mutter staunten über das, was über ihn gesagt wurde« (Lk. 2,33). Dann: »... seine Eltern wussten nicht«, dass der zwölfjährige Jesus in Jerusalem zurückgeblieben war (Lk. 2,43). Schließlich: »Kind, warum hast du uns das angetan? Dein Vater und ich haben dich mit Schmerzen gesucht« (Lk. 2,48). Im Rahmen eines einzigen (nämlich des zweiten) Kapitels bzw. zweier unmittelbar aufeinanderfolgender Kapitel (nämlich des ersten und des zweiten) tischt uns hier also der Verfasser des Lukasevangeliums zwei völlig verschiedene, einander widersprechende Versionen der Herkunft Jesu auf. Nun war Widerspruchslosigkeit ganz offensichtlich kein Maßstab für die Evangelisten. Spekulierten schon sie auf die fast grenzenlose Glaubenswilligkeit künftiger Generationen? Oder haben sie einfach nur kritik- und ein wenig kopflos verschiedene Traditionsstränge aneinandergefügt?

Die Verfasser des Matthäus- und des Lukasevangeliums, in denen allein unter allen neutestamentlichen Schriften über die Jungfrauengeburt Jesu berichtet wird, hätten sich besser an das Markusevangelium halten sollen, das ein so kniffliges Problem wie die Herkunft Jesu völlig ignoriert und sich auf die »Heilsbotschaft« des bereits erwachsen gewordenen »Sohnes Gottes« (Mk. 1,1) beschränkt.

Seit Matthäus und Lukas (oder wie immer die Verfasser dieser beiden Evangelien geheißen haben mögen) hat die Christenheit an dem Problem zu kauen, und insbesondere die Katholiken geben sich bis heute alle nur erdenkliche Mühe, es zu lösen oder es gar nicht als solches erscheinen zu lassen. Man kann ja auch nicht einfach so unbeschwert sein wie der fröhliche Freigeist Wolf Biermann, der das Thema mit der Gitarre in der Hand angeht und singt: »Wahr ist, dass seine leibliche Mutter ihrem Ehemann Hörner aufsetzte. Die edle Einfalt des Zimmermanns aber rettete Maria vor der üblichen Todesstrafe.«[88]

Die »progressive« Katholikin und vielgelesene Schriftstellerin Luise Rinser bringt eine hypothetische Ausweichmöglichkeit ins Spiel, die Version von der Tempeljungfrau Maria: »Weißt du, dass seine Mutter im Tempel aufgewachsen ist, eine aus vielen Töchtern Jisraels Ausgewählte, eine, die mehr als alle andern den Vorhersagen von der Mutter des Messias entsprach?« Tempelpriester »mit besonderer Vollmacht. Weise. Eingeweihte« hätten ihr dann den passenden Ehemann ausgesucht. Maria wie der erwählte Begatter seien danach in Tiefschlaf versenkt worden, und es sei ihnen das Beilager befohlen worden. »Noch schlafend bringt man sie auseinander, und sie erinnern sich nicht an das Geschehene, höchstens an einen Traum von geflügelten Wesen und Lichtspeeren.« Und »dann, wenn das dabei gezeugte Kind kommt? Dann ist es eben ein göttlich gezeugtes, ein vaterloses«. Ja, so »könnte es doch wohl sein, dass er (Jeschua = Jesus) auf ungewöhnliche Art aus dem Geistbereich in den der Materie kam. Diese Vorstellung von geflügelten Wesen und vom Lichtspeer. Der

Geist, der in die Materie fährt und dort zeugt. Der Logos, der ein Menschenkind wird. Wenn nun dieses Kind nur dem Leibe nach ein Mensch ist, aber dem Geist nach ein Gott? Das ist eine Vorstellung, die nichts Absurdes hat.«[89]

Frau Rinser hat sich offenbar vom Protevangelium des Jakobus inspirieren lassen, einer apokryphen Schrift, die der Kirchenlehrer Origines (185-254 n. C.) als vom Bruder Jesu verfasst ansah. Allerdings sieht hier die Geschichte ein wenig anders aus. Nach diesem Evangelium ist Maria eine der sieben Tempeljungfrauen, die sich der Hohepriester in Jerusalem hält. Sie ist sechzehn Jahre alt, als ihr der Engel verkündet, dass sie der Geist Gottes selbst befruchten werde. Sie wird schwanger. Die Schwangerschaft ist schon weit fortgeschritten, als Joseph sie kennenlernt. Der ist gleich doppelt bestürzt, einerseits über ihre Schwangerschaft, andererseits, weil die Tempelpriester ihm den Vorwurf machen, eine ihrer Jungfrauen verführt zu haben. Im Zusammenhang mit der von Kaiser Augustus angeordneten Volkszählung (s. auch Lk. 2,1) kommt der gebeutelte Joseph noch stärker in die Bredouille. Er fragt sich: »Wie soll ich sie (d. h. Maria) denn aufschreiben lassen? Als meine Frau? Da schäme ich mich. Oder als Tochter? Aber es wissen ja alle Söhne Israels, dass sie nicht meine Tochter ist.«[90]

Die vermeintlich von Kaiser Augustus zur Zeit, »als Quirinius Statthalter von Syrien war« (Lk. 2,2), angeordnete allgemeine Volkszählung scheint eine reine Erfindung frühester christlicher Schriftsteller zu sein. Kein einziger antiker Historiker weiß etwas davon. Die von den Evangelisten eingeführten historischen Gestalten wie »›Augustus‹, ›Herodes‹ und ›Quirinius‹, die den verwirrenden Eindruck stiften, als würde in Lukas' Erzählung zumindest der Versuch unternommen, geschichtliche Fakten in einem modernen Sinn dieses Begriffs darzubieten, haben mit der Realität nicht mehr und nicht weniger zu tun als ›Richard Löwenherz‹ oder der ›Sheriff von Nottingham‹ in den Geschichten und Balladen über Robin Hood.«[91]

Nach dem Protevangelium des Jakobus ringt sich dann aber auch der zunächst zweifelnde Josef zur übernatürlichen Version des Zustandekommens Jesu durch. Einer ihm begegnenden Hebamme erklärt er, dass er ihre Hilfe brauche, zwar nicht für seine Frau, wohl aber für eine Tempeljungfrau, die ihm anverlobt sei und die auf göttlich-überirdische Weise ein Kind empfangen habe. Die Hebamme glaubt ihm die Geschichte, und zur Bestätigung ihres Glaubens findet sie die Höhle, an deren Eingang Maria liegt, in strahlend helles Licht gehüllt.

Es gibt einen wesentlichen Unterschied zwischen den Vorstellungen von Frau Rinser und des Protevangeliums des Jakobus. Das letztere glaubt naiv an die übernatürliche Empfängnis Jesu, die Schriftstellerin glaubt das nicht. Sie enthebt die Mutter Jesu lediglich jeder Schuld durch die Hypnose, den Tiefschlaf, in den sowohl sie wie ihr Begatter versenkt worden waren. Doch auch die zugegebenermaßen clevere Idee würde Jesus in eine psychologische Konstellation stellen, die davon gekennzeichnet ist, dass ihm sein realer Vater unbekannt ist. Mit allen seelischen Folgen, die dies bedeutet ...

6. Das Christentum: Eine Religion der Träume und Mythen

Zum Grundlehrstoff jeder christlichen Unterweisung gehört seit eh und je der vermeintlich riesengroße Unterschied zwischen den Fantasiegebilden der heidnischen Sagen und der Historizität der christlichen Stiftungsgeschichte. Gerade beim »Urfaktum« des Christentums aber, der vorgeblichen Zeugung Jesu durch den Geist Gottes im Schoße einer Jungfrau, gibt es überhaupt keinen Unterschied. Zahlreiche dogmatische Erklärungen und gewichtige theologische Traktate belegen die Wichtigkeit der Sache. Nach dem »Kirchenlexikon« von Wetzer und Weite »ruht der ganze Schwerpunkt des Christenglaubens auf der

Tatsache, dass Maria als Jungfrau empfangen und geboren hat, durch Einwirkung des Heiligen Geistes befruchtet. Alles, was weiter von der Entsündigung und Befreiung unseres Geschlechtes durch das Blut Jesu Christi ›als des unbefleckten Lammes‹ gelehrt und geglaubt wird, stützt sich auf dieses Factum«.[92]

Im Herzen des Glaubens steckt also nicht das Christlichste, sondern das Heidnischste! Denn von unberührten Jungfrauen, die göttliche Erlöserkinder gebären, wimmelt es nur so in den nichtchristlichen Religionen und Mythologien. Das berühmte »Theologische Wörterbuch zum Neuen Testament« von Gerhard Kittel betont sogar ganz allgemein und universal: »Der Erlöserkönig erscheint überall als Jungfrauensohn«[93], die nicht minder bekannte Enzyklopädie »Die Religion in Geschichte und Gegenwart« bestätigt: »Der Gedanke der Jungfrauengeburt eines Gottes, Heros oder Heilbringers ist außerhalb des Christentums überraschend weit verbreitet.«[94] Im Buddhismus geht Buddha als weißer Elefant in den Leib der Maya ein, aus ihrer Seite wieder heraus. In der griechischen Mythologie empfängt Danaë im Goldregen von Zeus den Perseus, Alkmene empfängt von Zeus den Herakles, Semele den Dionys. In der ägyptischen Religion zeugt der Gott Amon-Re in der Gestalt des ägyptischen Königs mit dem Menschenweib das Gottwesen des Thronfolgers. Auch babylonische Könige und römische Kaiser werden als von Göttern gezeugt betrachtet.

Besonders ist es jedoch die griechische Religion, die so stark die Jungfräulichkeit der von einem Gott geschwängerten Mutter hervorhebt. Gerade bei diesem entscheidenden Urfaktum der übernatürlichen Jungfrauengeburt ist das Christentum am wenigsten originell, übernimmt es den ganzen Inhalt und Motivzusammenhang der Angelegenheit aus dem Heidentum.[95]

Selbst die Form der Ankündigung der Geburt des göttlichen Kindes aus der Jungfrau-Mutter hält sich weitgehend an heidnische Vorlagen. So heißt es in einer persischen Mythe: »Herrin, sprach eine Stimme, der große Helios hat mich abgesandt zu dir als Verkünder der Zeugung, die er an dir vollzieht ... Mutter wirst du eines ... Kindleins, dessen Name ist ›Anfang und Ende‹«.[96]

Die in den meisten Jahrhunderten seines Bestehens vorherrschende Natur- und Leibfeindlichkeit des Christentums hat hier einen ihrer Gründe. Denn die männerlose Zeugung eines Gottmenschen in einer Jungfrau hängt ja auch mit gewissen rituellen und moralischen Negativwertungen des Zeugungsaktes, der Ehe, der Sexualität, des Koitus zusammen. Indem das frühe Christentum die heidnischen Muster der Geburt eines göttlichen Menschen aus einer Jungfrau kopierte, übernahm es natürlich auch die damit verbundenen leib- und sexualfeindlichen Vorstellungen. In der griechischen Religion kommt es in höchstmöglicher Steigerung dieser Feindlichkeit sogar zum Mythos der mutterlosen Geburt von Gottwesen, womit das Weibliche, Mütterliche, Geschlechtliche endlich ganz ausgeschaltet oder verdrängt wäre. Athene ist eine mutterlose, jungfräuliche Göttin ebenso wie Nike. Beide entsteigen einfach dem Kopf des Zeus, des Herrn aller Götter. Aber auch der Gott Mithras, die Göttinnen Pallas und Aphrodite sind mutterlos Geborene.

Selbstverständlich gibt es einige Theologen, die solche Zusammenhänge diskutieren und den heidnischen Einfluss in einer so fundamentalen Sache wie dem Urbeginn des Christentums verringern möchten. Während etwa Kardinal Höffner, vorvorletzter Vorsitzender der Deutschen Bischofskonferenz, noch in aller Schlichtheit behauptete, wenn Jesus einen menschlichen Vater gehabt hätte, dann wäre er nicht »wahrer Gott und wahrer Mensch zugleich«[97], und sein noch konservativerer Nachfolger auf dem Kölner Erzbischofssitz, Joachim Kardinal Meisner, die Jungfrauengeburt Jesu zum A und O seines gesamten Glaubensgebäudes machte[98], bauten pfiffigere Theologen wie ein Joseph Ratzinger schon umsichtig vor. Zu einer Zeit, als er noch nicht einmal Bischof, geschweige denn oberster vatikanischer Glaubenswächter war, begriff er schon, dass der Aufklärungsprozess der Neuzeit am Ende auch bei den eigenen Gläubigen nicht haltmachen würde und die antiquierte Wunderbiologie einer manneslosen Zeugung nicht aufrechterhalten werden kann. So formulierte er schon 1968 tiefsinnig zum Thema: »Die Gottessohnschaft Jesu beruht nach dem kirchlichen Glauben nicht darauf, dass Jesus keinen menschlichen Vater hatte; die Lehre vom Gottsein Jesu würde nicht angetastet, wenn Jesus aus einer normalen menschlichen Ehe hervorgegangen wäre. Denn die Gottessohnschaft, von der der Glaube spricht, ist kein biologisches, sondern ein ontologisches Faktum; kein Vorgang in der Zeit, sondern in Gottes Ewigkeit.«[99]

Voilà, das ist die hohe theologische Kunst der Dialektik! Hier liegt auch ein Grund für das biologische Wunder des Überlebens der Kirche seit zwei Jahrtausenden trotz aller ihr schwarz auf weiß nachgewiesenen Irrtümer, Fehler, Unwahrheiten, Lügen. Wenn man mit irgendeinem Dogma in Beweisnot gerät, dann wird die Waffe der sublimen und subtilen Abstraktionskunst gezückt: »Mein Freund, du denkst darüber viel zu erdhaft, weltlich, menschlich, materialistisch, eben biologisch! Du mußt das Ganze in tiefer und wahrer Glaubensbereitschaft auf einer höheren, geistigeren, mystischen, überweltlichen Ebene sehen, eben ontologisch, dem wahren Sein, dem Tiefenwesen der Dinge angemessener! Wenn du das so nicht zu sehen vermagst, dann sage es wenigstens nicht und schweige demütig. Man müßte sonst annehmen, daß dir die Gnade, der übernatürlich erleuchtete Verstand für das Höhere und Heilige fehlt.«

Selbst eine kritische katholische Theologin wie Uta Ranke-Heinemann war von Ratzingers Aussage (»nicht biologisch, ontologisch!«) so begeistert, dass sie sich bei ihrem Streit mit der deutschen Kirchenhierarchie rund um die Frage der Jungfrauengeburt Jesu flehentlich um Hilfe an den inzwischen zur Kardinalswürde avancierten Ratzinger wandte – was natürlich nichts nutzte. Aber man sieht auch, wie Ratzinger, 1968 noch nicht Bischof, nicht Kardinal, aber sprungbereit zu jeder kirchlichen Würde, sich vorsichtig absicherte: »... wenn Jesus aus einer normalen menschlichen Ehe hervorgegangen wäre«. Ist er aber nicht, er war ja ein uneheliches Kind. Pardon: Gottessohn, übernatürlich gezeugt!

Trotz der geschickten, vorbauenden Dialektik Ratzingers hat sich seine subtile Unterscheidung zwischen biologischem und ontologischem Faktum bei den Kirchenoberen noch keineswegs voll durchgesetzt. Wenigstens in dieser einen Hinsicht sind sie mit dem Wojtyla-Papst an der Spitze noch zu erdhaft-schwerfällig und bleiben bei ihrer »Biologie«, dass Maria keinen Mann »erkannt«, dass allein Gott selbst in seiner dritten Person als Heiliger Geist das Zeugungswunder bewirkt habe. Noch im Streit des katholischen Theologen Drewermann mit seinem Paderborner Erzbischof Degenhardt bestand der Letztere auf dieser dogmatischen Position. Die Zeit ist einfach noch nicht reif, aber bei weiterer Schleifung kirchlicher Bastionen wird das kirchliche Lehramt dankbar auf Ratzingers Unterscheidungsausweg zurückkommen – nicht ohne zu betonen, dass man die Sache ja im »Wahren, Eigentlichen und Tiefsten« immer schon so verstanden und gelehrt habe.

Aber, wie gesagt, so weit ist man im Großen und Ganzen heute noch nicht, weder in Rom noch in Paderborn, amtskirchlich gesehen, versteht sich, denn von den an staatlichen Universitäten lehrenden und deshalb auf ein rationales und wissenschaftliches Auftreten verpflichteten Theologen glaubt kaum ein einziger mehr an die Zeugung Jesu durch den Heiligen Geist. Drewermann seinerseits erklärt nicht bloß dieses christliche Urfaktum, sondern gleich alle christlichen Heilswahrheiten zu Selbstfindungs-Mythen und Träumen, nicht ohne freilich im selben Atemzug zu betonen, damit das wahre Wesen des Christentums ans Licht gebracht zu haben. Vielleicht proklamiert ihn die heute noch ein wenig verdrossene Hierarchie in gar nicht so entfernter Zukunft zum Kirchenvater ...

Der Traum bzw. der Tiefschlaf hat es nicht bloß Luise Rinser, sondern auch dem Paderborner Theologen angetan: »Eine Denkweise und Lebensform, die patriarchalisch und verstandeseinseitig genug ist, um die Sprache der Frauen, um die Stimmen der Nächte, um die Bilder des Unbewussten in der Alltagslogik männlicher Vernunft gar nicht erst zu beachten, ist in sich selbst ein unausgesetzter Prozess des Ungehorsams gegen Gott und der Hinrichtung dessen, was Gott uns in der Gestalt des Jesus von Nazareth sagen möchte. Wie soll ... eine Theologie, eine Bibelexegese insbesondere, im Raum der Kirche berechtigt sein, die sich strukturell und methodisch außerstande zeigt, auch nur einen einzigen Traum, auch nur ein einziges mythisches Bild, auch nur eine Märchenerzählung ... menschlich zu würdigen und zu verstehen?« Nur in einer »gewissermaßen ›träumenden‹ Haltung« könne man das Evangelium[100] verstehen und auslegen, und gerade die »Machthaber dieser Welt« sollten auf Träume zu hören lernen, »auf die Träume von Frauen insbesondere«.[101]

Es ist nach diesem momentan bekanntesten katholischen Insider-Theologen »einzig der Empfang göttlicher Träume«, der Ursprung und Leben des Jesus von Nazareth – zumindest in der Version des Matthäusevangeliums – verstehen lernen lässt. »In einem Traum wird Joseph über die Bedeutung der Schwangerschaft seiner Geliebten aufgeklärt und in das Wesen ihres Kindes eingeführt.«[102] Alle wesentlichen Weisungen Gottes an Joseph, den Ziehvater Jesu, die Schutz und Leben seines Ziehsohnes betreffen, ergehen im Traum.

Drewermann sieht darin etwas ungemein Positives: »Der Traum ist ... der Erfahrungsort, da der Engel Gottes einem Menschen erscheinen kann und göttliche Weissagungen sich zu verwirklichen beginnen; ja, die Tatsache selbst, dass es solche Träume wieder (!) gibt, stellt nichts Geringeres dar als das Indiz einer Zeitenwende, als das Signal des endgültigen Endes einer Religion der toten Schriftgelehrsamkeit, als den Beginn einer stets erwarteten, doch jetzt endlich in der Person Jesu ermöglichten Form der Innerlichkeit und Gottunmittelbarkeit.«[103] Am Anfang war also nicht das Wort, die Vernunft, der Logos. Am Anfang (des Christentums) war der Traum! Das Christentum eine Religion der Träume, eine Traum-Religion!

Das werden nicht alle so positiv sehen wie Drewermann. Die Vorstellung, in allen entscheidenden Lebensphasen nur von Träumen geleitet zu werden, kann nicht nach jedermanns Geschmack sein. Das Traumvorbild der Evangelien, Joseph, kann einem geradezu leidtun. Er erscheint fast wie eine Marionette am Faden der Gottheit. »Das Wenige, was wir von Joseph wissen«, sagt mitleidig Schalom Ben-Chorin, »besteht vor allem in seinem außerordentlich regen Traumleben. Alle entscheidenden Impulse empfängt er durch Träume.«[104] Und sobald das Kind Jesus erwachsen ist, löst sich die Traumfigur Joseph wie ein wesenloser Schatten auf. Schon ab dem sechsten Kapitel des Markusevangeliums, ganz zu Beginn der öffentlichen Wirksamkeit Jesu, ist Joseph keiner Erwähnung mehr wert, ist Jesus nur noch »der Sohn Marias« (Mk. 6,3).

Wir machen uns heute nicht mehr klar, was es für orientalische Verhältnisse bedeutete, die Herkunft eines Menschen nur durch die Mutter, nicht durch den Vater zu kennzeichnen. Wurde der Vater bei so etwas übergangen, stellte das eine schwere Beleidigung für ihn dar, auch wenn nach jüdischem Gesetz für die Abstammung die Mutter zählt. Auch der Tod Josephs wird in keinem der vier Evangelien einer Erwähnung für würdig befunden. Er tritt von der Bühne des Lebens ab, ohne dass einer der Evangelisten darüber auch nur ein Wort verliert. Ist der »Traum-Mann« vielleicht nur eine Kunstfigur, von den Evangelisten eingeführt, um das ganze Hin und Her um die dunkle Herkunft Jesu noch mehr zu verschleiern?

Bedenkt man, dass die entscheidenden Urfakten des beginnenden Christentums auf Träumen und Halluzinationen basieren – auf den Träumen des hl. Joseph bezüglich der übernatürlichen Zeugung des

Gottessohnes im Leib Marias und auf den Visionen der Auferstehung Jesu durch Maria Magdalena und andere Frauen, dann steht es um die Anfänge dieser Religion, historisch-kritisch und erkenntnismäßig gesehen, nicht gut. Sie sind dann zwar zugegebenermaßen sehr fantasievoll, aber auch reichlich fantastisch und unglaubwürdig. Doch teilt das Christentum diesen Befund mit allen anderen Offenbarungsreligionen. Es gibt nirgendwo ein beweiskräftiges Kriterium für die Echtheit einer göttlichen Offenbarung am Entstehungspunkt von Religionen.

7. Eine Vergewaltigung am Anfang der Jesus-Biografie?

Nicht bloß Joseph erscheint als eine von Träumen geleitete Marionette in den Händen des Überirdischen, als Mann ohne jede Eigeninitiative und persönliche Entschlusskraft. Auch Maria, seine Frau, ist bei einem Ereignis von so zentraler Wichtigkeit für sie völlig inaktiv, ohne jegliche Verfügungsgewalt über sich selbst und ihren Leib. Denn im ersten der beiden einzigen biblischen Berichte wird sie nicht einmal gefragt, ob sie einwillige. Schlimmer noch: Sie wird vor und nach dem übernatürlichen Ereignis darüber nicht einmal persönlich informiert, auch nicht in einem Traum, wie das wenigstens bei ihrem Gemahl der Fall ist. Offenbar hat sie erst durch Joseph erfahren, was da Wunderbares in ihrem Schoß vorging. Das Matthäusevangelium erzählt nur schlicht und einfach: »Mit der Geburt Jesu Christi verhielt es sich so: Als seine Mutter Maria mit Joseph verlobt war, fand es sich, ehe sie zusammengekommen waren, dass sie schwanger war vom Heiligen Geist« (Mt. 1,18). Punkt, Schluss! »Das Weib schweige in der Gemeinde«, befiehlt Paulus. Es soll sich »unterordnen« (1. Kor. 14,34). Maria schweigt nicht erst in der Kirche, sie tut es bereits beim Empfangen ihres Sohnes, genauer: Sie merkt nicht einmal etwas davon. Bemerkt hat sie erst etwas, als ihr Bauch immer dicker wurde. Ohne jede Ankündigung oder Vorwarnung »fand es sich«, d. h. fand sie sich schwanger.

Ein wirklich merkwürdiger Gottesgeist, der so etwas ungefragt, uneingeladen und ungebeten mit einem jungen Mädchen veranstaltet. Die Sache kommt dem Tatbestand der Vergewaltigung bedenklich nahe. Und da grenzen sich christliche Theologen so entschieden gegen den Kismet-Glauben des Islam, gegen Allahs totale Schicksalsgewalt ab, die dem Menschen keine Freiheit, nur gottergebenes Hinnehmen aller Fügungen lasse. Dabei geschieht am Urquell des Christentums, an seinem allerersten Ursprung genau dieselbe Missachtung der Freiheit eines Menschenkindes. »Der Geist Gottes weht, wo er will« (Joh. 3,8), unbekümmert um das, was Menschen dabei angetan wird. Der Mensch hat strammzustehen und zu gehorchen, oder – im Falle Marias – zu empfangen.

Auch an die negativen Konsequenzen scheint der unbekümmert wehende, bestäubende und befruchtende Gottesgeist nicht zu denken. Er lässt das Mädchen, das er mit seinem göttlichen Samen, sprich: seiner übernatürlich befruchtenden Wirkkraft bedacht hat, zunächst einmal im Regen stehen, überlässt es seinen eigenen bohrenden Fragen, Ängsten und Zweifeln, wie denn die Schwangerschaft zustande gekommen sein könnte, setzt es der öffentlichen Schande, eine Ehebrecherin und Fremdgängerin zu sein, aus. Was mag diese junge Frau psychisch alles durchgestanden haben, bis ihr Joseph den Inhalt seines Traumes über die Bedeutung und göttliche Dignität ihrer Schwangerschaft kundtat? Er selbst konnte ja auch erst die Traumoffenbarung erhalten, als die Schwangerschaft schon sichtbar geworden war, also einige Monate nach der Empfängnis.

Unmündig, praktisch entmündigt, sprachlos, stumm erscheint Maria in der ganzen Geburtsgeschichte bei Matthäus. Nicht die Spur irgendeiner eigenverantwortlichen Entscheidung wird ihr zugestanden, zugetraut. Gottes Geist allein wirkt hier – erhaben und souverän, unabhängig von allem menschlichen Tun. Sollte eine so gezeichnete weibliche Gestalt das Ideal, Vorbild, Muster aller künftigen christlichen Frauengenerationen sein? Die Theologie hat dies stets bejaht. Und sie kann sich inhaltlich zumindest auf die Geburtsgeschichte des Matthäusevangeliums berufen. Denn darin spielt die Frau nur die Rolle einer untergeordneten Randfigur.

»Unser Typ als Christ ist Maria, denn sie ist als erster Christ maßgeblich geworden für alle anderen Christen. Bei ihr haben wir Maß zu nehmen«, verkündet einer der einflussreichsten Kirchenfürsten der Gegenwart, der Kardinal Joachim Meisner, der als Erzbischof von Köln die reichste und bedeutendste Diözese der Welt regierte. Und auch wie und worin wir bei Maria Maß zu nehmen haben, sagt uns der Kardinal, der als engster Vertrauter von Papst Johannes Paul II. galt, in aller Deutlichkeit: »Maria ist ganz leer vom eigenen Wollen«; »sie ließ sich von Gott ganz enteignen«; sie zeigt uns, dass »der Christ nichts aus sich selbst ist und nichts für sich selbst hat«; Gottes »Wort ist ihr Befehl und Norm« (aber laut Matthäusevangelium muss sie sogar empfangen, ohne dass ihr auch nur ein Wort oder Befehl mitgeteilt worden wäre); »Maria ist enteignet zugunsten der Kirche ... Maria wird zur Magd, die sich alles nehmen lässt. Wer wagt sich heute im Zeitalter der Emanzipation als Magd oder Knecht zu bezeichnen? Das ist die Berufung Mariens«, der eben alle Frauen folgen sollten, auch wenn sie kein Kind auf übernatürliche Weise im jungfräulichen Unberührtheitszustand bekommen können. Überhaupt sei Emanzipation, das lehre uns Maria, ebenso wie »Wohlstand, Prestige, Geld« ein falsches Idol, sie gehöre zu den »modernen Göttern«, denen eine Christin den Rücken kehren müsse. »Es gehört«, verkündet der Kardinal, »zu den größten Häresien zu glauben, das Ziel der Christen sei die Selbstverwirklichung. Das steht nirgendwo im Evangelium. Der Selbstverlust ist unsere Berufung ... Maria verliert sich in den Willen Gottes hinein ...« So wird sie »zur Braut, allein dem Herrn gehörig«. Frauenemanzipation und Selbstverwirklichung sind also unchristliche, heidnische Ziele! »Unser Typ ist nicht Prometheus, sondern Maria!« Und die »hört und glaubt. Maria sagt ja, sie ist gehorsam und dient.« Bei Matthäus allerdings ist Maria so unbedeutend, dass sie nicht einmal gefragt wird, also noch nicht einmal ja sagen darf oder kann.

Genau diese Stummheit der Maria hat es jedoch dem Kirchenfürsten, den manche sogar für »papabilis« hielten, angetan: »Weil Maria so still ist, ist das Wort Gottes in ihrem Leben so laut. Sie ist nicht das Wort, sie ist ... nur Echo. Weil Maria so klein ist, konnte Gott in ihrem Dasein so groß werden.« Was für eine armselige Gottesvorstellung hat doch der Kardinal, wenn sein Gott die Kleinheit des Menschen braucht, um groß dazustehen? Aber laut Erzbischof Meisner führt kein Weg vorbei: Es gibt »nur einen Weg des Menschen zu Gott ... den Weg über Maria«, also den der absoluten Demut, Ergebenheit, Unterwürfigkeit, Kleinheit und der Vernichtung allen eigenen Wollens und Wünschens.[105]

Moderner als die heutigen Machthaber der Kirche, die uns eine ähnliche Marienversion wie Kardinal Meisner und der Marienpapst Wojtyla anempfehlen, war da sogar schon der Verfasser des Lukasevangeliums. Dieser muss bereits bemerkt haben, dass man mit der Geburtsgeschichte Jesu, wie sie bei Matthäus steht, den in die Frühkirche einströmenden Frauen geradezu ins Gesicht schlägt. Er korrigiert den Verfasser des Matthäusevangeliums, indem er Maria eine etwas größere Mitbestimmung zubilligt.

Das Phänomen ist ohnehin erstaunlich und psychologisch höchst interessant, dass die von den kirchlichen Patriarchen stets gegängelten und diskriminierten Frauen trotzdem, d. h. in allen Epochen der Kirche, deren treueste Anhängerinnen waren und auch immer das Gros der Kirchenmitglieder stellten.

Bei Lukas steht nicht Joseph, sondern Maria im Mittelpunkt des Geschehens rund um Empfängnis und Geburt Jesu. Ein Engel wendet sich an die Jungfrau Maria, begrüßt sie als ein Geschöpf, das Gnade bei Gott gefunden hat, und eröffnet ihr: »Du wirst empfangen in deinem Leib und einen Sohn gebären und wirst seinen Namen Jesus nennen. Dieser wird groß sein und Sohn des Höchsten genannt werden. Und Gott der Herr wird ihm den Thron seines Vaters David geben« (Lk. 1,30-32).

Maria aber ist zu diesem Zeitpunkt offenbar noch nicht genügend vom Heiligen Geist erleuchtet, sondern ein normaler weiblicher Mensch, der sich die Entstehung eines Menschenkindes ohne männlichen Beitrag nicht vorstellen kann. Dazu noch Jüdin, also Angehörige eines Volkes, dem die heidnischen Sagen von Jungfrauengeburten völlig fremd waren und das auch den künftigen Messias als einen von Menschen gezeugten und geborenen Menschen erwartete. Also wendet sie dem Engel gegenüber ein: »Wie soll das zugehen, da ich von keinem Manne weiß?« (Lk. 1,34)

Jetzt erst erteilt ihr der Engel die eigentliche Lektion, die Einführung in nicht mehr jüdisches, sondern christliches Denken, das in Wirklichkeit, wie wir sahen, in diesem Punkt durch und durch heidnisch, insbesondere hellenistisch ist: »Der Heilige Geist wird über dich kommen und die Kraft des Höchsten wird dich überschatten; daher wird auch das Heilige, das gezeugt wird, Sohn Gottes genannt werden« (LK. 1,35). Aber der Engel ist sich offenbar noch immer nicht sicher, ob Maria das »Neue«, Nichtjüdische der Zeugungsversion Jesu wirklich verstanden hat. Also fügt er noch ein Beispiel für die Möglichkeit göttlicher Zeugung an, ohne zu bemerken, dass gerade dieses Beispiel nicht hinhaut, weil es Maria in der Überzeugung bestärken muss, dass trotz aller Gnade und göttlichen Aktivität die zeugende Mitwirkung eines irdisch-menschlichen Mannes doch nicht übersprungen werden kann. »Und siehe«, so der Engel, »Elisabeth, deine Verwandte, auch sie erwartet einen Sohn in ihrem Alter; und dies ist der sechste Monat für sie, die unfruchtbar hieß« (Lk. 1,36).

Nun hatte Zacharias, der Mann Elisabeths, schon alles biologisch Nötige getan, damit es bei ihr »funkte«. Aber es hatte bisher eben nicht geklappt, »weil Elisabeth unfruchtbar war« und inzwischen »beide schon betagt waren« (Lk. 1,7). Maria musste also annehmen, dass der Geist Gottes höchstens ein wenig nachgeholfen hatte, indem er die Unfruchtbarkeit Elisabeths reparierte, dass es aber trotzdem der Samen des Zacharias war, der einen Hauptanteil am Zustandekommen Johannes des Täufers hatte. Jedenfalls gab es nichts, das sie bei dem vom Engel gebrachten Beispiel dazu hätte zwingen können, ihr jüdisches Verstehen solcher Vorfälle aufzugeben. Waren ihr doch sicher auch andere Fälle aus der jüdischen Bibeltradition bekannt, in denen Gott Ähnliches bewirkte, ohne die zeugende männliche Aktivität auszuschalten: so bei der neunzigjährigen Sara und dem hundertjährigen Abraham, die mit göttlicher Hilfe, aber doch nicht ohne eigenes Tun ihren Sohn Isaak zustande brachten (1. Mose 17,16-22); so bei Rebekka, der Frau Isaaks, die zunächst unfruchtbar war, dann aber, nachdem Jahwe ein bisschen nachgeholfen hatte, die Zwillinge Esau und Jakob gebar (1. Mose 25,20-26; vgl. ein weiteres Beispiel bei Ri. 13,2-25).

Wenn aber bei Empfängnis und Geburt Jesu weder Joseph der Täter war, was Maria im Gespräch mit dem Engel ja verneint, noch eine rein transzendente Urheberschaft Gottes ohne die zeugende Aktivität eines Mannes in Frage kommt, dann weist auch hier wiederum alles in die Richtung der unehelichen Herkunft des Menschensohnes.

Natürlich hat es keinen Engel als Gesandten Gottes und kein Gespräch mit dem Engel im Leben der jungen Frau Maria gegeben. Diese Fiktionen wurden von den Evangelisten konstruiert, um die illegitime Herkunft Jesu zu verschleiern und das Vakuum seiner Herkunft mit der übernatürlich-transzendent bewirkten Gottessohnschaft zu füllen. Die Stilmittel und -elemente, deren sie sich dabei bedienten, sind ohne jeden Zweifel aus dem Alten Testament übernommen.[106] Es gibt ein im Alten Testament gleichsam standardisiertes Schema für göttliche Berufungsgeschichten, das stets aus vier Elementen besteht, die auch im Lukasevangelium beim Gespräch zwischen dem Engel und Maria deutlich auszumachen sind. Wirklich originell ist so gut wie nichts. Stammt es nicht aus dem Judentum, dann eben aus dem Hellenismus und/oder anderen Religionen.

Zwar beruft sich die Kirche zur Stützung des Dogmas der Geburt Jesu aus der Jungfrau Maria auf einen alttestamentlichen Text (Jesaja 7,14), wonach eine Jungfrau einen besonderen Sohn, »Immanuel« genannt, gebären werde, aber das hierbei im hebräischen Urtext verwendete Wort »almäh« bedeutet lediglich »junge Frau«, genauer »die Herangereifte«, nicht Jungfrau im spezifischen Sinn. Erst die griechische Bibelübersetzung (Septuaginta), die im 3. Jahrhundert v. Chr. entstand, übersetzte das hebräische Wort »almäh« mit »parthenos« (= Jungfrau). Von daher übernahm es Matthäus (1,23). Dem gesamten Judentum blieb jedenfalls eine Jungfrauengeburt stets eine ganz und gar fremde Idee.

8. Halbgott Jesus – Leihmutter Maria oder transsexuelle Mutation?

Der Verfasser des Lukasevangeliums hat sich, ebenso wie der des Matthäusevangeliums, noch nicht klargemacht, dass eine Zeugung Jesu unter Überspringung der zeugenden Aktivität eines Mannes Gott den Charakter reiner Geistigkeit nimmt, ihn zu einem Wesen macht, das sexuell mit einer Erdenfrau verkehrt. Das stellte für die sogenannten heidnischen Religionen, aus denen die Idee in die beiden Evangelien kam, keinerlei Problem dar, wohl aber für das Christentum, das die Geschlechtslosigkeit und absolute Geistigkeit Gottes ohne jede Beimischung der Materie verkündet. Dementsprechend sind viele Bibelübersetzungen keine wörtlichen Übersetzungen, weil man den Begriff der

Zeugung durch den Geist Gottes (s. Lk. 1,35) vermeiden will und durch harmloser klingende Redewendungen ersetzt. Anstelle der Aussage bei Lukas: »Daher wird auch das Heilige, das gezeugt wird, Sohn Gottes genannt werden«, heißt es in der Bibelübersetzung des katholischen Theologen Otto Karrer: »Darum wird auch das Heilige, das aus deinem (d. h. Marias) Schoß hervorgeht, Sohn Gottes heißen.« In der katholischen Standardbibel, der Pattlochausgabe, heißt es noch irreführender: »Darum wird auch das Heilige, das geboren werden soll, Sohn Gottes genannt werden.« In der deutschen katholisch-evangelischen »Einheitsübersetzung« wird weder gezeugt noch geboren, sondern nur noch vom fertigen »Endprodukt«, dem Kind, gesprochen. »Deshalb wird auch das *Kind* heilig und Sohn Gottes genannt werden.« Man sieht: Wenn es um die Freistellung Gottes von jedem Verdacht der Materialität oder Sexualität geht, ist den Theologen kein Ding unmöglich, sind sie sogar bereit, die in ihren eigenen Augen und nach eigener Lehre normativ heiligen Texte der Bibel zu verfälschen. Sie tun es ja um eines guten Zweckes willen. Alles zur größeren Ehre Gottes!

Man hat aber offenbar noch nirgendwo in der christlichen Theologie darüber nachgedacht, dass die direkte Zeugung Jesu durch den Gottesgeist unter totaler Ausschaltung eines irdischen Mannes das Dogma von der Gottheit Jesu außer Kraft setzt. Nach der offiziellen christlichen Dogmatik, nach dem diesbezüglich ausschlaggebenden und folgenschweren Ersten Ökumenischen Konzil von Nizäa (325) ist Jesus wahrer Gott, wesensgleich mit Gottvater. Ist Jesus aber gezeugt von Gottes Geist im Zusammenwirken mit Maria, dann kann er nur ein Halbgott, d. h. halb Gott, halb Mensch sein. Man konnte vor dem ersten Auftauchen der Erkenntnisse und Entdeckungen der modernen Biologie des Zeugungsaktes, etwa im Rahmen der aristotelischen Biologie annehmen, dass die Frau zu diesem Akt nichts beisteuert als die Gefäßeigenschaft. Dass sie also rein empfangende, passive Materie ist, in die der Mann als allein gestaltendes Prinzip eine neue Lebensform gleichsam hineingießt. Im Rahmen dieser alten Biologie, in der allein der Mann die Rolle des Aktiven, Schöpferischen, Gestaltenden hat, war demnach das neu entstandene Menschenkind voll menschlich, wenn der Zeugende ein Mensch war; voll göttlich, wenn der Zeugende ein Gott war. »Was sonst durch das männliche Tun geleistet wird, wirkte in Maria die Allmacht Gottes«[107], betonte der lange Zeit in der katholischen Theologie dominierende Dogmatiker Michael Schmaus. In beiden Fällen – ob der Mann oder ein Gott zeugte – war die Frau, war Maria total passiv, leeres Gefäß für die Zeugungsgnade des männlichen Prinzips. Sie war so unbedeutend im Zeugungsakt, dass ihr Dabeisein weder die alleinige Täterschaft des Mannes noch die eines eventuell den Mann ersetzenden Gottes in irgendeiner Weise mindern konnte. Das so entstandene Kind war wiederum ganz und gar das Produkt des Mannes bzw. des Gottes.

Nun wissen wir aber inzwischen, dass die Frau mindestens zur Hälfte bei der Zeugung beteiligt ist, weil sie, weil ihr Organismus das zu befruchtende Ei zur Verfügung stellen muss. Sonst kommt kein neuer Mensch zustande. War also der Geist Gottes derjenige, der den männlichen Part bei der Zeugung Jesu vollzog, dann war er trotzdem nicht der allein Wirkende, sondern der nur eine Hälfte Bewirkende, die andere Hälfte musste die Frau, in diesem Fall Maria, bewirken. Jesus wäre also ein Halbgott, nicht wesensgleich mit Gott, vielmehr niedriger als dieser, wenngleich höher als andere Menschen. Die alte Sekte der Arianer, die das behauptete und die der Frühkatholizismus so erbarmungslos niederschlug, wäre also posthum rehabilitiert. Im Credo, im offiziellen Glaubensbekenntnis der Kirche müsste es dann in Bezug auf Jesus Christus, den eingeborenen Sohn Gottvaters, heißen: »der empfangen ist vom Heiligen Geist zur Hälfte, zu fünfzig Prozent«.

Von der modernen Biologie des Zeugungsaktes hat die Amtskirche natürlich bis heute keine Kenntnis genommen. Aber wenn sie weiterhin behauptet, Gott, sein Geist, sei der allein Wirkende und Bewirkende bei der Zeugung Jesu gewesen, dann ist Maria gar nicht die wirkliche Mutter Jesu, sondern nur die Leihmutter! Dann hat Jesus weder einen menschlichen Vater noch eine menschliche Mutter. Dann haben wir einen Nährvater Joseph und eine Nährmutter Maria für das Jesuskind. Jesus selbst aber ist dann ein Deus ex machina! Das wäre die absolut folgerichtige Konsequenz, wenn Jesus nicht bloß ohne den Samen des (irdischen) Mannes, sondern auch ohne das Ei der Frau zustande gekommen sein soll.

Nun möchte die Kirche verständlicherweise, dass alle sexuellen Vorstellungen von der Zeugung Jesu durch den Heiligen Geist ferngehalten werden. Sie könnte also, wenn sie denn einmal in Zukunft Existenz und Beitrag des weiblichen Eis bei der Zeugung akzeptiert, auf den Gedanken der Parthenogenese verfallen, um ihr Dogma der (manneslosen) Zeugung Jesu durch den asexuellen Heiligen Geist zu retten. Jesus wäre das Produkt, so könnte sie dann behaupten, einer wunderbarerweise von Gott in Gang gesetzten Jungfernzeugung, einer Entwicklung aus einer unbefruchteten Eizelle, welche Entwicklung Gott eben allein durch sein mächtiges Wort befohlen und gefügt habe.

Aber auch dieser Ausweg aus dem Dilemma ist zum Scheitern verurteilt. Denn es entstünde auf diese Weise ja immer nur ein weiblicher Mensch. Also müsste Gott gleich oder bald noch ein zweites Wunder wirken, nämlich das einer transsexuellen Mutation, damit sich der ursprünglich weibliche Fötus in einen männlichen verwandeln und als Jesus von Nazareth erscheinen könnte.

Man sieht, in welche Verlegenheiten, Widersprüche, Ausweglosigkeiten die Kirche, ihre Dogmatik und Theologie hineinstolpern, wenn sie die reale Herkunft Jesu verschleiern und seine wunderbare göttliche Abstammung beweisen wollen. Im Falle der göttlich-übernatürlichen Zeugung Jesu ohne den Samen Josephs und ohne das Ei Marias ist übrigens dieser Jesus in keinerlei Weise der Sohn Davids, weder vom Stammbaum Josephs noch von dem seiner Frau her! Er könnte demnach auch nicht der von den Juden erwartete Messias sein.

9. Widersprüche in den Genealogien Jesu und unmoralische Vorfahren

Es wurde schon darauf hingewiesen, dass die Evangelisten (genauer: die Verfasser des Matthäus- und Lukasevangeliums) zweigleisig verfahren, indem sie einerseits Jesus auf wunderbare Weise im Schoß einer Jungfrau zustande kommen lassen, andererseits mit Hilfe unterschiedlich konstruierter Stammbäume seine Abstammung von König David »beweisen«. Die beiden Methoden, das sahen wir auch bereits, widersprechen natürlich einander, sie schließen sich gegenseitig aus, oder sie führen, wenn man diesen Ausschluss vermeiden will, zu weiteren Widersprüchen und Unlösbarkeiten.

Eklatant sind die Widersprüche zwischen den Stammbäumen selbst, die uns Matthäus einerseits und Lukas andererseits servieren.[108] Beide »brauchen« übrigens den keuschen Joseph dringend, um Jesus überhaupt eine Ahnenreihe zu geben. Denn die beiden Stammbäume Jesu geben die Genealogie Josephs an, um die Vorfahren Jesu zu bezeichnen. Bei Lukas heißt es: »Jesus war ... wie man annahm, ein Sohn des Joseph, der (war ein Sohn) des Eli, der des Matthat, der des Levi ...« usw. (Lk. 3,23ff). Bei Matthäus, der den Stammbaum Jesu bei Abraham starten lässt, lautet die entsprechende Stelle: »Jakob zeugte den Joseph, den Mann der Maria, aus der Jesus gezeugt wurde« (Mt. 1,16). Schon hier ein Widerspruch: Bei Matthäus ist Jakob der Vater Josephs, bei Lukas Eli. Matthäus zählt sodann von Zorobabel bis Joseph nur neun Generationen auf, Lukas nennt achtzehn. Auf den Bruch in der Ahnenreihe, die sonst durchgehend eine Kette von zeugenden Männern und gezeugten Söhnen ist[109], aber ausgerechnet bei Joseph abbricht, ist bereits hingewiesen worden.

Uns interessiert jetzt aber etwas anderes. Selbstverständlich ist leicht zu sehen, dass die Stammbäume Jesu bei Matthäus und Lukas Konstruktionen sind, dazu geschaffen, um Jesus als Sohn Davids und damit als Messias erscheinen lassen zu können.[110] Aber diese Konstruktionen passen doch sehr gut zu der Tatsache, dass auch der Jesus der Evangelien selbst in seiner durch sie gezeichneten heilsgeschichtlichen Bedeutung ein Konstrukt ist. Somit haben wir hier einmal eine echte, widerspruchslose Kontinuität zwischen den Stammbäumen Jesu und diesem selbst, wie er uns in den Evangelien dargestellt wird.

Hinzu kommt eine weitere Kontinuität: In den beiden Stammbäumen Jesu kommen Personen vor, die Charakterzüge und Verhaltensweisen an den Tag legen, die später auch bei Jesus zu sehen sind. Die lockere, sehr freizügige Lebens- und Liebesweise Jesu steckt ihm sozusagen von einigen Vorfahren her im Blut, er ist für diese Verhaltensweisen von der Ahnenreihe her bestens ausgestattet. Die prominentesten Ahnen im Stammbaum Jesu, speziell David und Salomo, führten ein munter-aktives Geschlechtsleben. Insbesondere Salomos Lendenkräfte weisen auf eine geradezu exorbitante, fast unsere Vorstellungsgrenzen sprengende sexuelle Aktivität.

Aber auch die Frauen, die Matthäus, nicht Lukas, im Stammbaum Jesu anführt, haben es in sich. Da ist zunächst Thamar (Mt. 1,3). Aus 1. Mose, Kapitel 38 wissen wir einiges über sie. Sie ist die Schwiegertochter Judas, dessen Urgroßvater Abraham, dessen Großvater Isaak und dessen Vater Jakob war. Juda hatte mit der Tochter eines Kanaanäers namens Sua drei Söhne: Er, Onan und Sela. Als Er, der Erstgeborene Judas, erwachsen wurde, verheiratete ihn der Vater mit besagter Thamar. Doch Er starb sehr bald, noch kinderlos. Also befahl Juda seinem zweiten Sohn Onan: »Gehe zu dem Weibe deines Bruders und vollziehe mit ihr die Pflichtehe, damit du deinem Bruder Nachkommen schaffst.« Das gefiel Onan nun gar nicht, denn die Kinder aus seinem Beischlaf mit Thamar würden ja nicht als die seinen gelten. Er ging also zwar zur Frau seines verstorbenen Bruders, um den Schein der Ausführung des väterlichen Befehls zu erwecken, aber er wohnte ihr höchstens bis zum coitus interruptus bei, mit den Worten der Bibel: Er ließ seinen Samen »auf die Erde fallen und so verderben, um seinem Bruder nicht Nachkommen zu verschaffen«.[111] Jahwe bestrafte ihn dafür mit dem Tod.

Die arme, bisher tugendhafte Thamar war also, was Männer anbetraf, vom Pech verfolgt. Es gab da zwar noch den dritten Sohn des Juda, den Sela, aber der war noch nicht so weit, um sie zu beschlafen. Doch sagte dessen Vater Juda zu ihr: »Bleibe als Witwe im Hause deines Vaters, bis mein Sohn Sela groß wird.« Das musste die Schwiegertochter für ein Versprechen Judas halten, und so wartete sie voller Hoffnung auf seinen dritten Sohn. Aber Juda dachte gar nicht daran, auch noch Sela zu Thamar zu schicken. Irgendetwas Böses, so meinte er wohl, muss doch mit dieser Frau los sein, wenn schon zwei seiner Söhne bei ihr gestorben sind.

Als nun Thamar merkte, dass man sie hereingelegt hatte, weil Sela längst herangewachsen und sie ihm trotzdem nicht zum Weibe gegeben worden war, besann sie sich auf ihre weiblichen Reize und Fähigkeiten und beschloss, mit dem Schwiegervater selbst zu schlafen und sich so an ihm zu rächen. Sie wirft also ihre Witwenkleider in die Ecke, zieht sich verführerisch an, um wie eine Straßendirne zu erscheinen, verhüllt aber mit einem Schleier ihr Gesicht, um von Juda nicht erkannt zu werden. Dann setzt sie sich an das Stadttor, an dem Juda vorbeikommen muss. Als Juda sie sieht, hält er sie tatsächlich für eine Dirne. Ganz schnell wird er mit ihr handelseinig und schwängert sie. Nun hat sie durch eigene, emanzipatorische Tat erreicht, was sie so lange wollte und was sie in legitimer Ehe nicht bekam: ein Kind. Das heißt, es sind gleich zwei, denn sie gebiert die Zwillinge Perez und Serah.

Zwar hat sie, die sich auf eine solche Weise freigemacht, emanzipiert hat, Blutschande begangen, aber das nimmt sie dafür gern in Kauf.

Auch war die Sache mit Thamars Schwangerschaft noch nicht sofort ausgestanden, denn als Juda hinterbracht wird, seine Schwiegertochter habe Unzucht getrieben und sei dabei auch schwanger geworden, befiehlt er, sie zu verbrennen. Aber die clevere Thamar hat vorgebaut: das Pfand, das sie sich vor dem Geschlechtsverkehr mit ihrem Schwiegervater von diesem ausbedungen hatte, beweist, dass er selbst der Beischläfer war. So kommt sie ungeschoren davon.

Das also ist die erste der vier Ahnfrauen Jesu, die das Matthäusevangelium in dessen Stammbaum anführt: eine Blutschänderin, die, als Prostituierte auftretend, auf raffinierte Weise ihren Schwiegervater verführt und Zwillinge gebiert.

Eine weitere Ahnfrau im Stammbaum Jesu nach Matthäus ist Rahab. Sie ist eine Dirne und eine Verräterin, das Letztere allerdings nur aus Angst vor dem mörderischen Treiben der Truppen des Heerführers Josua. Dieser hatte, um die Stadt Jericho einzunehmen, dorthin zwei Kundschafter ausgesandt, die die Dirne Rahab in ihrem Haus aufnahm und vor den eigenen Leuten, den Soldaten des Königs von Jericho, versteckt hielt. Sie tat es, wie gesagt, aus Angst. Sagt sie doch zu den Kundschaftern Josuas: »... ein Schrecken vor euch hat uns befallen, und alle Bewohner des Landes sind vor euch verzagt. Denn wir haben gehört ... was ihr den zwei Königen der Amoriter, Sihon und Og, jenseits des Jordan, angetan, an denen ihr den Bann vollstreckt habt. Und als wir das hörten, verzagte unser Herz, und allen entsank der Mut vor euch« (Jos. 2,9-11). Tatsächlich erging es Jericho nach der Einnahme durch die Israeliten erbärmlich: »So nahmen sie die Stadt ein. Und sie vollstreckten den Bann an allem, was in der Stadt war, mit der Schärfe des Schwertes, an Mann und Weib, an Jung und Alt, an Rind, Schaf und Esel ... Die Stadt verbrannten sie und alles, was darin war« (Jos. 6,20-24). Und auch das erschien Josua noch nicht genug. Er ließ seine

Leute noch obendrein schwören: »Verflucht vor dem Herrn ist der Mann, der sich aufmacht und diese Stadt wieder aufbaut; wenn er ihren Grund legt, koste es ihn seinen Erstgeborenen, und wenn er ihre Tore setzt, seinen jüngsten Sohn. So war der Herr mit Josua!« (Jos. 6,261).

Kein Wunder, dass die verängstigte Rahab angesichts dessen, was sie von den israelitischen Truppen bereits wusste und noch erwarten musste, alles tat, um ihre Haut und die ihrer Angehörigen zu retten. Den sie ausfragenden Soldaten ihres Stadtkönigs verriet sie nicht das Versteck der beiden Spione Josuas. Stattdessen lockte sie die Soldaten auf eine falsche Fährte, während sie den Spionen den Rettungsweg vor den Verfolgern zeigte. So war sie denn auch mit »Vater und Mutter, Brüdern und allen Angehörigen« die einzige, die die Israeliten zusammen mit den Gold- und Silberschätzen der Stadt verschonten (Jos. 6,23f).

Offenbar ist dann die Dirne Rahab ob solch großer Güte der Besatzer schon aus reiner Dankbarkeit ihnen gegenüber ehrbar geworden, denn sie heiratet den Israeliten Salomon, der mit ihr den Sohn Boas zeugt, der als weiterer Ahnherr Jesu fungiert (Mt. 1,5).

Eine dritte Ahnfrau Jesu, die Matthäus anführt, ist Ruth. Die ist keine Israelitin, sondern eine Moabiterin und verwitwet. Um wieder einen Mann zu bekommen, legt sie gegenüber diesem Boas, einem wohlhabenden Mann, einem Großgrundbesitzer, ein demütiges, gefügiges, unterwürfiges Verhalten an den Tag, was diesem außerordentlich gefällt. Männer sind manchmal schwer von Begriff! Boas kommt einfach nicht auf die Idee, dass die sympathische Unterwürfigkeit Ruths besondere Gründe haben könnte. Also muss sie noch deutlicher werden: Sie legt sich einfach zu dem schlafenden Herrn. »Als Boas gegessen und getrunken hatte und guter Dinge war, ging er hin und legte sich am Rande des Getreidehaufens schlafen. Da kam sie leise, deckte den Platz zu seinen Füßen auf und legte sich nieder. Es war um Mitternacht, da erschrak der Mann, und als er sich vorbeugte, siehe, da lag ein Weib zu seinen Füßen« (Ruth 3,7).

Nun hatte Boas eine ganze Reihe von Mägden, mit denen er nach Bedarf auch schlafen konnte. Daher erkannte er Ruth nicht gleich, fragt sie also: »Wer bist du?« Sie flüstert: »Ich bin Ruth, deine Magd; breite deine Decke über deine Magd.« Jetzt erst ist der nicht mehr ganz junge Boas der weiblichen Taktik und Strategie Ruths erlegen. »Dies letzte Zeichen deiner Liebe ist noch schöner als das erste«, gesteht er überwältigt, denn »du bist nicht den jungen Burschen, ob arm oder reich, nachgelaufen, sondern hast dich für mich entschieden. Nun denn ... alles, was du wünschest, will ich dir tun.« Natürlich erkannte Boas das nicht ganz Geziemende ihres Verhaltens, »denn er dachte, es darf nicht bekannt werden, dass das Weib auf die Tenne gekommen ist«. So schläft er nicht gleich mit ihr, sondern schickt sie im Morgengrauen weg. Aber ansonsten nahm nun alles den von Ruth geplanten Verlauf, übrigens in harmonischem Zusammenspiel mit ihrer Schwiegermutter, der Mutter ihres verstorbenen Mannes. »So nahm Boas die Ruth, und sie wurde sein Weib. Und als er ihr beiwohnte, beschied ihr der Herr, dass sie Mutter ward, und sie gebar einen Sohn« (Ruth 3,9ff; 4,13). Man gibt ihm den Namen Obed oder Jobeb. Der wird später Jsai, den Vater König Davids, zeugen. Matthäus übernimmt fast wörtlich aus dem Alten Testament (Ruth 4,17-22), wenn er im Rahmen des von ihm aufgestellten Stammbaums Jesu sagt: »Boas zeugte mit der Ruth den Jobed. Jobed zeugte den Jsai. Jsai zeugte den König David« (Mt. 1,5f).

Noch eine vierte Frau führt das Matthäusevangelium im Stammbaum Jesu an: »David zeugte mit der Frau des Uria den Salomo« (Mt. 1,6). Erinnert sei hier an die Geschichte zwischen König David und dem »Weib von sehr schöner Gestalt« (2. Sam. 11,2), das ihn mit ihrer Schönheit so aufregte und aufreizte, dass er ihren Mann, um ihn loszuwerden, an den allerheftigst umkämpften Frontabschnitt schickte, »damit er in der Schlacht umkomme«, was dann ja auch tatsächlich geschah (2. Sam. 11,15-17). Kein Wunder, dass ein solches Gespann wie David und Bathseba (so hieß die schöne Ehebrecherin) dann so etwas zustande brachte wie Salomo, einen der wohl potentesten und lüsternsten unter den uns aus der Geschichte bekannten Königen dieser Erde.

Natürlich konnte Gott Jahwe mit diesem Gespann, mit der Art und Weise, wie sie sich an Bathsebas Mann, Uria, vergangen hatten, nicht einverstanden sein. So viele Frauen hatte schließlich König David, aber er musste sich noch eine Verheiratete in seinen Harem holen! Daher Jahwe: »Siehe, ich werde in deinem eigenen Hause Unheil wider dich anstiften und werde deine Frauen vor deinen Augen wegnehmen und sie einem anderen geben, dass er im Angesicht dieser Sonne bei deinen Frauen schlafe. Denn du hast es heimlich getan; ich aber werde dies vor ganz Israel und im Angesicht der Sonne tun« (2. Sam. 12,11f).

Man sieht: Gegen die Polygamie Davids hat Jahwe gar nichts. Katholisch im Sinne der exklusiven Befürwortung der Monogamie, der Einehe, ist dieser Gott mit Sicherheit nicht. Obszön in seinem Bestrafungsritual ist er obendrein, denn dafür, dass König David seinen doch so umfangreichen, aber von Gott wohlwollend gebilligten Harem noch um eine Ehebrecherin vergrößert, muss der König zur Strafe anwesend sein und sich ansehen, wie ein anderer die ihm weggenommenen Frauen beschläft. Zwar gab es damals weder RTL noch Softpornos, aber ganz Israel soll im Angesicht der Sonne mitsehen, wie es den Frauen Davids von einem anderen »besorgt« wird.

Nicht eben milde ist es sicher, dass Gott zur Strafe für David und Bathseba deren erstes Kind sterben lässt. Als ob das Kind an dem Vergehen seiner Eltern Schuld hätte. David betete und fastete zwar, so lange dieses Kind krank war und noch Hoffnung auf seine Rettung bestand. Kaum aber war es tot, da aß und trank er königlich und beschlief sofort seine Bathseba. Auch Jahwes Zorn war inzwischen verraucht, und so konnte nun Salomo, ihr zweiter Sohn, zum »Liebling des Herrn« (»Jedidja«) avancieren (2. Sam. 12,15-25).

Auch einige Theologen sehen, dass sich im Stammbaum Jesu Frauen und Männer befinden, die im Sinne der kirchlichen Sittenlehre unmoralisch sind. Aber mit den Künsten der Interpretation lässt sich eben damit beweisen, dass dieser Stammbaum die ganze Geschichte Israels umschließe, damit aber sowohl den Glanz wie die Sünde und die Unwürdigkeit.[112] Die Erlösungsbedürftigkeit Israels und damit der ganzen Menschheit werde auf diese Weise dargetan.

Derlei Abstraktionen konnten keineswegs im Sinne der beiden Evangelisten sein, die einen Stammbaum Jesu aufgrund alttestamentlicher Daten aufgestellt haben. Vor allem nicht im Sinne des Matthäusevangeliums, das fast durchweg bemüht ist, Vorstufen, Vorbilder, Muster, Modelle, Ahnengestalten von und für Jesus aus dem Alten Testament zu gewinnen, um diesen als wahren leiblichen Abkommen der großen israelitischen Geschlechter nachzuweisen.

Die Kirche ist übrigens in einem ähnlich gelagerten Fall gar nicht so zimperlich. Für Maria nämlich, die Mutter Jesu, scheut sie sich nicht, Vorbilder, Modellfrauen im Alten Testament ausfindig zu machen, die wir im Sinne moderner ethischer Kriterien bestimmt nicht als Ahnfrauen der »Gottesmutter« gelten lassen würden.

Eine Ahn- und Modellfrau Marias ist in der Liturgie der römisch-katholischen Kirche die keusche israelitische Witwe Judith. Keusch ist sie, gar kein Zweifel, denn sie macht sich zwar betörend schön zurecht, salbt ihren Leib, schmückt sich mit Spangen, Ohr- und Fingerringen, um den assyrischen Heerführer Holofernes mit ihren Reizen zu verführen. Aber da sie ihn in Wirklichkeit gar nicht gewinnen, sondern töten will, verleiht ihr Jahwe »einen Glanz, weil all dieser Putz nicht aus fleischlicher Lust, sondern aus frommer Gesinnung kam, und darum vermehrte der Herr an ihr diese Schönheit so, dass sie allen Augen in unvergleichlicher Zierde erschien« (Jud. 10,30. Judith begibt sich also ins Feldlager der Assyrer, die ihre Heimatstadt Bethulia belagern. Natürlich ist es nicht ganz leicht, an den mächtigen Holofernes heranzukommen. Aber Judith geizt nicht nur nicht mit den Reizen ihrer Schönheit, sie schmeichelt und schwindelt souverän: »Ich bin eine Tochter der Hebräer, und habe mich deswegen von ihnen abgesetzt, weil ich vorausgesehen habe, dass sie euch zum Raube gegeben werden« (Jud. 10, 12). Ja, sie setzt noch eins drauf und macht dem Holofernes weis, dass Gott die Israeliten wegen ihrer Missetaten bestrafen wolle: »... weil Gott über sie erzürnt ist, bin ich gesandt worden, eben dieses dir zu verkünden.« Das alles gefällt selbstverständlich dem Heerführer und seinen Dienern, die zueinander flüstern: »Wer soll das Volk der Hebräer verachten, die so schöne Weiber haben, dass wir nicht schon um dieser willen wider sie streiten müssen?« (Jud. 10,18)

Restlos von ihrer Schönheit und Rhetorik überzeugt (»Diesem Weibe ist keines auf Erden gleich an Gestalt und Schönheit und Weisheit im Reden«! Jud. 11,19), verspricht er: »Gott hat wohl getan, dich vor dem Volke herzusenden, dass du es in unsere Hände lieferst. Und weil dein Versprechen gut ist, so soll dein Gott, wenn er mir dieses tut, auch mein Gott sein« (Jud. 11,21). Judith hatte ihm nämlich vorgespiegelt, sie werde ihm alle Pläne der Israeliten verraten und »ihm anzeigen, auf welchem Wege er ihrer mächtig werden könne, also dass nicht ein Mann falle von seinem Heer« (Jud. 10,13).

Als Kriterium der absoluten Ergebenheit und Treue verlangt Holofernes von ihr, mit ihm zu schlafen. Und sie antwortet: »Wer bin ich, dass ich meinem Herrn widerspräche? Alles, was in seinen Augen gut und das Beste erscheint, will ich tun; denn alles, was ihm wohlgefällt, das wird mir das Beste sein alle Tage meines Lebens.« Und sie legt sich auf sein Geheiß neben ihn und spricht zu ihm: »Ich will trinken, o Herr, denn alle Tage meines Lebens bin ich nicht so hoch geehrt worden wie heute« (Jud. 12,14; 18). Sie erweist sich als wesentlich trinkfester als der an sich »vor Begierde zu ihr brennende« Assyrer, denn der schläft bald »vor übermäßiger Trunkenheit« ein (Jud. 12,16; 13,4).

So gibt es nun keinerlei Hindernisse mehr: Judith ergreift das Schwert des Holofernes, das über seinem Bett hängt, schiebt das Haar seines Hauptes weg, damit es ihr nicht im Wege ist, spricht noch ein kurzes Gebet: »Stärke mich, Herr, Gott, in dieser Stunde!« und schlägt dann zweimal auf seinen Nacken ein, trennt so seinen Kopf vom Rumpf. Den Kopf steckt sie als Trophäe in einen Sack und verlässt dann zusammen mit der Zofe das feindliche Lager. Bei den Israeliten angekommen, holt sie das Haupt des Holofernes aus dem Sack hervor, zeigt es dem jubelnden Volk und verkündet: »Siehe, das Haupt des Holofernes ... der Herr, unser Gott, hat ihn geschlagen durch die Hand eines Weibes« (Jud., 13. Kap.).

»Du bist der Ruhm Jerusalems, du die Freude Israels, du die Ehre unseres Volkes!« singen die Israeliten zur Ehre Judiths (Jud. 15,10). Genau diese Lobeshymne singt aber auch die Kirche im Graduale des Festes »Mariä Empfängnis« zu Ehren der jungfräulichen Mutter Jesu. Und noch eine weitere Seligpreisung Judiths wird im selben Graduale auf Maria angewandt: »Gesegnet bist du von dem Herrn, dem höchsten Gott, vor allen Frauen auf Erden.« Diese Seligpreisung kommt aus dem Mund eines Fürsten des Volkes Israel, Ozias, der zugleich Stadtkommandant der belagerten Stadt Bethulia war (Jud. 13,23).

Die Kirche ist katholisch, allumfassend, und so kann sie auch den Widerspruch zwischen der »Kopf-ab-Judith« und der Bergpredigt der Feindesliebe und Gewaltlosigkeit in ihrer Lehre, ihrer Liturgie ohne Weiteres ertragen. Auch an anderen kriegerischen Attributen fehlt es nicht. Die Kirche hat Maria den Ehrentitel »Zerschmetterin aller Häresien und Schismen« verliehen. Tatsächlich waren ja auch die grausamsten Inquisitoren zugleich die glühendsten Marienverehrer, weil sie in ihr das überragende Vorbild für ihren schonungslosen Kampf gegen Unglauben, Ketzerei und Hexerei sahen. Sie tut laut kirchlicher Lehre und Predigt alles zur größeren Ehre ihres Sohnes, auch wenn die Maria der Geschichte, soweit wir diese aus den Texten rekonstruieren können, in keinem guten Verhältnis zu diesem Sohn stand. Bei allen kirchlichen Feldzügen des Mittelalters wurde ohne jeden himmlischen Einspruch ihrerseits die Standarte der siegreichen, die Feinde der Kirche vernichtenden Gottesmutter vorneweg getragen. Auch der spanische Konquistador, der Eroberer des Aztekenreiches, Hernando Cortez (1485–1547), war zwar, als er in Mexiko aufkreuzte, »ausschweifend und unsäglich brutal; innerhalb von zwei Stunden schoss er dreitausend Einwohner von Choluha auf dem Tempelplatz nieder. Doch stets trug er eine Flagge mit dem Wappen Kastiliens, und ein Marienbild, und nirgendwohin ging er ohne seine Statuette der Jungfrau.«[113]

Zum Stammbaum Jesu gehören nach dem Matthäus- und dem Lukasevangelium natürlich auch die Superkönige Israels, David und Salomon.

Es wäre Jesus gar nicht eingefallen, sein eigenes Liebesleben, seine Romanzen bzw. dauerhaften Verhältnisse mit Maria von Magdala, mit Johanna, mit den beiden so unterschiedlichen Schönen aus Bethanien, mit Susanna usw. zum Vergleich mit dem harmlosen Leichtsinnsfehler seiner armen Mutter heranzuziehen. Denn seine eigenen Liebesgeschichten kratzten ja nicht an seinem Image als Messias, als »Sohn Davids«. Im Gegenteil, er war ein wahrer Sohn Davids, wenn er derart vielfältig, vital und potent liebte. Denn auch König David selbst war in dieser Hinsicht kein Waisenknabe gewesen. Er hatte, wie wir sahen, sogar eine verheiratete Frau beschlafen, während er ihren Mann an die Front und in den Tod geschickt hatte. Sicher kannte Jesus die Geschichte Davids mit Bathseba, wie der König auf dem Dach des Palastes hin und her spaziert und von dort aus eine badende Schöne erblickt. Der König kennt keine Skrupel, obwohl er erfährt, dass es Bathseba, die Ehefrau des Hethiters Uria ist. Er lässt sie in seiner Begierde sofort durch ein paar Männer holen und schläft mit ihr. Sie wird, inzwischen zu ihrem Ehemann zurückgekehrt, schwanger und meldet das dem König. Der schickt den Ehemann in den Kampf, gibt ihm einen Brief an den kriegführenden Heerführer Joab mit, worin diesem vom König befohlen wird: »Stelle Uria voran, wo der Kampf am heftigsten tobt; dann lasst ihn im Stich, dass er in der Schlacht umkomme.« Joab folgt der Anweisung, Uria wird getötet. Und David holt die Witwe ungehindert für immer in sein Haus (2. Sam. 11,2-27).

Davids eklatanter Ehebruch mit tödlichem Ausgang nicht für ihn, sondern für den betrogenen Ehemann, der noch dazu zu des Königs eifrigsten und treuesten Kriegern gehörte, konnte der ungeheuren Verehrung dieses Königs durch das israelitische Volk keinen Abbruch tun. Auch Jesus stand ganz selbstverständlich in diesem Traditionsstrom der Bewunderung und Verehrung für den Messiaskönig David. Jahwe billigt zwar die hier gerade geschilderte Tat Davids nicht, aber er verweist dabei auf die vielen Frauen, die er ihm doch gewährt habe: »So spricht der Herr, der Gott Israels: Ich habe dich zum König über Israel gesalbt ... ich habe dir das Haus deines Herrn gegeben und die Frauen deines Herrn an deinen Busen gelegt ... und wäre das noch zu wenig, so wollte ich dir noch dies oder jenes hinzutun« (2. Sam. 12,71).

Den vorurteilsfreien Umgang der Israeliten der Antike mit der Sexualität beweist auch noch die rührende erotische Geschichte des Greises. Die Lebensenergie Davids schwand immer mehr. Um sie wieder anzuregen, führen ihm die Diener ein blutjunges, bildhübsches Mädchen zu. Sie sagen sich: »Wenn sie dann an seinem Busen ruht, wird unser Herr und König erwarmen« (1. Könige 1,2). An der »sehr schönen« Maid lag es nicht. Sie tat alles, was in ihrer Macht und in ihren Reizen lag. »Aber der König wohnte ihr nicht mehr bei« (1. Kön. 1,1-4).

Christliche Askese (wohlgemerkt als Ideologie, denn in der Praxis haben sich auch die meisten Christen zu keiner Zeit an sie gehalten), die Natur-, Leib- und Sexfeindlichkeit des Christentums waren nicht die Vorstellungswelt, in der sich Jesus bewegte, in der er grundsätzlich dachte. Mochte es auch mit der leiblichen, blutsmäßigen Erbfolge Davids bei ihm nicht so recht klappen, so fühlte er sich doch »im Geist«, d. h. der Gesinnung und göttlichen Berufung nach als der wahre messianische Sohn Davids, als echter König, der seine Majestät auch darin zum Ausdruck brachte, dass er wahrhaft königlich liebte. Wie einst David oder Salomo umgab er sich mit einem Heer schöner Frauen, die ihm zu Diensten waren, zu jeglichem Dienst. Er, Jesus, empfand sich als wahrer Sohn Davids, konnte sich also auch mit Salomo, dem Sohn Davids und Bathsebas, vergleichen, den der Prophet Nathan und der Priester Zadok zum König über Israel gesalbt hatten (1. Kön. 1,34;39). Von König Salomo aber heißt es in der Bibel, dass er »neben der Tochter des Pharao viele ausländische Frauen liebte: moabitische, ammonitische, edomitische, sidonitische und hethitische ... An diesen hing Salomo mit Liebe.« Insgesamt hatte er siebenhundert Hauptfrauen und dreihundert Nebenfrauen, »und seine Frauen verführten ihn« (1. Kön. 11,1-3).

Salomo wird auch von Jahwe, dem Gott Israels, nicht etwa deshalb getadelt oder bestraft, weil er so viele Frauen besitzt und liebt. Das findet der »Herr der Heerscharen« durchaus in Ordnung, einem großen König angemessen. Deshalb weiß auch Jesus, dass Abba, also sein »Papi« im Himmel, ihm wegen der vielen Frauen, die er liebt, keineswegs zürnt, denn dieser Himmelsvati ist ja für ihn mit Jahwe identisch. Jesus redet ihn nur kindlich-naiver an. Nein, wütend ist Jahwe nur deshalb, weil sich Salomo von seinen vielen ausländischen Geliebten nicht bloß zum Liebesspiel, sondern zum Götzendienst verführen lässt, dass er wie sie »ihren Göttern räuchert und opfert«, dass er an der Göttin Astarte und den Göttern Milkom, Kamos, Moloch usw. mit seinem Herzen hängt (1. Kön. 11,4-10). Salomos Frauen »verführten ihn, so dass er anderen Göttern diente, und sein Herz nicht mehr so ungeteilt dem Herrn, seinem Gott«, gehörte (1. Kön. 11,4).

Wohlgemerkt: Die Ungeteiltheit des Herzens, der Hingabe an Gott wird hier nicht etwa durch die vielen Frauen, durch die Liebe zu ihnen beeinträchtigt, sondern allein durch den Glauben an andere Götter, den Götzendienst. Hier sieht man den gewaltigen Unterschied zwischen der Sexualmoral des alten Judentums und der des Christentums. Paulus, der eigentliche Begründer des Christentums, und in seinem Gefolge die gesamte offizielle Kirchenideologie begründen Jungfräulichkeit, Ehelosigkeit (Zölibat) damit, dass man auf ihrer Grundlage ungeteilter dem Herrn, d. h. Gott, dienen könne. »Der Unverheiratete sorgt sich um die Dinge des Herrn, wie er dem Herrn gefallen möge; der Verheiratete aber sorgt sich um die Dinge der Welt, wie er seiner Frau gefallen möge ... Die Unverheiratete sorgt sich um die Dinge des Herrn, damit sie heilig sei an Leib und Geist; die Verheiratete dagegen sorgt sich um die Dinge der Welt, wie sie ihrem Mann gefallen möge.« Deshalb täten es die besser, die nicht heiraten (1. Kor. 7,32-38). Das ist die Ansicht des Paulus und der Herren der Kirche. Die Ansicht der alten Israeliten, die Ansicht ihres Gottes Jahwe, wie sie ihn verstehen, und die Jesu ist es nicht!

Auch Jesus zürnte seiner Mutter wahrscheinlich nicht so sehr deswegen, weil sie trotz ihrer Verlobung mit Joseph einen anderen Mann geliebt hatte, sondern weil dieser Mann nicht dem auserwählten Volk angehörte, aus dem allein nach Jahwes Willen der Messias, der Erlöser kommen sollte. Wie wir bereits sahen, war Jesus daher, um seine Messianität zu retten, geradezu gezwungen, gänzlich auf die Erbfolge Davids »im Geiste« zu setzen. Wie es aber oft ist, wenn man einen Mangel kompensieren will: Man überkompensiert. Jesus ist manchmal viel schroffer zu Heiden als der gewöhnliche Israelit. Er will damit wohl unbewusst sein authentisches Judentum »im Geiste« beweisen. Wir werden das Thema im Rahmen der Begegnungen Jesu mit nichtjüdischen Frauen noch abhandeln.

10. Arroganz und Schroffheit im Charakter Jesu?

Kehren wir nochmals zu Maria und Jesus zurück. Ihr sehr distanziertes und schwieriges Verhältnis offenbart sich geradezu blitzartig auf der Hochzeit zu Kana. Anwesend sind dabei Jesus und seine Jünger, aber auch seine Mutter (Joh. 2,10). Die Gäste scheinen dem Wein mächtig zugesprochen zu haben, und Maria bemerkt wohl als erste, dass der Wein auszugehen droht. Sie wendet sich an ihren Sohn: »Sie haben keinen Wein mehr« (Joh. 2,3). Dahinter steckt die Aufforderung: »Tu etwas dagegen!« Der aber fährt sie in einer gerade jüdisches Empfinden besonders schroff verletzenden Weise barsch an: »Weib, was habe ich mit dir zu schaffen?« Andere übersetzen: »Weib, was haben ich und du gemein?« (Joh. 2,4)

Ausnahmsweise sind sich hier einmal so gut wie alle Kommentatoren gleich welcher Richtung, Religion oder Konfession darin einig, dass Jesus sich in diesem Fall ganz unstatthaft benimmt. Der Jude Schalom Ben-Chorin: »Wie immer wir diese Antwort übersetzen ... die Antwort bleibt erschreckend, sie stellt einen eklatanten Verstoß gegen das Gebot der Elternehrung ›Ehre Vater und Mutter‹ dar, das im Judentum immer besonders hochgehalten wurde. Ja, es galt als ausgemacht, dass ein Sohn seine Mutter mehr ehrt als seinen Vater, und die Ehrung der Eltern galt gleich der Ehrung Gottes ... Die Verunehrung der Eltern aber galt wie Gotteslästerung ... Wenn ein Wort Jesu echt ist, dann allerdings dieses harte und so offenbar unbegründete Scheltwort gegen seine Mutter, die er öffentlich bloßstellt, denn wer sollte ein solches Wort erfunden haben?«[114] Die evangelische Theologin Moltmann-Wendel spricht von einer »deprimierenden Zurechtweisung« der Mutter Jesu.[115] Der vom Anglikanismus herkommende A. N. Wilson hebt den Widerspruch zwischen diesem »barschen Wortwechsel mit seiner Mutter«, diesem »groben Anfahren« derselben und dem sonstigen »durchgehend erhabenen Ton« der Sprechweise Jesu im Johannesevangelium hervor. Auch die Hochzeit zu Kana beweist nach Wilson, dass die Beziehungen Jesu zu seiner leiblichen Familie »gelinde gesagt stürmisch waren«.[116] Der Journalist und Katholik A. Worm spricht in Anbetracht der Hochzeit zu Kana von einer »merkwürdigen Kühle« bei Jesus, sogar von »Geringschätzigkeit«. Er nennt Jesu Verhalten

»grantig und widerwillig« und glaubt aus diesem Verhalten nur eines herauslesen zu können: Der eigenen Mutter und Familie gegenüber »ist der Tolerante intolerant«, von Mutterliebe halte Jesus »schon gar nichts«.[117] Selbst der stockkonservative, in offiziellen Kirchenkreisen hochgeachtete katholische Neutestamentler Rudolf Schnackenburg spricht in diesem Zusammenhang von »Gefühlskälte«, einer »gewissen Abneigung« Jesu gegen seine Mutter, von dem »Band«, das Jesus doch dreißig Jahre lang mit Maria verknüpft und das er jetzt »zerschnitten« habe. Auch ihm erscheinen die »schroffen Worte« Jesu zu seiner Mutter als etwas »Empfinden und Sitte Verletzendes«.[118]

Kritischen christlichen Bibelwissenschaftlern, die keine Apologetik für die Kirche betreiben wollen, ist Jesu Verhalten auf der Hochzeit zu Kana natürlich sowieso peinlich. Uta Ranke-Heinemann zum Beispiel, die eisern an der Dichotomie »Jesus ja – Kirche nein oder nicht unbedingt« festhält, löst das Dilemma auf die eleganteste Weise. Diese Hochzeit habe gar nicht stattgefunden, verkündet sie ihren staunenden Lesern, so dass es auch den schroffen Ausfall Jesu gegen seine Mutter gar nicht gegeben habe. »Manche Leute, die bekümmert sind, dass Jesus seine Mutter auf der Hochzeit so hart angefahren und ihr sogar den Mutternamen verweigert hat ... und die darüber grübeln, warum er denn solches tat, können sich beruhigen und sich anderen Überlegungen zuwenden. Jesus hat nichts dergleichen getan.«[119]

Mit dieser Behauptung lehnt sich Ranke-Heinemann an die wissenschaftliche Autorität eines Rudolf Bultmann an, der die Hochzeit als »aus heidnischer Legende übernommen und auf Jesus übertragen« deutete. Es handle sich in Wirklichkeit um eine verchristlichte Version des Festes und der Weinwunder des Dionysos, des griechischen Weingottes. Genau wie Dionysos in seinem Tempel in Elis leere Krüge auf wunderbare Weise mit Wein fülle und auf der Insel Andros aus einer Quelle an seinem Tempel zu seinem Festtag statt Wasser Wein fließen lasse, um seine göttliche Macht zu offenbaren, so zeige auch Jesus seine machtvolle Gottheit, indem er Wasser in Wein verwandle. »In der Tat«, so Bultmann, »ist das Motiv der Geschichte, die Verwandlung des Wassers in Wein, ein typisches Motiv der Dionysos-Legende, in der dieses Wunder eben das Wunder der Epiphanie des Gottes ist und deshalb auf den Zeitpunkt des Dionysos-Festes, nämlich die Nacht vom 5. auf den 6. Januar, datiert wird. In der alten Kirche ist diese Verwandtschaft noch verstanden worden, wenn man ... den 6. Januar für den Tag der Hochzeit von Kana hielt.«[120]

Auf der Bultmannschen Entdeckung basierend, folgert daher Ranke-Heinemann ironisch-süffisant: »Das wahre Wunder der Hochzeit von Kana wäre demnach nicht die Verwandlung von Wasser in Wein durch Jesus, sondern die Verwandlung Jesu in eine Art christlichen Weingott.«[121]

Nun war allerdings der real-historische Jesus, soweit wir ihn mit freilich stets nur hypothetischer Wahrscheinlichkeit aus den vorliegenden Quellen rekonstruieren können, ein Mann, der offenbar den Wein zu genießen wusste, ohne dafür dionysische Vorlagen und Vorbilder nötig zu haben. Von den asketischen Ideen Johannes des Täufers scheint er sich zu einem recht frühen Zeitpunkt verabschiedet zu haben: »Johannes ist gekommen, aß und trank nicht; so sagen sie: Er ist besessen. Der Menschensohn ist gekommen, ißt und trinkt; so sagen sie: Dieser Fresser und Weinsäufer, dieser Freund der Zöllner und Sünder!« (Mt. 11,18f; vgl. Lk. 7,34). Die Dinge dieser Welt verachtete er also nicht eben, obwohl das später viele seiner Nachfahren, die sich zu Unrecht auf ihn beriefen, taten und lehrten. Einladungen zu Festmählern und kulinarischen Gelagen nahm er gern an, und auf Hochzeiten scheint er ein oft gesehener Gast gewesen zu sein. Gerade bei solchen Gelegenheiten konnte er seine Weisheitssprüche und Gleichnisse am besten und lockersten anbringen. Dass dabei der schwere Wein Palästinas in Strömen floss, das alles darf man annehmen, ohne dabei griechisch-hellenistische Vorlagen zu Hilfe zu nehmen.

Bultmann muss dennoch mit dem Hinweis auf diese Vorlagen nicht ganz unrecht haben. Aber sein Hinweis reicht nicht aus, um zu beweisen, dass die Hochzeit von Kana nicht stattgefunden hat. Er beweist höchstens, dass diese Hochzeit dionysisch interpretiert, ausgedeutet, ausgeschmückt worden ist. Ginge es nur um die Story eines Weinwunders und darum, ein heidnisches Fest zu taufen, zu verchristlichen, warum dann dieser dazu überhaupt nicht passende schrille Misston eines seine Mutter so arrogant anfahrenden Sohnes? An dieser Stelle hilft Bultmanns Motivforschung nicht weiter. Auch sonst sind in die Geschichte von der Hochzeit zu Kana einige typisch hebräische Koloritdetails eingewoben[122], die eine dionysisch-legendäre Herleitung wenig glaubhaft erscheinen lassen. Man hat in die Hochzeit zu Kana das Verschiedenste, auch weit Hergeholtes hineingeheimnist, »aber man sah nicht die schlichte Wirklichkeit dieser jüdischen Bauernhochzeit im Galil«[123], bei der Jesus zu Beginn seiner öffentlichen Wirksamkeit mit seiner Mutter zusammentrifft und sie – wie bei allen Begegnungen mit ihr – frech abkanzelt. Diese Verhaltensweise Jesu passt so wenig in die sonstige Tendenz der permanenten Erhöhung seiner Person durch die Evangelisten, dass sie von diesen nicht erfunden sein kann. Wenn irgendwo, dann haben wir es hier mit Fetzen realer Jesusgeschichte zu tun.

Auch konservative Exegeten, die allerdings stets darum bemüht sind, die Authentizität aller von den Evangelisten berichteten Begebenheiten nachzuweisen, leugnen nicht die offensichtliche Disharmonie zwischen Mutter und Sohn. Sie bemühen sich lediglich krampfhaft, erhabene, idealistische Gründe zu finden, die das Verhalten des Sohnes rechtfertigen. Der »tiefere Grund« des Verhaltens Jesu sei sein »messianisches Selbstbewusstsein, seine ausschließliche Bindung an den Willen seines Vaters«. »Wenn der Messias seine Gemeinde um sich schart, dann ist dies seine Familie geworden, der nun all sein Mühen und Wirken gilt.« Jesus hebe sich und seine Jünger aus dem natürlichen Verband der Blutsgemeinschaft heraus. An die Stelle der »bluthaft-natürlichen Gemeinschaft« trete die »geistige Gemeinschaft der Glaubenden, die Gemeinde«.[124]

Selbst wenn diese »tieferen Gründe« zutreffen sollten, dann rechtfertigen sie doch trotzdem auf keinen Fall den frechen Ton Jesu gegenüber seiner Mutter. Warum kann ihr denn Jesus diese »tieferen Gründe« nicht in ruhigem, nichtverletzendem Ton mitteilen? Wieso kann er mit Fremden, z. B. mit dem Ratsherrn Nikodemus (Johannesevangelium, 3.Kap.) ruhig und abgeklärt sprechen, während er stets sofort seine Contenance verliert, sobald die Mutter auf der Bildfläche erscheint. Es gibt dafür nur eine stichhaltige Erklärung, den Umstand nämlich, dass er seiner Mutter etwas partout nicht verzeihen kann – seine uneheliche Herkunft. Es gibt ja kein von den Evangelisten berichtetes Ereignis, keinen Streit, aufgrund dessen er auf seine Mutter hätte böse sein können. Es wird nichts, aber auch gar nichts darüber mitgeteilt, dass Maria nach Jesu Geburt etwas getan hätte, was den Unwillen des Sohnes erregt haben könnte. Nein, Jesus ist schon immer, seit er seinen Verstand gebrauchen kann, rücksichtslos gegen sie. Schon als Zwölfjähriger im Tempel, wo er ihr zu verstehen gibt, dass sie sich nicht in seine und seines wahren (himmlischen) Vaters Angelegenheiten zu mischen habe. Durch ihre Liebesaffäre mit einem Nichtisraeliten hat sie, wie bereits ausführlich dargetan, seine Davidsohnschaft, seine Messianität in Misskredit gebracht. Und dafür kannte Jesus kein Pardon.

Auch eine andere, an sich nicht uninteressante Rechtfertigungsvariante des Verhaltens Jesu gegenüber seiner Mutter erscheint mir nicht stichhaltig. Es handle sich bei dieser Affäre, so argumentieren manche Autoren von Jesus-Büchern, in Wirklichkeit sehr viel mehr um »einen Richtungsstreit von Teilen der ›Kirche‹, aus denen die Evangelien hervorgegangen sind, mit anderen, die eine innere Verwandtschaft mit Jesus für sich in Anspruch nahmen«. Dieser Streit sei dann in das Verhalten Jesu zurückprojiziert worden. Schon recht früh, so das Argument, habe es eine von der Familie Jesu nach dessen Tod beherrschte Sekte gegeben, und diese Sekte habe nur blutsmäßige Verwandte des »Gründers« als führende Persönlichkeiten anerkannt. Andere Teile der »Kirche«, vor allem nicht dem Judentum entstammende Christen, hätten daher »Jesus gern als einen Mann dargestellt, der bei seiner Familie weder Sympathie noch Unterstützung genoß«.[125]

Selbst wenn es einen solchen »Richtungsstreit« in einem derartigen Ausmaß gegeben haben sollte, was von den uns zur Verfügung stehenden Quellen nicht bestätigt wird, so kann dennoch auch auf diese Weise das Verhalten Jesu keinesfalls gerechtfertigt werden. Denn konstruiert sehen die Fälle, in denen Jesus seine Mutter unwirsch abkanzelt, keineswegs aus. Sie scheinen ihren »Sitz« wirklich im Leben der beiden zu haben. Es scheint sich um echte Situationsschilderungen, nicht um für einen anderen Zweck konstruierte Begebenheiten und Beweismittel zu handeln.

Außerdem: Welcher von den frühesten christlichen Schriftstellern, wer von den Evangelisten hätte es denn gewagt, von sich aus, ohne tatsächliche Basis im Leben Jesu diesem ein unbilliges Verhalten gegenüber der Mutter anzudichten, nur um die Trennung vom Judenchristentum zu bewerkstelligen, ideologisch zu stützen und zu rechtfertigen? Ihre Tendenz ist ja die Glorifizierung des Mannes aus Galiläa.

Die Schwächen und Mängel all solcher Versuche machen im Grunde lediglich immer noch deutlicher, dass es sich tatsächlich um ein sehr schweres Zerwürfnis zwischen den beiden gehandelt haben muss. Und dafür muss es einen ebenfalls sehr stichhaltigen, triftigen Grund gegeben haben, nämlich, wie bereits mehrfach begründet, seine illegitime Herkunft, die sein hohes Selbstbewusstsein, insbesondere seine Überzeugung, der wahre jüdische Messias zu sein, verletzte.

Hier haben wir es mit dem tiefsten Grund der Aversion Jesu gegen seine Mutter zu tun. Andere mögliche Gründe spielten höchstens eine untergeordnete, nebensächliche Rolle und konnten das grundlegend gespannte Verhältnis allenfalls zusätzlich belasten. Möglich wäre z. B., dass die Mutter über den zahlreichen Anhang, von dem Jesus ständig umgeben war und den er auch auf die Hochzeit zu Kana mitbrachte, verärgert war und dies ihren extravaganten Sohn auch fühlen ließ. Der lockere Umgang dieser Leute untereinander und auch gegenüber den anderen Hochzeitsgästen könnte in ihre Vorstellung von Anstand schlecht hineingepasst haben. Und der reichlich genossene süße und schwere Wein wird die allgemeine Aufführung sicher nicht sittsamer gemacht haben. Da das Dörfchen Kana nur 14 Kilometer von Nazareth entfernt lag, waren bestimmt auch Gäste aus Jesu Heimatort gekommen, die sowohl Maria wie ihn selbst aus der Zeit vor seiner öffentlichen Wirksamkeit kannten. Vor ihnen schämte sich Maria vielleicht besonders, weil sie ihren Sohn nicht standesgemäß, sondern nun als Hippie, umgeben von Hippies, vielleicht sogar als Bürgerschreck zu Gesicht bekamen bzw. erlebten.

Es kann sogar sein, dass auch Maria, wie so viele Frauen im damaligen Israel, in ihrem Sohn den Messias sehen wollte. Die Hoffnung auf den von einer jüdischen Mutter geborenen Gesalbten des Herrn, der die Römer verjagen und dem Volk die Freiheit geben würde, war ja weit verbreitet. Aber ihre Enttäuschung hätte dann darin bestanden, dass sie sich diesen Messias anders vorgestellt hatte: würdiger, konventioneller, sakraler.

11. War Jesus verheiratet?

Es lässt sich auch nicht grundlos vermuten, dass ein zusätzlicher Anlass für die Auseinandersetzung zwischen Mutter und Sohn das Bemühen Marias gewesen sein könnte, Jesus nach Hause zurückzuholen, dem »Nichtstuer« nahezulegen, in Nazareth doch wieder seinem Beruf als Zimmermann nachzugehen.[126] Es ist nicht ganz auszuschließen, dass Jesus nicht nur seinen Beruf in Nazareth, sondern dort auch Frau und Kinder verlassen hatte. Das ist zwar nur eine Vermutung, aber es gibt eine ganze Reihe von Wissenschaftlern, die das jüdische Milieu zur Zeit Jesu untersucht haben, die es für völlig ausgeschlossen halten, dass Jesus nicht verheiratet gewesen war[127], ehe er sein unstetes Wanderleben aufnahm. Oft hindert ein christlich-zölibatäres Vorverständnis, die Dinge zur Zeit Jesu offener und wirklichkeitsnäher zu sehen. Es gab zwar auch zu dieser Zeit eine Art Zölibat, zumindest ein Zölibat auf Zeit, nämlich in den Kreisen der Essener. Aber von diesen und von Johannes dem Täufer, der wahrscheinlich ein Essener war, setzt sich Jesus deutlich ab.[128] Christliche Apologeten, die so viel Beredsamkeit aufwenden, um Jesus und sein Wirken von der Ideologie der Qumran-Sekte zu unterscheiden, wollen dann plötzlich hier, in Bezug auf die Ehelosigkeit, Parallelen entdecken. Dabei entspricht jüdischem Denken weit mehr, was der Talmud sagt: »Wer kein Weib hat, ist ohne Freude, ohne Segen, ohne Glück, ohne Thora, ohne Mauer (gegen die Begierde), ohne Frieden; ein Mann ohne Weib ist kein Mensch.«[129]

Man kann die durchaus begründeten Vermutungen in Bezug auf Jesu Ehestand allerdings auch übertreiben. Der französische Priester J. C. Barreau z. B. weiß in seinem Buch »Die Memoiren von Jesus« sogar ganz genau, wie die Frau Jesu hieß: Sara! Allerdings lässt er sie früh sterben, um Jesus von dem Makel freizuhalten, seine lebende Ehegattin verlassen zu haben. Ja, sie beauftragt ihn, Barreau zufolge, geradezu noch auf dem Totenbett, für die Emanzipation der Frauen zu kämpfen.[130]

Es ist nicht einmal völlig auszuschließen, dass die Hochzeit zu Kana in Wirklichkeit Jesu eigene Hochzeit gewesen ist. Ein paar Fragen, die in diese Richtung gehen, drängen sich tatsächlich auf. Warum wendet sich die Mutter Jesu wegen des ausgegangenen Weines an ihn? Warum empfiehlt sie den Dienern: »Was er euch sagen wird, das tut« (Joh. 2,5)? Schließlich haben bei einer Hochzeit nicht die Gäste dafür Sorge zu tragen, dass es an nichts fehlt, dass Speise und Trank nicht ausgehen, eher schon der Bräutigam.

Als Bräutigam hat sich Jesus zweifelsfrei gern gesehen und bezeichnet, und bräutliche Bilder und Gleichnisse hat er mit Vorliebe verwendet (Mk. 2,19; Mt. 9,15; Lk. 5,34 usw.; vgl. auch die Hochzeit des Lammes in Offbg. 22,17: »Der Geist und die Braut sprechen: Komm!«). Das bedeutet zwar nicht zwingend, dass er verheiratet, wohl aber, dass dies seine bevorzugte Vorstellungswelt war, die mit Zölibat, Ehelosigkeit, Sexual- und Körperfeindlichkeit nichts zu tun hatte. Nach allem, was wir über seinen Lebens- und Liebesstil herausgefunden haben, empfand sich Jesus als Bräutigam jeder Frau, die er gerade liebte. Geradezu enthusiastisch äußert er sich über die »Einswerdung« von Mann und Frau »im Fleische« (Mt. 19,5). Im Gleichnis von den klugen und den törichten Jungfrauen umfasst er sogar mehrere Bräute zur gleichen Zeit mit seiner hochzeitlichen Liebe.

Auch die Szene mit der Ehebrecherin, die die Schriftgelehrten und Pharisäer gemäß dem Gesetz des Moses gesteinigt sehen möchten (Joh. 8,3-11), muss man nicht so erhaben-idealistisch sehen, wie dies Jahrhunderte christlich-kirchlicher Interpretationstradition nahelegen: Der Heilige, der sich gnädiglich herablässt und der sündigen, unmoralischen Frau verzeiht. Dabei liegt dem Aussagegehalt der diesbezüglichen Stelle des Johannesevangeliums die Annahme durchaus näher, dass Jesus sich hier einfach in den Kreis der Sünder einreiht, dass er um seine eigenen Verfehlungen weiß. »Wer von euch ohne Sünde ist, werfe als erster einen Stein auf sie.« Er selbst ist auch nicht ohne Sünde. So wirft ebenfalls er keinen Stein auf sie: »Auch ich verurteile dich nicht!« Vielleicht denkt Jesus hier auch insofern an sich selbst, als er nicht für seine eigenen Verfehlungen gerichtet werden möchte. »Richtet nicht, damit ihr nicht gerichtet werdet und mit dem Maße, mit dem ihr messt, wird auch euch gemessen werden« (Mt. 7,1f).

Ich halte es einfach für unmöglich, dass die starke, liebevolle Sympathie Jesu für die Sünder nicht auch daraus resultiert, dass er sich selbst als Sünder betrachtete, sich in einer großen Solidarität mit den Sündern empfand. Warum denn sollte er sonst den »sein Vermögen durch ein zügelloses Leben vergeudenden« (Lk. 15,13) »verlorenen Sohn« dem seine Pflichten stets solide erfüllenden, moralisch hochstehenden »älteren Sohn« vorziehen? Warum lobt Jesus den den »Räubern, Ungerechten, Ehebrechern« gleichgestellten Zöllner (Lk. 18,11) und kritisiert scharf den wirklich frommen, auch sozial denkenden und handelnden Pharisäer (Lk. 18,12)? Warum ist diesem Jesus ein Sünder lieber als »99 Gerechte« (Lk. 15,7)? Warum scheinen ihm also selbst grundlegende moralische Regeln nicht so besonders wichtig zu sein? Warum belohnt sein Gott Menschen ganz unabhängig davon, ob sie nun tugendhaft waren oder nicht?

Warum stellt der Nazarener in seinen Gleichnissen die Moral auf den Kopf, so dass man sogar vermutet hat, Jesus sei wegen seiner Gleichnisse gekreuzigt worden, weil diese einen Mangel an Achtung vor der Thora zum Ausdruck brächten? Die Antwort kann nur lauten: Hier färbt Jesu eigenes Leben auf seine Lehre, auf seine Moralauffassungen ganz beträchtlich ab, übrigens auch auf seine Vorstellung von Gott, der sogar ein bisschen zynisch und verächtlich auf die Tugendsamen herunterzuschauen scheint.

In der weitgehenden Toleranz, die er sich selbst in seinem Sünderstatus sowie anderen Menschen als Sündern zubilligt, macht Jesus nur eine bemerkenswerte Ausnahme. Es muss in seiner Subjektivität, seiner Gedanken- und Empfindungswelt schon einen sehr triftigen, gravierenden Grund dafür geben, dass er diese Ausnahme nur und gerade gegenüber seiner Mutter macht. Es kann sich bei diesem Grund nur um seine illegitime Herkunft handeln, weil diese es ihm so schwer macht, seinen messianischen Anspruch seinen Gegnern gegenüber zu verteidigen und aufrechtzuerhalten.

III. Teil: Jesus war kein Priester, kein Zölibatär und hatte diverse Kontakte mit Frauen

12. War Jesus ein majestätischer, aber auch gütig herablassender Macho?

Die Szene mit der Prostituierten legt das nahe. Die Geschichte von ihr wird uns im Lukasevangelium (7,36-50) erzählt. Sie ist Tausende Male in Bild und Schrift, in Kunst und Predigt von Neuem dargestellt und ausgeschmückt worden, und man kann sich auch in der Tat der eigentümlichen Romantik nicht entziehen, die in der Schilderung dieser Geschichte durch den Evangelisten mitschwingt. Dennoch zwingen uns weder Logik noch Situationsanalyse dazu, aus ihr dieselben Schlüsse zu ziehen, die bisher fast alle Kommentatoren gezogen haben.

Hier zunächst im Wortlaut die Szene selbst: »Es bat ihn aber einer der Pharisäer, mit ihm zu essen. Und er ging in das Haus des Pharisäers und setzte sich zu Tische. Und siehe, eine Frau in der Stadt, die eine Sünderin war, hatte vernommen, dass er im Hause des Pharisäers zu Tische war, brachte eine Alabasterflasche voll Salbe und trat hinten zu seinen Füßen, weinte und fing an, seine Füße mit ihren Tränen zu benetzen, und trocknete sie mit den Haaren ihres Hauptes, küsste seine Füße und salbte sie mit der Salbe. Als der Pharisäer, der ihn eingeladen hatte, das sah, sagte er bei sich selbst: ›Wenn dieser ein Prophet wäre, wüsste er, wer es ist und was für eine Frau, die ihn anrührt, dass sie nämlich eine Sünderin ist ...‹ Jesus sprach zum Pharisäer: ›Siehst du diese Frau? Ich bin in dein Haus gekommen: Wasser für die Füße hast du mir nicht gegeben; sie aber hat meine Füße mit ihren Tränen benetzt und mit ihren Haaren getrocknet. Einen Kuss hast du mir nicht gegeben; sie aber hat ... nicht aufgehört, meine Füße zu küssen. Mit Öl hast du mein Haupt nicht gesalbt; sie aber hat mit Salbe meine Füße gesalbt. Deshalb sage ich dir: Ihre vielen Sünden sind ihr vergeben, denn sie hat viel geliebt; wem aber wenig vergeben wird, der liebt wenig.‹ Er sprach aber zu ihr: ›Deine Sünden sind dir vergeben.‹ Da fingen die Tischgenossen an, bei sich selbst zu sagen: ›Wer ist dieser, der sogar Sünden vergibt?‹«

Seit fast zweitausend Jahren haben sich Christen wie Nichtchristen, Gläubige, aber auch viele, die sonst mit dem christlichen Glauben eigentlich nichts mehr anzufangen vermögen, daran gewöhnt, in der Schilderung des Evangelisten Lukas respektvoll Unerhörtes, unüberbietbar Erhabenes zu erblicken: die sündige Frau, niederknieend vor der makellosen Majestät, der göttliche Supermann sich herabneigend zu der armen, zerknirschten, schuldbewussten Frauensperson. Wir vergessen bei dieser Idylle allzu leicht das Anstößige dieser Szene für Menschen im Zeitalter der Emanzipation. Selbst die meisten feministischen Theologinnen, die sonst an so vielen Stellen der »patriarchalischen« Bibel etwas auszusetzen haben, merken nicht, dass hier geradezu in klassischer Weise die Überlegenheit des Mannes gegenüber der Frau in eine seelisch tief wirkende Inszenierung gesetzt ist.

Die Schilderung des Evangelisten lässt gar keinen Zweifel daran aufkommen, dass Jesus das Verhalten der Frau akzeptiert, als etwas sehr Befriedigendes erfährt, ja genießt; dass er auf keinen Fall etwas dagegen hat. Bei Markus und Matthäus sagt Jesus sogar ausdrücklich: »Sie hat eine schöne Tat an mir getan« (Mk. 14,6; Mt. 26,10). Hätte er wirklich eine Vorstellung von Gleichheit oder Gleichberechtigung von Frau und Mann, müsste er die am Boden Kauernde zu sich hochziehen, aufrichten, selbst aufstehen und als Gleicher zur Gleichen sagen: »Was machst du denn da? Warum erniedrigst du dich vor einem Mann, der obendrein auch nicht ohne Sünde ist?« Denn welcher Mensch, egal ob

Mann oder Frau, ist das schon? Alles andere ist Mythologie. Die Vergöttlichung Jesu ist – zumindest in den ersten drei Evangelien – auch noch nicht so weit fortgeschritten, dass die Evangelisten alle Schatten in seinem Charakter getilgt hätten. Bei Markus (10,17) wird Jesus sogar schroff, als ihn einer »Guter Meister« nennt. »Was nennst du mich gut? Niemand ist gut außer Gott allein.« Klar ist uns Heutigen: Kein Mensch sollte vor einem anderen niederknien, sich niederwerfen, ihn anbeten. Jesus hat alle diese Demutsakte einer Frau ihm gegenüber nicht abgelehnt.

Kein Zweifel: Die Szene mit der Sünderin zeigt zwar, dass Jesus hier kein Chauvi, kein harter Macho ist. Dann wäre er wie der Gastgeber, der die Sünderin hochnäsig ablehnt. Nein, Jesus erweist sich hier als sanfter Macho, der sich von einer Frau verwöhnen lässt, der ihre Unterlegenheit keineswegs aufhebt, für null und nichtig erklärt, der diese Unterlegenheit vielmehr benutzt, aus ihr Kapital schlägt. Denn aus ihrem Schuldbewusstsein dem göttlichen Mann gegenüber resultieren doch all ihre Handlungen, die Jesus so wohlwollend akzeptiert und kommentiert. Er hätte all das, wie er selbst sagt, auch von dem gastgebenden Pharisäer entgegengenommen. Aber der wollte ihn ja nicht waschen und salben. Dann ist es ihm, Jesus, auch recht, wenn es eine Frau, sogar eine stadtbekannte Sünderin, tut.

Doch auch mit der Sünde ist das so eine Sache. Dass sie eine Sünderin ist, diese Meinung teilt der Gastgeber mit Jesus. Sonst könnte der Letztere nicht sagen: »Deine Sünden sind dir vergeben.« Manche bezeichnen sie sogar direkt als Prostituierte.[131] Aber die Begründung, die Jesus gibt, ist zumindest vieldeutig: »Ihre vielen Sünden sind ihr vergeben, denn sie hat viel geliebt« (Lk. 7,47). Wenn sie wirklich und wahrhaftig geliebt hat, kann das eigentlich nicht Sünde sein.

Hat sie also viel gesündigt und außerdem viel geliebt? Ein paar Menschen geliebt und nebenher für ein paar Männer, die sie nicht geliebt hat, sich sündhaft prostituiert? Oder waren, was in der Begründung Jesu näher liegt, ihre Sünden gleichzeitig Beweise ihrer Liebe, ihre sündhaften Handlungen identisch mit ihren Liebesakten. Dann ginge daraus die ganz anti-kirchliche, anti-päpstliche Devise hervor: Sündige kräftig gegen das 6. Gebot, damit dir viel vergeben werden kann, denn alle diese Sünden sind ja Beweise der Liebe. Das wäre dann auch Jesu Legitimierung der Prostitution.

Die Überlegenheit des Mannes der Frau gegenüber, wie wir sie in der hier behandelten Begebenheit feststellen, erfährt aber noch eine eigentlich nicht mehr für möglich gehaltene Steigerung: Jesus vergibt ihr nämlich ihre Sünden. Darüber sind selbst die beim Gastmahl Anwesenden erschrocken: »Wer ist dieser, der sogar Sünden vergibt?« fragen sie in höchstem Maße erstaunt. Für den Israeliten zur Zeit Jesu war klar: Jahwe, Gott allein, kann Sünden vergeben. Ein Mensch, der sich anmaßt, Sünden zu vergeben, begeht eine Blasphemie, muss größenwahnsinnig sein. Der amerikanische Psychoanalytiker und Religionspsychologe Ernest Jones vermutet zwar, dass uns eine leichte Neigung, sich selbst für einen Gott, eben einen »Gottmenschen« zu halten, »vielleicht hie und da bei allen Menschen begegnet«. Aber er hält diesen leisen Anflug von Selbstvergötterung, diesen »Gottmensch-Komplex«, für harmlos, solange er sich nicht zum »kolossalen Narzissmus« steigert.[132] Nach dem Ex-Dominikaner und Schriftsteller Hans-Conrad Zander geht Jesus weiter als andere Wundertäter. »Fast zu jeder wunderbaren Heilung reicht er einen Machtspruch nach wie diesen: ›Mein Sohn, deine Sünden sind dir vergeben‹ (Markus 2,5). Alle drei synoptischen Evangelien – Matthäus, Markus und Lukas – berichten übereinstimmend, dass die Juden dies als ›Gotteslästerung‹ empfanden (Matthäus 9,3; Markus 2,7; Lukas 5,21). Was heißt ›Gotteslästerung‹? Das ist ein altes religiöses Wort, welches sich durchaus in moderne Sprachen übersetzen lässt: ›Größenwahn‹. Halten wir mit umgangssprachlicher Bescheidenheit den schlichten Befund fest: Jesus von Nazareth hat an Größenwahn gelitten.«[133]

Nun ist solcher Größenwahn nicht an sich anti-feministisch. Auch Männern wird diese Vergebung zuteil. Aber angesichts der unterprivilegierten Stellung der Frauen im Palästina jener Zeit muss seine Verhaltensweise doch so wirken, dass sie diese Stellung und damit die patriarchalisch-maskuline Vorherrschaft unangetastet lässt.

Dieser Befund kann jedoch kirchlich-»progressive« Theologen und Schriftsteller nicht verunsichern. Bei ihrer universalen profemininen Umdeutung des Jesus von Nazareth lassen sie sich durch keine Begebenheit, die in den Evangelien erzählt wird, irritieren. An der Szene der die Füße Jesu mit Tränen benetzenden und mit Öl salbenden Sünderin haben auch die feministischen Theologinnen nichts auszusetzen, ebenso wenig wie an der Sündenvergebung durch ihn. Das hat Methode, wie sich an anderen Begebenheiten aus den Evangelien zeigt, die radikal durch die frauenfreundliche Brille gesehen werden. Es muss jedem Unvoreingenommenen schwerfallen, z. B. den Kreuzgang Jesu durch die Straßen von Jerusalem profeministisch zu interpretieren. Die feministische Vorzeige-Theologin Christa Mulack schafft das spielend: Dieser Kreuzgang Jesu, betont sie mit Nachdruck, »ist nur ein Abbild des weiblichen Kreuzgangs durch die Geschichte des Patriarchats«[134], Wenn einer das nicht so zu sehen vermag, dann gehört er nach Franz Alt eben zu jenen, die Jesus nur in Kategorien der Männlichkeit zu deuten vermögen, denn dieser Jesus »ist zweifelsfrei ein Opfer des Männlichkeitswahns infantil gebliebener, unreifer Männer«. In Wirklichkeit war er, das wird jetzt ganz kategorisch und apodiktisch behauptet, »frauenfreundlich und männerkritisch«: Er war für die Frauen, die ihn kannten, »der Traum von einem Mann«.[135] Das allerdings kann man auch heute noch sogar als Macho sein, je nach Interessenlage der weiblichen Seite entweder mehr als sanfter oder mehr als harter.

Für viele Frauen in den New-Age-Sekten sind die männlichen Gurus ganz genauso »der Traum von einem Mann«, wie das Jesus für die mit ihm umherziehenden Frauen war. Die Parallelen gehen sogar noch weiter: Ein Bhagwan in Poona oder Oregon strahlte auch etwas aus, das sogar gebildete, intelligente Frauen aus Westeuropa oder Nordamerika dazu verleitete, sich auf die Erde zu werfen und sich liegend oder knieend von seiner Energie ausstrahlenden Hand an der Stirn, bisweilen auch anderswo berühren zu lassen. Wo hier also das spezifisch Neue und Unterscheidende der Frauenbeziehung Jesu liegen soll, entzieht sich rationalem Kalkül, ist vielen Theologen aber wohl durch eine spezielle Erleuchtung zugänglich geworden.

Eugen Drewermann beispielsweise, der neueste Chefideologe eines sich doch noch als progressiv möglich gebenden Katholizismus und einer der letzten Retter des grundlagenmäßig wie praktisch arg in Misskredit geratenen Christentums, bezieht sich auf die Parallelstellen der hier erörterten lukanischen Schilderung bei Markus (14,3-9) und Matthäus (26,6-13) und schwärmt dann enthusiastisch vom sexualethisch Neuen und Unterscheidenden dieser Szene: »Es ist eine mutige, in gewissem Sinne herausfordernde Gebärde der Freiheit im Umgang zwischen Mann und Frau, die all die Sicherheitsvorkehrungen und Kontakttabus durchbricht, mit denen die moralisch befohlene Pflicht zu Sexualangst sonst sich zu umgeben trachtet. ... Da ist nichts zu spüren von Sündenangst und Verführungsgefahr; da sieht jemand einfach Menschen in ihrer Verzweiflung und in ihrer Liebe.« Aber auch Drewermann betont, dass man dazu Augen haben müsse, »die ›rein‹ genug sind, um ›Gott zu schauen‹ mitten im Elend und mitten in der Schönheit – unverblendete und ungeblendete, *hellsichtige* Augen.«[136] Dann erkenne man in dieser Szene wie in anderen Begebenheiten und Gleichnissen der Evangelien Jesus als die »rauschhafte Entdeckung« des Neuen, als die »begeisternde Erleuchtung«, als den neuen »wirklichen Lebensinhalt«, mit einem Wort als die »absolute Person«.[137]

Noch schwärmerischer als der Theologe Drewermann jubelt sein journalistischer Trabant Franz Alt vom Sieg des weiblichen Eros über die männliche Ratio in dieser Szene mit der Jesus salbenden Sünderin:

»Jesus bezieht klar Stellung für das weiblich-spontane Agieren gegen diese männliche Ideologie der Vorurteile und des Verurteilens. Er sagt: Lass sie gewähren. Sie hat viel geliebt! Maria Magdalena[138] »liebt nicht mit Worten, sondern mit ihren Tränen, mit ihrem Öl, mit ihren Haaren welch anstößiges Sex-Symbol für patriarchalisch verklemmte Männer! Weibliche Emotionalität provoziert die männliche ›Moral‹ ... Aus der Geschichte von Maria Magdalena wird die grundsätzliche Unvereinbarkeit des Patriarchats mit weiblichen Werten deutlich.«[139]

Doch die Glorifizierungen des Franz Alt sind noch nichts gegen das, was eine führende feministische Theologin aus der hier erörterten Begebenheit herausliest. Für sie ist da: Niederfallen zu Jesu Füßen, das Salben seiner Füße keine abstoßende Verhaltensweise. Zwar gehörte es zu den Diensten des Sklaven der Antike, zur Verfügung zu stehen, wenn der Herr am reichgedeckten Tisch geruhte, seine fettigen, schmutzigen Hände an dessen Haar abzuwischen. Aber Elisabeth Moltmann-Wendel entdeckt hier keinerlei Selbsterniedrigung oder Selbstbeschmutzung, sondern den revolutionären Befreiungsakt einer Frau! »... was sie macht, tut sie selbst aus sich und ihrer Persönlichkeit heraus. Es ist *ihr* Einfall, *ihre* Art, Liebe zu zeigen. Es ist *ihre* ›Revolution‹ ... sie tritt aus dem Schatten heraus, sie ist ganz sie selbst.« Hier finde »eine stumme, aber nachdrückliche Revolution« statt. Die Frau »tut etwas, was noch keiner getan hat. Sie provoziert damit Konflikte«, zeigt sich »frei, handlungsfähig und unbekümmert«, beweist »Großzügigkeit« und »verschwenderische Exzentrizität«. Damit werde sie sogar zum Vorbild für die Selbstwerdung von Frauen, denn sie »enthält Dynamit: das revolutionäre Potential Liebe, das wir immer wieder zur kleinen bescheidenen Frauenliebe reduzieren wollen, damit die kalkulierende Welt ungestört bleibt«. Diese Frau jedoch »hat ein eigenes Gesicht. Das Gesicht vieler Frauen. Aber sie beginnt eine eigene Geschichte, die keine Parallele hat. Es sei denn in der Geschichte der Frauen, die entdecken, dass das Evangelium ihre Individualität nicht unterdrückt, sondern entfaltet und das Abenteuer, sie selbst zu sein, bedeutet.«[140]

Man kann natürlich in die Geschichte von der Jesus salbenden Sünderin unendlich viel hineinfantasieren. Man wird aber dem Sachverhalt gerechter, wenn man in ihr nicht mehr sieht als einen lockereren Umgang Jesu mit einer Frau, lockerer jedenfalls, als das bei Rabbis seiner Zeit im Allgemeinen üblich war, obwohl es auch da Ausnahmen gab.[141] Nur theologische Fabulierer vermögen in ihr eine neue Ethik der Frau gegenüber zu erblicken oder hier eine neue Teil-Offenbarung des Gottessohnes, der »absoluten Person«, zu entdecken. An den Grundfesten des Patriarchats wird hier, wie wir sahen, ohnehin nicht gerüttelt. Vielmehr ist die am Boden Kauernde, die Füße des Meisters mit ihren Haaren Trocknende und Küssende das sinnlichste, eindrucksvollste, anschaulichste, demonstrativste Symbol der Unterordnung unter den Mann, den Herrn und Meister, der noch dazu über Gut und Böse, über ihren Status als Sündenbehaftete oder von Sünden Befreite entscheidet, somit die höchste moralische Instanz verkörpert. Zu alledem bedarf es keines (ethisch) »neuen Mannes«, es genügt ein sanfter, toleranter, liberaler und genussfähiger Macho oder ein Laissez-faire-Typ, der die Frauen an der langen, aber nicht zu langen Leine hält und führt.

Jesus hat allem Anschein nach sich – d. h. seine Füße, so bei Lukas, bzw. sein Haupt, so bei Markus und Matthäus – mit »teurem« (Mk. 14,3), sehr kostbarem Öl von Frauen auch deshalb gern salben lassen, weil er sich als Messias fühlte und diese Salbung als äußerst symbolträchtige, ihn in seiner Auffassung bestätigende messianische Handlung empfand. Zwar behaupten Rudolf Bultmann und in seinem Gefolge manche Theologen bis heute, dass Jesus sich nicht für den Messias, den Gesalbten (griech. Christos) des Herrn gehalten habe.[142] Aber da die Evangelien eine andere Sprache sprechen, nämlich Jesus gerade als den wahren Messias verkünden, landen diese Theologen praktisch bei

Jesus als einem »Mann ohne Eigenschaften«, müssen sie alle Hoheitsattribute, die ihm die Evangelien zuschreiben, zu Fantasieprodukten der frühen christlichen Gemeinden erklären.

Für uns ist wichtig, dass die allerersten, allerfrühesten christlichen Schriften, nämlich die Paulusbriefe und die Evangelien, Jesus als den Messias, den Christus verkünden und dass das gesamte Christentum, d. h. die christlichen Großkirchen wie alle christlichen Sekten, von diesem Jesusbild der Evangelien und der Paulusbriefe als der »norma normans«, der zentralen Grundlage christlichen Glaubens ganz selbstverständlich ausgehen. Uns interessiert in diesem Buch nicht, wie Jesus hätte sein können, wie er vielleicht wirklich war, wenn ihn die Schriften über ihn nicht transformiert oder, wie man's nimmt, verunstaltet hätten. Uns interessiert allein, wie der Jesus der Evangelien, umfassender gesagt: des Neuen Testaments, aussieht, weil wir von einem anderen gar nichts wissen; weil der Jesus der Evangelien, des Neuen Testaments insgesamt, die Grundlage des Christentums, genauer gesagt: aller so variierenden Christentümer und aller christlichen Verkündigung ist und weil selbst die kritischsten christlichen Exegeten am Ende immer noch so inkonsequent sind, dass sie sich immer wieder mal für ihre »gereinigte«, wissenschaftlich aufgeklärte Sicht Jesu auf bestimmte Stellen der Evangelien zu ihrer eigenen Bestätigung berufen; dabei allerdings auch stets in Widerspruch zu anderen »kritischen« Exegeten geraten, die wieder andere neutestamentliche Belege für die Richtigkeit ihrer eigenen Jesus-Sicht in Anspruch nehmen.

Immer noch kommt der Wahrheit und Authentizität bezüglich der Evangelienberichte über Jesus am nächsten, was der jüdische Exeget, Professor David Flusser von der Hebräischen Universität in Jerusalem, dazu sagt, nämlich, dass es Jubel- und Fan-Berichte seien, denen zwar die kritische Sicht fehle, die aber »voll von Informationen« seien, »wenn es um einen Menschen geht, dessen eigentliche Fähigkeit es war, andere zu seinen Fans zu machen«. Jesus sei ein Charismatiker gewesen, ein Mensch, der andere faszinierte. »Gerade deshalb ist nichts so aufschlussreich wie die Berichte derer, die sich von ihm faszinieren ließen. Das sind die Evangelien.«[143]

Offenbar ließ sich keine Menschengruppe so von Jesus faszinieren wie die Frauen. Selbst die Jünger Jesu waren zurückhaltender. Keineswegs allein möglich oder notwendig ist die Annahme, dass die Jünger nur deshalb »murrten«, »unwillig« waren, die Frauen »anfuhren«, weil sie hier »Verschwendung«, »Vergeudung«, Betrug an den Armen am Werk sahen (»Man hätte diese Salbe ja für mehr als dreihundert Denare« – wohlgemerkt, etwa der Jahreslohn eines Arbeiters in Palästina! – »verkaufen und den Erlös den Armen geben können«; Mk. 14,5; vgl. Mt. 26,9). Durchaus naheliegend ist die Vermutung, dass sie den Frauen auch deshalb ernstlich böse waren, weil diese in ihrer blinden Begeisterung für ihren Guru Jesus mit der Salbung etwas vorwegnahmen, was ihnen, den Männern, noch keineswegs als sicher und geboten galt: die Erhebung und Erhöhung ihres Anführers zum Messias. Aber die Frauen, hier tatsächlich spontaner als die Männer, hatten keinerlei Zweifel oder Hemmungen, ihren Jesus mit Hilfe des in Israel äußerst bedeutungsträchtigen Rituals der Salbung zum neuen Adam, Abraham, Moses, David, eben zum »Gesalbten des Herrn« zu küren.

Der jüdische Religionswissenschaftler Schalom Ben-Chorin sieht besonders die Analogie zwischen Abraham und Jesus: »Abraham sollte ... den ›Geruch der Heiligkeit‹ durch seine Wanderungen verbreiten, und auch Jesus wird auf seiner Wanderung, seiner Wallfahrt nach Jerusalem, wo er viele Jünger gewinnt, also zu einem neuen großen Glaubensvolke wird, in diesem symbolischen Akt mit einer Flasche köstlicher Narde übergossen. Auf diesen Motivzusammenhang muss man achten, um die Szene ganz zu erfassen. Dabei scheint es ... wichtig und typisch, dass zarte Frauenhände diesen neuen Abraham salben, so wie ja auch Abraham selbst in der Gesellschaft seiner besonders schönen Gattin und Halbschwester Sara gesehen wird.«[144]

Dass die Jünger, wenigstens einige von ihnen, ehrgeizig waren, zeigt der Umstand, dass z. B. Jakobus und Johannes Jesus bitten, zu seiner Rechten und zu seiner Linken thronen zu dürfen, wenn sein messianischer Triumph Wirklichkeit geworden ist (Mk. 10,35-37). Dass Ehrgeiz Neid hervorruft, wenn andere einem in Bezug auf die eigenen hochgesteckten Ziele zuvorkommen, ist ganz psychologisch. Nun, hier haben wir diese Situation: Die Frauen um Jesus installieren ihn bereits zum Messias, die schwerfälligeren oder lediglich bedachtsameren und vorsichtigeren Jünger haben das Nachsehen. Kein Wunder, dass diese die Frauen »anfuhren«. Sie mussten ja befürchten, dass Jesus, wenn er denn tatsächlich später den messianischen Durchbruch schaffen sollte, die Frauen besonders belohnen würde, da sie alles viel schneller begriffen und messianisch symbolisch vorweggenommen hatten. War nicht der Chef ohnehin stets sehr angetan vom schnellen Begreifen seiner Absichten und rügte er nicht immer wieder die Männer um sich herum, weil sie noch immer nichts verstanden, weil sie mit ihren Augen nicht sahen, mit ihren Ohren nicht hörten (vgl. Mk. 8,17-21)? Die Jünger wussten ja, zu welchen gewaltigen Zornes- und Racheausbrüchen der Meister fähig war, wenn man ihn nicht akzeptierte, von seinem großartigen Tun nichts verstand (vgl. seine furchtbaren Wehe- und Drohrufe gegen die Städte, die sich nicht zu ihm bekehrt hatten; Mt. 11,20ff). Und sie erinnerten sich möglicherweise gerade im Zusammenhang mit der Salbungsszene an seinen Ausspruch; »Wer die Kraft hat, es zu fassen, der fasse es« (Mt. 19,12). Sie hatten nicht erfasst, und der Meister wird es registriert haben.

13. Jesus-Fantasien über zehn Bräute

Sehr viel Aufschluss darüber, wie Jesus sich selbst in seinem Verhältnis zu den Frauen verstand, gibt auch das Gleichnis von den klugen und den törichten Jungfrauen (Mt. 25,1-13). In diesem Gleichnis ist er der Bräutigam, um den sich gleich zehn Bräute reißen, die alle die Hochzeitsnacht mit ihm verbringen möchten. Am Ende schaffen es zwar nur fünf, aber auch das ist ja schon eine beachtliche Zahl in dem Zusammenhang, den wir behandeln.

Jesus liebend bedrängt von zehn Bräuten, die sich nichts sehnlicher wünschen als die Hochzeitsnacht mit ihm, dem Faszinierenden. In diesem Gleichnis scheint die erotische Fantasie mit Jesus durchzugehen. Denn zwar war die Polygamie, die Vielehe, im Israel der Zeit Jesu durchaus nichts Außergewöhnliches, aber die Verheiratung eines Mannes mit mehreren Frauen zur gleichen Zeit das gab's dort nicht. Das ist das unterscheidend Jesuanische an diesem Gleichnis. Der Menschensohn kann es! Er feiert mit mehreren Jungfrauen gleichzeitig Hochzeitsnacht. Man wundert sich, wie das Christentum angesichts eines solchen Meisters der Liebeskünste so natur-, leib- und sexualfeindlich werden konnte.

Kein Exeget, kein Bibelwissenschaftler macht auf die Schattenseite des hier gerade behandelten Gleichnisses aufmerksam. Keiner scheint zu sehen, dass Jesus darin die Frauen nicht nur im rauschhaftfreudigen, sondern leider auch im negativen Sinne verrückt macht. Denn er ist hier keineswegs nur der sanfte Macho, sondern der Hälfte der Bräute gegenüber ein harter, unnachgiebiger Brutalo. Die sogenannten fünf törichten Bräute hatten vergessen, Öl für ihre Lämpchen mitzunehmen, und waren obendrein – allerdings wie die klugen Bräute auch – wegen des langen Wartens auf den vom Bräutigam willkürlich und selbstherrlich bestimmten Zeitpunkt eingeschlafen. So mussten sie erst einmal, als er tatsächlich zu mitternächtlicher Stunde kam, zum »Krämer« eilen, um das Öl zu kaufen (Mt. 25,9). Inzwischen aber feierte der Bräutigam bereits fröhlich mit den fünf klugen Bräuten, die ihr Öl nicht vergessen hatten. Die Tür zum Hochzeitsgemach ist längst fest verschlossen. Denn stören lassen will er sich nicht.

Es nützt nichts, dass die fünf »törichten« Bräute sehnsüchtig und erbarmungswürdig an die Tür klopfen, dass sie immer verzweifelter rufen: »Herr, Herr, öffne uns doch!« Der »Herr der Frauen« kennt kein Erbarmen, er kennt sie nicht einmal mehr: »Wahrlich, ich sage euch: Ich kenne euch nicht« (Mt. 25,11). Das haben sie nun davon, dass sie das Öl für ihre Lämpchen vergaßen. Auch ein kleiner Fehler wird groß bestraft, wenn eine hohe Majestät sich dadurch beleidigt fühlt, dass das Zeremoniell nicht bis ins kleinste Detail eingehalten wird! Der harte Macho kann nicht verzeihen und hat nicht das geringste psychologische Einfühlungsvermögen. Denn die »törichten« Bräute haben ja wahrscheinlich das Öl nur vergessen, weil sie eiligst zu ihrem Liebhaber wollten, weil sie es vor Sehnsucht nicht mehr aushielten, weil sie von diesem Traummann so hingerissen waren. Aber Strafe muss sein! »Du gehst zu Frauen? Vergiss die Peitsche nicht!«[145]

Und da proklamiert der Rahner-Schüler Professor Vorgrimler, Jesus habe »nie mit einer Frau von oben herab, animos oder aggressiv« gesprochen, er sei ein stets »zärtlicher Mann« gewesen.[146] Da faselt ein Franz Alt, der die Ursprünge des Christentums wieder attraktiver machen möchte, davon, dass sich bei Jesus »kein einziges zorniges Wort gegen Frauen, aber sehr viele zornige Wörter gegenüber Männern finden«, dass seinen »Frauengeschichten ... ein freimachendes Verständnis gegenüber Frauen zugrunde liegt«.[147] Freigemacht haben sich gewiss die fünf »klugen« Bräute im Hochzeitsgemach ihres Herrn. Aber konnten sie sich wirklich freier, befreiter fühlen, wenn sie an das Schicksal ihrer fünf »törichten« Schwestern dachten, die ihr Herr so von oben herab und derart kaltherzig abgeschmettert hatte? Ein »herrlicher« Bräutigam, der der Hälfte der Frauen eine derartige erotisch-sexuelle Missachtung zumutet!

Aber wer weiß denn, ob das hier behandelte Gleichnis nicht auch Mohammed, den Gründer des Islam, bei seinen Schilderungen des Paradieses inspirierte? »Das Himmelreich wird sein wie zehn Jungfrauen, die ihre Lampen nahmen und dem Bräutigam entgegengingen« (Mt. 25,1). Im Koran ist dieses Himmelreich paradiesisch ausgemalt: »... in den Gärten der Wonne ... auf durchwobenen Polstern liegen sie gemächlich einander gegenüber ... und was sie begehren an Früchten, an feinstem Geflügel – und Mädchen, die Huris, mit großen Augen gleich verborgenen Perlen, werden um sie sein, zum Lohn für ihr Tun ... Vollkommen haben wir sie geschaffen, vollkommen haben Wir sie geformt, die makellosen Jungfrauen, zu heiß liebenden Jugendgenossinnen für die Gefährten zur Rechten« (Sure 56).

14. Der Erhabene und die Frau aus dem Volk

Nicht nur die Heidin aus Syrophönizien, der er im Gebiet von Tyros und Sidon begegnete, auch andere Nichtjüdinnen lässt der jüdische Mann Jesus seine (religiös begründete) Überlegenheit spüren. Aufschlussreich in dieser Hinsicht ist seine Unterhaltung mit der Samariterin (Joh. 4,1-42).

Jesus befindet sich wieder einmal auf der Flucht vor seinen Gegnern. Er verlässt also Judäa, um sich in seine engere Heimat, Galiläa, zurückzuziehen. Zu diesem Zweck muss er aber durch Samaria, das zwischen Judäa und Galiläa liegt. In Samaria waren nach der Zerstörung des Nordreichs (Israel) im Jahr 605 v. Chr. fünf babylonische Stämme angesiedelt worden, die ihre Stammesgötter weiter verehrten. Im Laufe der Zeit vermischten sich jedoch zwangsläufig babylonische mit jüdischen Glaubenselementen. Aber die wahren Judäer blickten ja schon verächtlich auf die (jüdischen) Galiläer als Provinzler herab, umso mehr missachteten sie die Leute von Samaria, die »heidnischen« Samariter. Ohne den Jerusalemer Tempel als für sie verbindliches höchstes Heiligtum zu verehren, erwarteten allerdings auch diese einen irdischen Messias, Ta'eb genannt. Offenbar waren sie viel leichtgläubiger als die streng orthodoxen Juden, denn das Johannesevangelium erzählt uns, dass »viele von den Samaritern« (Joh. 4,39) im Resultat der folgenden Begebenheit in Jesus den Messias zu erblicken bereit waren.

Auch die Jünger Jesu haben ihre Vorurteile. Denn sie wundern sich, dass ihr Meister sich so mir nichts dir nichts mit einer Samariterin ins Gespräch einlässt. Das Johannesevangelium sagt zwar nur, die Jünger hätten sich darüber »gewundert, dass er mit einer Frau redete« (4,27). Aber an ihrem Geschlecht als Frau kann's nicht gelegen haben, denn in der Jüngerschaft befanden sich stets zahlreiche Frauen, mit denen Jesus auch tiefsinnige Gespräche führte. Die Verwunderung der Jünger konnte sich also nur darauf beziehen, dass er mit einer nichtjüdischen Frau sprach.

Auf seiner Wanderung durch Samaria kommt Jesus also in die Nähe einer Stadt namens Sychar, »nicht weit von dem Grundstück, das Jakob seinem Sohn Joseph gegeben hatte« (Joh. 4,5). Sychar, hebräisch Shechem, existiert übrigens unter dem Namen Nablus, abgeleitet von Neapolis (= neue Stadt), noch heute. Von der Reise müde, setzt sich der Meister an den »Brunnen Jakobs« (Joh. 4,6). Eine Frau kommt an den Brunnen, um Wasser zu schöpfen, und Jesus fordert sie auf, ihm zu trinken zu geben. Aber die Frau hält ihm entgegen: »Wieso begehrst du, der du ein Jude bist, von mir, die ich eine samaritische Frau bin, zu trinken?« (Joh. 4,9). Die Frau wusste ja, dass Juden üblicherweise nicht mit Samaritern verkehren. Trotzdem gefällt es Jesus ganz und gar nicht, dass ihn die Samariterin zwar als Juden, aber nicht gleich auch in seiner hohen (messianischen) Größe, Majestät und Würde erkennt. Ziemlich von oben herab gibt er ihr deshalb einen Denkzettel: »Erkenntest du die Gabe Gottes und wüsstest du, wer der ist, der zu dir spricht: ›Gib mir zu trinken‹, so hättest du ihn gebeten, und er hätte dir lebendiges Wasser gegeben« (Joh. 4,10).

Jesus zeigt sich hier als stark von sich eingenommen. Er will sich ganz und gar nicht inkognito in dieser fremden Gegend aufhalten, vielmehr seine messianische Würde ordentlich zur Geltung bringen. Er lässt wiederum – wie schon bei der Kanaanäerin – jedes psychologische Einfühlungsvermögen vermissen. Andernfalls hätte er sofort ganz leicht feststellen können, dass bereits die einfachste Grundlage für ein hochgeistiges theologisches Gespräch fehlte. Die Frau war gekommen, um etwas rein Praktisches auszuführen, nämlich ihre Schöpfgefäße mit Wasser zu füllen. Deshalb muss sie das, was da dieser Mann so würdevoll-arrogant von sich gibt, für verrückt, für irgendwie größenwahnsinnig halten. So antwortet sie auch entsprechend konkret, also auf einer ganz anderen Ebene als der jüdische Rabbi: »Herr, du hast doch keinen Eimer, und der Brunnen ist tief; woher willst du also das lebendige Wasser nehmen?« (Joh. 4,11). Und auch wenn sie Stammvater Jakob ins Spiel bringt, denkt sie dabei keineswegs ans Religiöse: »Du willst doch nicht etwa behaupten, dass du größer bist als unser Vater Jakob, der uns den Brunnen gegeben hat – und er hat daraus getrunken und seine Söhne und sein Vieh?« (Joh. 4,12).

Ihre Antwort nagt schon wieder am Selbstwertgefühl, am hohen, messianischen Selbstbewusstsein Jesu. Er, der doch größer ist als Abraham (Joh. 8,58), sollte kleiner sein als Jakob? Nein, der konnte doch nur ganz gewöhnliches Wasser spenden: »Jeder, der von diesem Wasser trinkt, wird wieder Durst haben; wer aber von dem Wasser trinkt, das ich ihm geben werde, wird in Ewigkeit nicht dürsten« (Joh. 4,13f.). Jetzt scheint Jesus doch deutlich genug den Unterschied zwischen ihrer (praxisbezogenen) Ebene und seiner theologisch-geistigen Denkrichtung klargemacht zu haben. Aber diese mit beiden Beinen auf der Erde stehende Frau denkt gar nicht daran, ins Theologisch-Nebulöse abzuheben. Sie bezieht sich auf das Naheliegende, Nützliche. Das wäre doch prima, denkt sie, ein Wasser, eine Wasserquelle zu haben, die ewig sprudelt (Joh. 4,14). Daher ihre Antwort: »Herr, gib mir dieses Wasser, damit ich nicht mehr dürste und nicht mehr zum Schöpfen hierherzukommen brauche!« (Joh. 4,15).

Einen Augenblick lang scheint es so, als ob Jesus die Vergeblichkeit seiner theologischen Bemühungen eingesehen und die Samariterin endlich in ihrer konkreten Lebenseinstellung begriffen hat. Denn er bricht erst einmal die ganze tiefsinnige Unterhaltung abrupt ab und fordert sie barsch auf, zu gehen, ihren Mann zu rufen und dann wieder herzukommen (Joh. 4,16). Aber, wie wir gleich sehen werden, bedient er sich hier lediglich eines Tricks, um sein Ziel, die Anerkennung seiner messianischen Würde, doch noch zu erreichen. Da diese Frau mit hochgeistigen Argumenten nicht zu gewinnen ist, wendet er ein Mittel an, das auch heute noch die Mehrheit der Menschen weit überzeugender findet: Er betätigt sich als Wahrsager und erstellt ihr schnell eine Charakterdiagnose. Denn als ihm die Frau erklärt, sie könne mit ihrem Mann gar nicht kommen, da sie keinen Mann habe (Joh. 4,17), kommt wie aus der Pistole geschossen: »Gut hast du das gesagt: ›Ich habe keinen Mann.‹ – Fünf Männer hast du nämlich gehabt, und der, den du jetzt hast, ist nicht dein Mann. Da hast du freilich die Wahrheit gesagt« (Joh. 4,17).

Jetzt funkt es bei der Frau: »Herr! Nun sehe ich, dass du ein Prophet bist« (Joh. 4,19). Das allein hat sie überzeugt, nicht sein erhabenes Gerede. Sie wird ein wenig später den Leuten in der Stadt die Neuigkeit mitteilen, die auch diese überzeugt: »Kommt, seht einen Menschen, der mir alles gesagt hat, was ich getan habe! Ob er nicht der Messias ist?« (Joh. 4,29). Jetzt beginnt die Wallfahrt zum Magier, zum Wahrsager: »Sie gingen zur Stadt hinaus und machten sich auf den Weg zu ihm ... Aus jener Stadt aber glaubten viele von den Samaritern an ihn um des Wortes der Frau willen, die bezeugte: Er hat mir alles gesagt, was ich getan habe« (Joh. 4,30; 39). Kein Zweifel, »das Wunder ist des Glaubens liebstes Kind!« (Goethe).

Nachdem die Frau (an-)erkannt hat: »Herr, ich sehe, du bist ein Prophet!«, kann Jesus sein Gespräch mit der nun für seine überirdische Botschaft bereiten Samariterin wieder aufnehmen. Der Evangeliumstext lässt sie sogar von sich aus die Frage stellen, ob man nun Gott auf dem heiligen Berg der Samariter, dem Garizim, oder auf dem Tempelberg in Jerusalem anbeten solle. Der religiös-national eingestellte Mann Jesus muss ihr nach einer solchen Frage schon wieder eine harsche Lektion erteilen, die ihre und aller Samariter Ignoranz in theologicis bloßstellt: »Ihr betet an, was ihr nicht kennt; wir beten an, was wir kennen; denn das Heil kommt von den Juden« (Joh. 4,22). Das heißt: Ihr Samariter seid ja zugegebenermaßen ganz schön religiös, ihr betet und betet, aber ihr kennt eigentlich gar nicht den Gott, den ihr da anbetet? Den kennen aber wir Juden, weil er zunächst einmal und in erster Linie unser Gott ist.

Wenn das Gespräch Jesu mit der Samariterin irgendetwas Historisch-Reales wiedergäbe, dann müsste es hier abbrechen. Denn Jesus verstand sich, wie wir schon sahen, als Heilsbringer allein der Juden. Aber die Evangelien entstanden eben zu einer Zeit, als das Christentum längst die Grenzen Israels überschritten hatte und primär Heidenmission betrieb. Daher musste die Verbreitung der Botschaft Jesu in der heidnischen griechisch-römischen Welt mit originär erscheinenden Jesusworten und -befehlen garniert und legitimiert werden. Woher sollte man sonst die Rechtfertigung dafür nehmen, dass man sich mit religiösen Verheißungen und Parolen überhaupt an Nichtjuden wandte?

An einer solchen Schnittstelle zwischen der wirklichen Lehre Jesu und dem, was die Evangelien und die frühchristliche Kirche daraus machten, stehen wir hier. Denn das Johannesevangelium bricht das Gespräch nach Jesu Bekenntnis nicht etwa ab. Vielmehr lässt es ihn weiterreden, jetzt aber nicht mehr im religiös-nationalistisch verengten, sondern im universal-kosmopolitisch erweiterten Sinn: »Weib, glaube mir, die Stunde kommt, wo ihr weder auf diesem Berge noch in Jerusalem den Vater anbeten werdet ... die Stunde kommt und ist jetzt da, wo die wahren Anbeter den Vater in Geist und Wahrheit anbeten werden; denn solche Anbeter will der Vater haben. Gott ist Geist, und die ihn anbeten, müssen ihn in Geist und Wahrheit anbeten« (Joh. 4,21-24). Das ist zwar sehr schön gesagt, und es passt zu dem Ton und der Atmosphäre der Christusreden im letzten kanonischen Evangelium. Aber der historische, auf die Bekehrung Israels konzentrierte Jesus hat so mit Sicherheit nicht gesprochen.

Exegeten und Buchautoren, die den Jesus des Gesprächs mit der Samariterin als den preisen, der in der Konfrontation mit dieser Frau »die Absurdität eines ›jüdischen‹, jedes nationalistischen Gottes begreift«, der zwar zunächst an den »Gott der Juden« glaubt, dann aber sein Gottesbild überprüft, »seinen jüdischen Gott überwindet«[148] und »die nationalistische Schranke einreißt«, sollten doch die diesbezügliche Stelle im Johannesevangelium genauer lesen. Dieses Evangelium spricht von einem Ist-Zustand, von der bereits eingetretenen Mission unter den Heiden. Es formuliert die Botschaft von einem Gott, der übernationaler Geist[149] ist. »Jetzt ist sie da!« (Job. 4,23) » Jetzt«, das ist die Zeit der Abfassung des Johannesevangeliums, also mindestens achtzig bis hundert Jahre nach Jesu Tod. Die Situation wird im Text zurückprojiziert, und Jesus werden die prophetischen Worte in den Mund gelegt: »Es kommt aber die Stunde, da ihr den Vater weder auf diesem Berge noch in Jerusalem anbeten werdet« (Joh. 4,21).

Kirchenapologeten, die vom »großartigsten Gottesbild der Menschheit«[150] sprechen, das Jesus vor der Samariterin entfalte, verschweigen das Obrigkeitsfeindliche, Antiritualistische, Antikirchliche in den Äußerungen, die das Johannesevangelium Jesus in den Mund legt. Natürlich konnte Jesus nicht die Zukunft erkennen, selbstverständlich konnte er nicht wissen, dass einmal Tausende und Abertausende von Kathedralen, Domen und Kirchen gebaut würden. Die Anbetung Gottes als von jedem heiligen Ort unabhängigen, universalen »Geist«, die Gottesverehrung in »Geist und Wahrheit« entwertet jeden Tempel, jede Kirche, jeden Wallfahrtsort zum Götzendienst, zur Idolatrie. Das Johannesevangelium zeigt im Gespräch mit der Samariterin ein Gottesbild, das jede Liturgie, jede Ritualistik, jede feste religiöse Organisationsform, jede Obrigkeit, die eine bestimmte Religion vorschreiben will, konterkariert, düpiert.

15. Maria Magdalena – Geliebte oder Ehefrau Jesu?

Das Wenige, das wir von Jesus wissen, bezeugt dennoch eindeutig: Er war kein Verächter der Sinnlichkeit, der leiblichen Freuden. In diesem Punkt unterschied er sich stark von den zeitgenössischen Essenern und auch von seinem früheren Vorbild, Johannes dem Täufer, der hart gegen Bequemlichkeit und sinnliche Genüsse anpredigte und auch unnachgiebig gegen sich selbst war. Jesus »war kein Asket ..., sondern er war den Freuden des Lebens durchaus zugetan«, betont ebenfalls der jüdische Bibelwissenschaftler Schalom Ben-Chorin.[151] Ein anerkannter protestantischer Exeget wundert sich, »dass so viele Geschichten von Jesu Begegnungen mit Frauen berichten«, und sieht darin, dass sich die Frauen so zu ihm drängen, »wirklich Erstaunliches«, ja »Revolutionäres«. Aber das sei eben, so dieser Schriftforscher, »ein Kennzeichen der Heilszeit«, die mit Jesus angebrochen sei.[152] »Mit Frauen verkehrte Jesus in voller Freiheit«, sagt auch der Kirchenhistoriker Karlheinz Deschner.[153] Besonderes Gewicht hat das Urteil des Nestors der modernen protestantischen Bibelwissenschaft, Rudolf Bultmann. »Man kann darauf hinweisen, dass sich in seiner (Jesu) Umgebung Frauen befunden zu haben scheinen, die man sonst in der Umgebung eines Rabbi nicht findet.«[154]

Kein einigermaßen begründeter Zweifel kann demnach daran bestehen, dass Jesus sich über restriktive Konventionen seiner jüdischen Umwelt in Bezug auf den Umgang mit Frauen ziemlich deutlich hinwegsetzte. Aber muss man das gleich als revolutionäre, neue ethische

Tat hinstellen, als ausdrucksvolles Zeichen seiner vom Trieb erlösenden und erlösten Heiligkeit? »Jesu Umwelt will die Frau schützen, indem sie sie abschließt, weil man die Begierde für unüberwindlich hält. Jesus nimmt die Frau in den Jüngerkreis auf, weil er von seinen Jüngern erwartet, dass sie die Begierde überwinden. Der alte Äon steht unter der Herrschaft der Begierde, vor der der Mensch sich schützt, so gut er kann. Im neuen Äon herrscht die Reinheit, die auch den Blick in Zucht nimmt.«[155]

Aber wie sollten die Jünger den Blick in Zucht nehmen, wenn sie wie der Meister auf ihren Wanderungen Tag und Nacht mit Frauen zusammen waren, sozusagen auf Tuchfühlung? Es hätte eines permanenten Wunders der Allmacht Gottes bedurft, die Jünger von Versuchungen frei zu halten, die zudem gar nicht als solche empfunden werden mussten, weil das Ideal christlicher Askese weder von ihrem Meister verkündet noch vorgelebt wurde. Ähnlich verhält es sich mit der Priesterweihe. Dadurch soll auch eine besondere Gnade und Kraft unter anderem zur Einhaltung der priesterlichen Enthaltsamkeit zuteil werden, tut es aber normalerweise nicht, wie die vielen hetero- wie homosexuellen Kontakte von Klerikern beweisen.[156] Warum soll sich auch Gott um die Eindämmung des Geschlechtstriebes kümmern, den er als Schöpfer eingepflanzt hat?[157]

Aber lassen wir zunächst eine Schilderung des Lukas-Evangeliums (8,1-3) auf uns wirken. »Und es begab sich danach, dass er wanderte durch Städte und Dörfer und predigte und verkündete das Evangelium vom Reich Gottes; und die Zwölf waren bei ihm sowie einige Frauen, die er von bösen Geistern und Krankheiten geheilt hatte: Maria, genannt Magdalena, aus der sieben böse Geister ausgefahren waren, Johanna, die Gattin des Chusa, eines Statthalters von Herodes, und Susanna und viele andere Frauen, die mit ihrem Vermögen für ihn sorgten.«

Selbst der Nicht-Christ Schalom Ben-Chorin ist begeistert und sieht in dieser Schilderung die Andeutung einer »neuen Gemeinschaft« von

Mann und Frau, »ein spontanes Gemeinschaftserlebnis, dessen lebendige Mitte Jesus gewesen sein muss«. Er assoziiert dazu die Aussage des Galater-Briefes (3,28): »Hier ist nicht Mann noch Weib, denn ihr seid allzumal Einer in Christus Jesus.«[158] Doch gibt diese Stelle das wirklich her? Wird die Sache so viel anders gewesen sein als das, was wir in den letzten Jahrzehnten häufig sehen und erleben konnten: Ein Guru, ein Ober-Hippie zieht mit seinem Tross von Männlein und Weiblein, die ihm blind folgen und ergeben sind, durchs Land, oder er versammelt sie in einem »Ashram«, »Camp« oder einer »Farm«. Die im Lukas-Text erwähnten Frauen haben gleich zwei Gründe, an Jesus zu hängen: Sie finden ihn faszinierend, und sie sind ihm überaus dankbar, weil er sie von bösen Geistern und Krankheiten geheilt hat. Maria Magdalena, die zuerst Genannte, ist am dankbarsten. Schließlich hat er sie gleich von sieben Dämonen befreit.[159]

Hier bedarf es also keiner neuen Gemeinschaft, keines neuen Gemeinschaftserlebnisses. Dankbarkeit einem Heiler gegenüber hat es immer gegeben. Und auch bei Jesus ist eine »neue Gemeinschaftsqualität« doch sehr fraglich. Die Geschichte kennt bis zum heutigen Tag genug Gurus und Wunderheiler, aber auch Troubadoure und Salontiger, die sich damals wie heute gern von Frauen aushalten lassen.

Die Theologen werden nicht müde, Jesus als neuen Menschen zu preisen, der die konventionellen Schranken gegenüber den Armen, den öffentlichen Sündern und Dirnen durchbrach, ihnen ganz frei und vorbehaltlos entgegenging, vorzugsweise ihnen seine Liebe schenkte. Jesus also ein Liebhaber der Armut und der Armen? Denn auch mit dem Begriff der Dirne, der Prostituierten verbinden wir oft die Vorstellung von materieller Not. Aber die entsprechenden Stellen in den Evangelien legen eine solche Deutung gar nicht nahe. Das ganze, durchaus zwiespältige, ja widersprüchliche Verhältnis Jesu zur Armut können wir an dieser Stelle nicht darlegen. In unserem Zusammenhang ist lediglich festzuhalten: Wie sündig die Frauen, deren Nähe Jesus vornehmlich suchte, auch gewesen sein mögen, arm waren sie nicht. Und Dirnen im üblichen Sinne waren sie auch nicht. Es drängt sich vielmehr der begründete Verdacht auf, dass Jesus ihre Nähe nicht so sehr deshalb suchte, um irgendeine neue Haltung, um Vorurteilslosigkeit den Sünderinnen gegenüber zu manifestieren, sondern weil sie reich und vermögend waren und ihn finanziell unterstützen konnten.

Da ist zunächst die begüterte Maria Magdalena, so genannt nach ihrem Heimatort Magdala, einer Stadt am See Genezareth. Diese Maria muss eine dominierende Rolle im Kreis um Jesus gespielt haben. In den vier kanonischen Evangelien wird sie immer als erste innerhalb der Frauenschar um den Meister angeführt. Ziemlich übereinstimmend spricht ihr die Tradition der Schriftauslegung bis auf den heutigen Tag eine Schlüsselrolle zu.[160]

Diese zeigt sich besonders in ihrem Verhalten bei der Passion und Auferstehung Jesu, wie sie die Evangelien in einer naiv, noch nicht widerspruchsfrei entwickelten Theologie konstruiert haben. Da steht Maria Magdalena bei ihm unterm Kreuz auf Golgatha (Joh. 19,25), nachdem die Männer alle die Flucht ergriffen haben. Sie ist es, die sich sein Grab merkt, damit es nicht mit einem anderen verwechselt werden kann. Sie ist die erste, die dem Auferstandenen begegnet. Bei Markus, im ältesten Evangelium, heißt es ausdrücklich: »Als Jesus aber früh am ersten Tag der Woche auferstanden war, erschien er zuerst der Maria aus Magdala, von der er sieben Dämonen ausgetrieben hatte« (Mk. 16,9). Offenbar ist Maria Magdalena der erste Mensch, der die Auferstehung Jesu verkündete, der alle anderen Anhänger Jesu, die ob seines Todes niedergeschlagen waren und alles andere als seine Auferstehung für möglich hielten, aufrichtete und mit neuem Mut erfüllte (vgl. Mk. 16,10; Joh. 20,17).[161] Im Johannesevangelium erhält sie sogar die zentrale Aufgabe der Verkündigung der Frohbotschaft von der Auferstehung und Himmelfahrt Jesu direkt und wortwörtlich von diesem selbst. Weisungsgemäß predigt sie also sogar den Aposteln von dem zentralen

Ereignis der christlichen Heilsbotschaft (Joh. 20,18). Ganz offensichtlich war es eine Frau, die die erste Geige in der ersten Gemeinde nach dem Tod Jesu gespielt und die dogmatische Meinungsbildung initiiert hat. Der Auferstehungsglaube als das Herz der christlichen Botschaft ist von Maria Magdalena, einer anscheinend mit Charisma ausgestatteten Frau, auf den Weg gebracht worden!

Fast das ganze Mittelalter fand nichts Anstößiges daran, sie auf vielen Bildern als die zu zeichnen, die den Aposteln und ersten Christen predigt. Apokryphe Evangelien bezeichnen dementsprechend ihren Glauben, nicht den des Petrus, als den Fels, auf dem die Kirche erbaut ist, und Petrus selbst als den, der in ihrer Anwesenheit zu schweigen hat. »Mein Herr«, klagt Petrus in der »Pistis Sophia«, »wir können diese Frau nicht länger ertragen. Sie nimmt uns jede Gelegenheit, etwas zu sagen. Immer wieder ergreift sie das Wort.«

Man sollte an dieser Stelle einen Moment innehalten und sich einen wirklich entscheidenden Sachverhalt nochmals klar zu Bewusstsein bringen: Ohne eine Frau, ohne diese Frau Maria Magdalena gäbe es wahrscheinlich gar kein Christentum, weil sie es war, die die Auferstehung erfunden und als erste verkündet hat. Ohne die Auferstehung Jesu fällt aber gerade das alles Entscheidende der christlichen Religion weg, hat diese keinerlei Existenzberechtigung mehr. Mit Recht sagt Paulus, der das palästinensische Christentum erst in die Weite der damaligen griechisch-römischen Welt geführt und da hoffähig gemacht hat: »Gäbe es keine Auferstehung der Toten, so wäre auch Christus nicht auferstanden; wäre aber Christus nicht auferstanden, so wäre ja unsere Verkündigung hinfällig und hinfällig auch euer Glaube« (1. Kor. 15,13f.).

Am Anfang des Christentums mit seinem Mittelpunkt, dem Auferstehungsglauben, steht eine Frau! Eine liebende Frau. Denn nur eine Liebende vermag einen Toten auferstehen zu lassen, kann ihn sich so stark einbilden, dass er real vor ihr zu stehen scheint. Nur die gewaltige, grenzenlose Liebe vermag aus dem Nichtexistierenden, nicht mehr Existierenden wieder einen lebendig Existierenden zu schaffen. Wir brauchen hier gar nicht zum Instrumentarium der Psychoanalyse zu greifen. Von sieben Dämonen soll ja Maria Magdalena, wie Lukas berichtet, besessen gewesen sein; das heißt aber: von einer ganzen Fülle dunkler Kräfte, was doch wiederum ihre starke Vitalität bezeugt. Doch brauchen wir, wie gesagt, gar nicht über die Art dieser Kräfte und Triebe analytisch zu fachsimpeln. Denn es genügt die Unbedingtheit einer Frau, die liebt, um Maria Magdalenas Auferstehungshalluzination zu erklären.

Wer hätte das gedacht? Am Startpunkt des so patriarchalisch-maskulinen Christentums mit seinem so männlichen Gott Jahwe, den auch Jesus in den Evangelien nie als Mutter anspricht, mit dem er nie ein Gleichnis der Mutterliebe verknüpft, steht eindeutig eine dominierende Frau. Es gehört sicher zu den besonderen Kuriositäten der Menschheitsgeschichte, dass die mitgliederstärksten Konfessionen des Christentums, die Katholiken und die Orthodoxen, den Frauen alle kirchenamtlichen Rechte, ganz besonders das Priesteramt verweigern. Begonnen hat das allerdings schon früh, schon Paulus aus Tharsus bereitete offenbar der in der Urgemeinde bestehenden Führungsrolle der Frauen um Maria Magdalena und ihrer unmittelbaren Nachfolgerinnen ein ziemlich jähes Ende.[162] Und die Spuren des »Ur-Matriarchats« im Christentum wurden im Laufe der Zeit so gut wie möglich, und das heißt: fast restlos verwischt und getilgt!

Wie stand Jesus selbst zu Maria Magdalena? War er ihr nur dankbar, weil sie »über ihr Vermögen frei verfügen konnte, um Jesus zu finanzieren«, »wahrscheinlich die Witwe eines Großgrundbesitzers«[163] war? Ich meine, dass es mehr war, dass die beiden eine große erotische Liebe verband. Wer die Begegnung zwischen ihr und ihm bei Joh. 20,11-18 unvoreingenommen und einfühlsam liest, wird mir beipflichten, dass wir hier eine der zartesten, romantischsten Liebesgeschichten der

Weltliteratur von unerhörter Kürze, aber auch Aussagekraft vor uns haben.

Alle Tiefen und Höhen einer brennenden Liebe finden sich hier komprimiert in acht Versen: Zuerst die tiefe, hoffnungslose Traurigkeit ob des Verlustes des Geliebten: »Maria aber stand außen bei der Gruft und weinte ...« Dann das leise, erste Erwachen von Hoffnung: »Wie sie nun weinte, beugte sie sich in die Gruft hinein; da sieht sie zwei Engel in weißen Kleidern dasitzen, den einen beim Haupte und den anderen bei den Füßen, da, wo der Leib Jesu gelegen hatte. Und die sagen zu ihr: Weib, was weinst du denn?« Darauf ihre Antwort, die ihre ganze Liebe zum Ausdruck bringt: Sie haben mir alles, nämlich »meinen Herrn hinweggenommen, und ich weiß nicht, wo sie ihn hingelegt haben«. Und dann genügt ein einziges Wort, das Aussprechen ihres Namens durch den Geliebten, um ihn sofort zu erkennen: »Jesus sagte zu ihr: Maria.« Es ist der Ton, der die Musik macht. Es ist die für sie absolut unverwechselbare Stimme ihres Geliebten, die sie ohne jede Möglichkeit einer Täuschung erkennen lässt, dass Er es ist, den sie vorher, als er noch nicht zu ihr gesprochen hatte, für den Gärtner gehalten hatte. Ihn hören, ihn an seiner Stimme erkennen und einfach weg sein, einfach dahinschmelzen sind dann schon fast ein und dasselbe. Und wieder drückt sich das in einem einzigen Wort aus: »Rabbuni«, mein Lehrer, mein geliebter, über alles geliebter Meister! Jetzt will sie ihn berühren, umarmen, liebkosen, wie sie das Hunderte Male vor seinem Tod getan hat. Der Text bei Johannes schweigt darüber, aber die konsequente Stufenfolge der Szenen und der nächstfolgende Satz, den der Evangelist notiert, erfordern und beweisen es. Denn »Jesus sagte zu ihr: Rühre mich nicht an; denn ich bin noch nicht zum Vater aufgefahren«. Wenn Jesus ihr gebietet, ihn nicht zu berühren, dann muss sie es unmittelbar vorher versucht haben. Keine Frau berührt so mir nichts, dir nichts einen Mann, mit dem sie nicht schon vorher vertrauten Umgang hatte. Dass er, Jesus, sich aber jetzt nicht berühren lassen will, ist im Rahmen der Imaginationskraft dieser Frau durchaus verständlich, logisch. Wie oft erleben Lebende ihre tote Geliebte, ihren toten Geliebten im Traum als ganz real, aber eben doch in einer anderen Dimension, zwar liebend ihnen zugewandt, aber doch irgendwie unnahbar, unberührbar, in Distanz. Nach dem Johannes-Text, den wir hier interpretieren, deutet Jesus diese andere, jenseitige Dimension mit dem Hinweis an, er fahre auf zum Vater, in den Himmel.

Für Maria Magdalena ist der tote Jesus wieder lebendig, steht er real vor ihr – doch auch wieder nicht so real wie vor seinem Tod, da sie seinen Leib jetzt nicht mehr berühren kann. Diese feinsinnige, auch psychologisch überzeugende Liebesgeschichte, wie sie uns das Johannes-Evangelium beschreibt, beweist erneut: Die liebende Einbildungskraft einer Frau war religionsbegründend, erweckte das Christentum zu erstem Leben. Nicht so sehr der Glaube, wie Jesus sagt (Mk. 11,23), vielmehr die Liebe hat hier Berge versetzt. Die ganze lyrisch-erotische Begebenheit zwischen Maria Magdalena und Jesus nach dessen Tod bleibt jedoch absolut unverständlich, wenn es kein volles sinnliches Liebesleben zwischen den beiden zu Lebzeiten Jesu gegeben hätte.

Ein erotisch-sexuelles Verhältnis zwischen Maria Magdalena und Jesus wird von den christlichen Amtskirchen strikt geleugnet. Die meisten Christen, die überwiegende Mehrheit der Theologen sind ebenfalls der Meinung, dass der Gottessohn über allen »fleischlichen Kontakten« zu einer Frau stand. Von den großen Theologen preschte noch Martin Luther am weitesten vor, der Maria Magdalena bescheinigte: »Sie kann nicht anders denken, träumen, reden denn also: hätte ich nur den Mann, meinen allerliebsten Gast und Herrn, so wär mein Herz zufrieden.« Sie habe ihn »herzlich brünstig liebgehabt«, hatte »ein hitzig brünstig Herz zu Ihm«, sie habe »Gut und Ehre, Leib und Leben und alles, was sie hat, an ihn gesetzt«. Aber auch Luther scheut sich, Jesus als den zu sehen, der ihre Gefühle erwidert hat. Von Jesu Seite seien es nur »familiaritas«, »Brüderschaft«, »tägliche Gemeinschaft« und »Vertraulichkeit« gewesen.[164] Auch feministische Theologinnen bleiben meist auf der Hälfte des Weges stehen. Jesus habe Maria Magdalena zwar »angefasst, vielleicht umgefasst«, sie habe »Nähe, Berührung handgreiflich gespürt«, habe »das Heil« und »sich wohl« in einem gefühlt, habe sich ganz »hingegeben«, sich ganz »ausgeliefert«, aber das »menschliche Grundbedürfnis nach Erotik« werde »durch das Neue Testament nicht befriedigt«, was wohl heißen soll, dass Jesus die Liebesakte der Maria Magdalena nicht in gleicher Weise beantwortet hat.[165] Selbst der wohl kritischste protestantische Bibelforscher des 19. Jahrhunderts, David Friedrich Strauss, bezeichnete diese außergewöhnliche Frau als »halbrasendes Weib« mit Liebesvisionen.[166] Allenfalls als geistliche Braut Christi, verlobt, aber nicht verheiratet mit Jesus, in einer versprochenen, aber noch nicht vollzogenen Ehe mit ihm lebend, sieht man sie heute in nicht ganz so verklemmten christlichen Kreisen – wie schon früher bei manchen Vertretern christlich-esoterischer Mystik.

Andererseits gibt es eine Reihe von Büchern, die weit über das hinausgehen, was wir in den Texten wissenschaftlich und psychologisch verantwortbar als erotische Beziehung zwischen Jesus und Maria Magdalena deuten können. Unüberboten in dieser Hinsicht ist bisher Barbara Thiering mit ihrem Buch »Jesus von Qumran« (Gütersloh 1993). Sie weiß genau, dass Jesus mit dieser Frau verheiratet war, gibt sogar das Verlobungs- und Heiratsdatum präzise an und hat auch Kenntnis davon, dass Maria Magdalena, nachdem sie Jesus eine Tochter und zwei Söhne geboren hatte, auf und davon ging, so dass Jesus frei war, sechs Jahre später eine Geschäftsfrau namens Lydia erneut zu ehelichen.

Umgekehrt wirken »seriöse« Jesus-Bücher der Gegenwart, die Jesus um jeden Preis aus einer erotischen Verbindung mit Maria Magdalena heraushalten möchten, am Ende lächerlich. So wenn etwa A.

N. Wilson in seinem Buch »Der geteilte Jesus« (München 1993) behauptet, der Fremde am Grabe Jesu, den Maria Magdalena zunächst für den Gärtner hielt und dann als ihren geliebten Meister erkannte, sei lediglich Jesu Bruder gewesen, »der ihm sehr ähnlich war«. Als ob eine wirklich Liebende nicht sofort die kleinsten Unterschiede zwischen ihrem Geliebten und einem ihm nur ähnlich Sehenden bemerken würde!

Demgegenüber sei nochmals konstatiert: Alles, was wir den Evangelien entnehmen können, deutet in die eine Richtung, lässt nur den einen Schluss zu, dass Maria Magdalena die wahre Geliebte des Meisters, seine große Liebe, seine Hauptfrau war. Seine einzige Frau allerdings war sie wohl nicht. Das fällt heutigen Christen nur deshalb so schwer zu glauben, weil sie immer noch in den Fesseln einer schon fast zweitausend Jahre lang wirkenden sexualfeindlichen, sexualrepressiven Indoktrination stecken.

Bereits in der fantasievollen Vision Jesu, wie sie im oben behandelten Gleichnis von den klugen und den törichten Jungfrauen zum Ausdruck kommt, sieht sich der Meister gern von einer ganzen Schar ihn liebender Frau umgeben und verwöhnt. In effektvoller Weise ist dieses »Gleichnis« in einem geradezu weltgeschichtlichen Ausmaß dadurch Wirklichkeit geworden, dass jede der Millionen katholischer Nonnen in Vergangenheit und Gegenwart von der Amtskirche ganz offiziell zur »Braut Christi« geweiht wird. Bei dieser Weihe (Konsekration) geht es tatsächlich wie bei einer Eheschließung zu. Der Bischof weiht für die Nonnen Brautschleier, Ring und Kranz und verhüllt sie mit dem Schleier, um ihre totale und exklusive Hingabe an Christus zu symbolisieren. Während dieser Zeremonie singt der Chor: »Mein Gott Jesus Christus hat mich als seine Braut mit dem Kranz geschmückt«, und der Bischof betet für die Nonne, die »sich der Brautkammer dessen weiht, der so ewiger Jungfräulichkeit Bräutigam ist wie auch ewiger Jungfrauschaft Sohn«.

Es ist wohl eine der groteskesten Ironien der Religionsgeschichte, dass die Kirche, die ihrem Stifter Jesus jede Erotik und Sexualität, jedes Liebesleben starrköpfig abspricht, ihm zugleich den *größten Harem von Bräuten* beschert, den die Menschheitsgeschichte kennt; dass diese Kirche die Polygamie rigoros verbietet, alle Liebe zwischen Frau und Mann absolut einseitig und ausschließlich auf die Einehe hin konzentriert und kanalisiert, während sie ihrem Meister eine Vielehe allergrößten Ausmaßes zumutet und den Abertausenden von Ordensschwestern befiehlt, einen Mann zu lieben, der schon durch derart viele Ehebande vergeben ist. Beabsichtigt oder nicht, die Kirche öffnet damit auch alle Schleusen für die erotisch-sexuellen Fantasien, die sie sonst entschieden bekämpft. Denn natürlich imaginieren dann Nonnen, wie ihr kirchlich zugestandener Bräutigam quasi leibhaftig zu ihnen in ihre einsame Zelle kommt: sie berühren, umarmen, küssen und liebkosen ihn; ja manche koitieren sogar mit dem Seelenbräutigam, zeigen mitunter Symptome einer Schwangerschaft, pressen in selbstvergessener, rauschhafter Ekstase ihre Lippen an seine Wundmale und trinken vampirisch sein Blut. Viele Biographien und zahlreiche Autobiographien können das mit intimsten, aber auch massivsten Details belegen.[167]

Nun, dieser gewaltige Jesus-Harem aus Bräuten Christi wurde erst in der »Zeit der Kirche« Realität. Jesus selbst musste sich in der kurzen Zeit seines Erdendaseins mit einer kleineren Schar von Frauen begnügen, wenngleich es für den Evangelisten immerhin schon »viele Frauen« (Lk. 8,3) waren. Doch Lukas hatte selbstverständlich noch keinerlei Ahnung von dem, was eine hierarchisch-totalitär organisierte Kirche so alles auf die Beine stellen kann.

16. Eine reiche Lady in der Liebeskommune Jesu

Einige von den reichen, vermögenden Frauen Jesu sind namentlich aufgeführt. Gleich nach der Lieblingsfrau Maria Magdalena nennt das Lukas-Evangelium Johanna, die Frau des Chusa, also die Gemahlin eines reichen und mächtigen Mannes, der Statthalter und Finanzminister des Königs Herodes war. Auch Johanna ist also keine arme Straßendirne, kein gefallenes Mädchen, sondern eine Dame der feinen, ja allerfeinsten Gesellschaft. Wer da »Jesus in schlechter Gesellschaft« sieht, liegt einfach falsch. Der angebliche Freund der Dirnen war in Wirklichkeit vornehmlich ein Freund der feinen Ladies, ein Superstar in einem erlesenen Damenzirkel.

Die dramatische Geschichte der Johanna dürfte auch eine Romanze mit Jesus beinhalten, vielleicht sogar mehr.

Nur eine unerhört verliebte Frau wird alles aufgeben und dem Einzigartigen, einzigartig Geliebten auf Gedeih und Verderb folgen, wohin er auch geht. Johanna hat wahrscheinlich mehr aufgegeben als all die anderen Jüngerinnen und Freundinnen Jesu. Sie führt mit ihrem Mann ein luxuriöses Leben am Hof des Königs Herodes Antipas und genießt dessen glänzende Hofhaltung in seiner Residenz Tiberias am See Genezareth. Sie könnte auch Zeugin seiner Exzesse geworden sein, wenn sie miterlebt hat, wie er den Wunsch der Herodias, seiner Nichte und Schwägerin, erfüllt, die er seinem Halbbruder Philippus weggenommen und für die er seine erste Frau verstoßen hat. Der Wunsch bezieht sich auf das Haupt Johannes des Täufers: die blutige Schüssel mit dem abgehauenen Kopf wird der Hofgesellschaft, in der sich vielleicht auch Johanna befindet, präsentiert (Mk. 6,17-29; Mt. 14,3-12). Tanz und Tod – welch makabre Verbindung. Der die Sinne betäubende Tanz der Tochter der Herodias vor Herodes, seinen Gästen und Hofleuten hatte den König willfährig gemacht, den Wunsch der Mutter des Mädchens zu erfüllen.

Irgendwann erfolgte der jähe Bruch in Johannas Leben. Sie verlässt ihren Gatten, ihr Haus und den königlichen Hof mit seiner verschwenderischen Atmosphäre der lasziven »höheren« Kultur, der sich über alles hinwegsetzenden Willkür und Überheblichkeit, der hemmungslosen Lüste und Gelüste. Sie verzichtet auf das Bedientwerden durch eine Schar von zu allen Diensten bereiten Sklavinnen und Sklaven. All das gibt sie auf, um einem »Herumtreiber« zu folgen, der am königlichen Hof als Staatsverräter gilt und mit dem sie, die Hofdame, die Frau eines Ministers, sich bedingungslos solidarisiert was auch für sie selbst nicht ungefährlich ist. Sie lässt alles stehen und liegen, um mit diesem Mann zusammen zu sein! Nur in seiner unmittelbaren Nähe möchte sie noch leben, kann sie sich ihr Leben noch vorstellen.

Man vergisst dabei oder sieht geflissentlich darüber hinweg, dass all das ein skandalöser Vorgang gerade für ein gut bürgerliches, staatstragendes Christentum ist. Wir haben uns daran gewöhnt, dass die Jünger Weib und Kind verlassen, wenn Jesus sie ruft. Aber eine verheiratete Frau? Stünde die Geschichte der Johanna nicht im Evangelium und wäre diese Frau in unsere Zeit versetzt, würde Mann und Kind verlassen, um einem Sekten-Guru anzuhängen, dann hätten die Sektenbeauftragten der beiden christlichen Großkirchen wieder ein willkommenes Beispiel, um das Asoziale, die Gesellschaft und die Familienbande Auflösende der neuen religiösen Bewegungen zu brandmarken. So aber müssen sie sich ungeheuer verrenken und den Finanzminister des Herodes, ihren Mann, als schon verstorben und sie selbst als Witwe hinstellen. Da bleibt »eine ehrenwerte Witwe übrig, die ihre überschüssigen Kräfte in den Dienst der Kirche stellte und dem christlichen Frauenmodell aller Zeiten entsprach«.[168] Den Zündstoff von Johannas Gschichte hat man auf diese Weise elegant eliminiert: Nur von einer »Witwe« des Chusa ist nicht die Rede, das Lukasevangelium spricht brüsk von der »Frau des Chusa«. Offensichtlich haben wir hier einen Skandal, den man in Kirchenkreisen bis zum heutigen Tag möglichst vertuscht. Es ist sogar ein größerer Skandal als die vielzitierten Sünderinnen und Ehebrecherinnen der Evangelien. Bei ihnen hat man sich längst daran gewöhnt, dass der Göttliche sich zu ihnen herabneigt und ihnen Vergebung erteilt.

Man muss sich hier aber auch vergegenwärtigen, was Jesus da tut. In der römischen Kirche ist eine Frau, die sich von ihrem Ehemann trennt, um mit einem anderen Mann zu leben, exkommuniziert, vom Empfang der heiligen Sakramente, die Jesus doch angeblich alle eingesetzt hat, ausgeschlossen. Und Jesus selbst wäre es auch, da er offenbar nichts Anstößiges daran findet, diese Ehebrecherin in seine Lebens- und Liebesgemeinschaft aufzunehmen. Kein Wunder, dass man sich in den hohen Rängen der kirchlichen Hierarchie gelegentlich mit dem Verdienst brüstet, Leben und Lehre des Meisters auf ein sozial erträgliches und verträgliches Maß zurechtgestuft zu haben.

Das »gesunde Volksempfinden« steht in diesem Fall unbestreitbar ebenfalls auf der Seite der Kirche und des gehörnten Ehemannes. Für die bürgerliche Konvention ist es nicht nachvollziehbar, warum eine Frau das gesicherte Wohlleben an der Seite eines prominenten, über Macht und Einfluss verfügenden Mannes einfach aufgibt und ein völlig ungesichertes, ungeordnetes Leben in Partnerschaft mit einem arbeitsscheuen Nichtsnutz vorzieht, dem seine Feinde Zügel- und Gesetzlosigkeit vorwerfen. Da regt sich sofort ein Rezensent in der »Frankfurter Allgemeinen« über die »Erfindung« einer Jüngerin Johanna auf,[169] hebt ein Schönredner, wie der »Wort zum Sonntag«-Prediger Jörg Zink, die Sache ins rein Geistig-Sublime und Spirituell-Ethische hinauf. Er muss zwar zugeben, dass Johanna »ihren Mann stehenließ« und »mit Jesus zog«, merkt aber an, dass sie dies nur deshalb tat, um gerade nicht mehr »die Frau eines Mannes«, vielmehr einfach nur »ein eigener Mensch«, eine Frau für sich zu sein.[170] Eine »ehemüde Hausfrau« nennt daher eine feministische Theologin abschätzig die Johanna des schwäbischen Pfarrers Zink.[171]

Aber den eigentlichen und nächstliegenden Grund für den Bruch in Johannas Leben wollen weder konservative Kirchenleute noch »progressiv-kritische« Theologinnen und Theologen sehen. Dabei fordert jede psychologische Analyse des Vorgangs: Nur das volle Potenzial der Sinnlichkeit, der erotisch-sexuellen Anziehung wird der Liebe einer Frau zu einem Mann jene radikale Zuspitzung verleihen, die zum – aus der Perspektive der Wohlanständigkeit – Sprung ins Nichts antreibt. Und diese Liebe der Johanna zu Jesus kann nicht ohne Erwiderung geblieben sein, sonst wäre eine solche Frau gewiss nicht bei ihm geblieben. Man denke doch bloß an das politische Risiko, das sie wegen ihrer ehemaligen Stellung am Königshof mehr als die anderen Frauen der Jesus-Kommune zu tragen hatte, und daran, dass sie diese Gemeinschaft und ihren Geliebten mit ihrem Vermögen dauerhaft und kräftiger unterstützte als wahrscheinlich alle anderen Mitglieder zusammengenommen. Sie blieb bei ihm, hielt dem Geliebten die Treue bis zum Kreuz, bis zu seiner Kreuzigung und über seinen Tod hinaus. Berichtet doch das Lukasevangelium von Visionen der Auferstehung Jesu nicht bloß bei Maria Magdalena, sondern auch bei Johanna (Lk. 24,1-11). Hier gilt also nochmals, was wir schon bei der Ersteren über die enorme Einbildungskraft einer wirklich mit allen Kräften Liebenden gesagt haben, nämlich dass sie einen Toten zu neuem Leben erwecken kann. Dann verliert, um es biblisch zu sagen, selbst der Tod seinen Stachel. Aber wir sollten nicht so tun, als ob intelligente Frauen wie Johanna und Maria Magdalena so schüchtern und unreif gewesen wären, dass sie sich mit einer einseitigen, ohne Erwiderung durch den Mann Jesus verbleibenden, halbe Liebe zufriedengegeben hätten. Das widerspräche nu wirklich aller psychologischen Logik.

Gewiss, Johanna wurde – ähnlich wie die Maria aus Magdala – von Jesus geheilt, »von bösen Geistern und Kräften« befreit (Lk. 8,2). Aber das erklärt bei beiden Frauen ihre Dankbarkeit, nicht jedoch das Übermaß ihrer bedingungslosen Hingabe und Liebe. Schließlich heilte Jesus auch andere Frauen, die ihm trotz ihrer Dankbarkeit nicht nachfolgten, sondern zu Hause blieben.

Für Jesus selbst gibt es gleich ein paar Motive, um diese Frau Johanna zu lieben. Er hat, wir erwähnten es schon, eine Schwäche für vornehme und vermögende, durch ihren Reichtum unabhängige und selbständige Frauen, die seine Bewegung und ihn persönlich finanziell unterstützen und durch ihr Renommee in der Gesellschaft den sozialen Status seiner Gruppe erhöhen können. Jesus war zwar kein armer Prolet, wie das gewisse Richtungen in der Kirche aus durchsichtigen Gründen gern behaupten. Wahrscheinlich war er Zimmermann wie sein »Vater« Joseph. Und der Beruf des Zimmermanns galt unter allen Handwerkern im antiken Palästina als der bedeutendste, vornehmste. Wir dürfen also soziologisch Jesus mindestens der unteren Mittelschicht der damaligen Gesellschaft zurechnen. Trotzdem musste es für ihn und seine Bewegung, die aus Handwerkern und Abhängigen bestand, ein erhebendes Gefühl gewesen sein, dass nun plötzlich die Frau eines Ministers des Königs Herodes, eine vornehme Dame aus der feinen Hofgesellschaft, im Gefolge zu finden war. Das verlieh Ansehen und Glanz. Schatzmeister Judas dürfte sich ebenfalls gefreut haben. Ein gewisser gehobener Lebensstil in der Jesusbewegung ist vor allem ihr zu verdanken. Die Überlieferung schreibt ihr auch den Kauf des teuren Gewandes zu, das Jesus trägt und das die römischen Soldaten bei dessen Kreuzigung dann teilen; ebenfalls den Erwerb der kostbaren Salben zur Einbalsamierung seines Leichnams und die Anmietung der Räume für das berühmte letzte Abendmahl.

Für den Zimmermann aus Nazareth muss es sehr viel interessanter gewesen sein, mit seinem Tiefsinn und seiner Eloquenz vor einer gebildeten Frau brillieren zu können als vor den Bauern und Fischern vom See Genezareth. Immer wieder wirft diesen der Meister ja vor, schwer von Begriff zu sein: »Augen habt ihr und seht nicht, Ohren habt ihr und hört nicht« (vgl. Mk. 8, 17f., 21), und er fragt sie wieder: »Begreift ihr immer noch nicht?«. Da war Johanna aus ganz anderem Holz geschnitzt, nicht »ungelehrt«, »unbeholfen«, »ungebildet« wie Petrus, Johannes und die anderen Jünger (Apg. 4,13), sondern die Inspirationen des göttlichen Mannes sofort aufnehmend und verstehend. Bei ihr fühlte Jesus die gleiche Schwingung, die gleiche Wellenlänge, den Gleichklang der Herzen, auch wenn er bei alledem seine Überlegenheit als Mann und Belehrender nie ganz aufgab. Seine Sympathie mündete ein in eine zärtliche, liebende Zuwendung zu Johanna, die wohl gleich nach Maria Magdalena den zweiten Platz in dem weit geöffneten Herzen Jesu einnahm.

17. Zwei Schwestern – Rivalinnen im Ringen um die Gunst des Meisters

Zu den vermögenden, finanziell unabhängigen Jüngerinnen und Partnerinnen Jesu gehörten auch Martha und Maria von Bethanien, die Schwestern des Lazarus, den Jesus nach dem Johannesevangelium von den Toten wieder zum Leben auferweckt haben soll (Joh. 11,1-46). »Jesus liebte Martha und ihre Schwester Maria ...« (Joh. 11,5). Im großen Haus dieser beiden Frauen fühlt Jesus sich besonders wohl: Martha verwöhnt ihn mit feinen Speisen und jeglicher Dienstbarkeit rund um sein leibliches Wohl; Maria aber macht etwas, das dem Meister noch viel mehr gefällt: sie kauert, ganz Hingabe und restlose Vertrauensseligkeit, zu seinen Füßen und hat nur ein Ohr für den predigenden Guru. Jesus hat es gern, wenn man ihn voll akzeptiert, konzentriert, alles andere vergessend und aufgebend, seine Worten lauscht. Darum lobt er die Maria von Bethanien, die – auch in ihrer körperlichen Haltung – ganz Unterwerfung unter seine Botschaft ist, während ihre

Schwester Martha unruhig im Haus herumläuft, ständig in Sorge, es könnte dem geliebten Gast an irgendetwas fehlen. »Maria hat den besten Teil erwählt« (Lk. 10,42), sagt der Meister zurechtweisend zu Martha und denkt mit diesem Ausspruch wohl auch daran, dass er der Maria eben Anteil an sich selbst, dem göttlichen Mann, der Erscheinung des Göttlichen auf Erden gewährt. Aber auch von Martha erhält Jesus das volle Bekenntnis zu seiner Göttlichkeit. Jesus großspurig: »Ich bin die Auferstehung und das Leben ... Glaubst du das?« Und Martha haucht hingerissen: »Ja, Herr, ich glaube« (Joh. 11,26f).

Schwester Maria aber kauert nicht bloß demütig und verlangend vor dem sitzenden Meister, wenn der im Haus der beiden Schwestern zu Besuch weilt, sie rennt ihm auch hastig entgegen, wenn sie nur hört, dass er im Anmarsch ist, und wirft sich ihm auf offener Straße zu Füßen (Joh. 11,32)! Jesus registriert's mit Genugtuung, hat jedenfalls nichts dagegen, sonst müsste doch darüber etwas bei den Evangelisten stehen. Aber kein Wort darüber, dass er ihr Verhalten, ihre tiefen Demutsgebärden in irgendeiner Weise tadelt. Im Gegenteil: »Maria hat den besten Teil erwählt.« Wie feministische Theologinnen auch im Verhältnis zwischen dieser Maria und Jesus etwas die Frauen Befreiendes, eine neue gleichberechtigte Beziehung zwischen Frau und Mann sehen können, ist schleierhaft und nebulös. Was Nietzsche mit hemmungsloser Übertreibung von allen Frauen sagt, passt jedoch bestimmt auf jene Maria von Bethanien: »Das Glück des Weibes heißt: er will. ›Siehe, jetzt eben ward die Welt vollkommen!‹ also denkt ein jedes Weib, wenn es aus ganzer Liebe gehorcht.«[172]

Es ist interessant zu beobachten, dass fast immer dann, wenn äußerste Glaubensbereitschaft, höchstes Glaubensrisiko gefragt und gefordert ist, wie das beim Glauben an die schlechthin unmöglich erscheinende Auferstehung der Leiber ja der Fall ist, Frauen in den Evangelien eine derart dominierende Rolle spielen. So war es, wie wir sahen, mit Maria Magdalena, der Erfinderin und ersten Verkünderin der Auferstehung ihres geliebten Meisters. So ist es bei der Auferweckung des Lazarus durch Jesus (Joh. 11,1-46). Martha und Maria, die beiden Schwestern des Lazarus, sind es hier, von denen Jesus den Glauben an die Auferstehung und an seine göttliche Auferweckungsmacht als Bedingung der Erweckung ihres Bruders von den Toten verlangt. »Habe ich dir nicht gesagt: Wenn du glaubst, wirst du die Herrlichkeit Gottes schauen?«, so Jesus zu Martha (Joh. 11,40). Es scheint, dass der Meister besonders gern seinen Mund göttlich voll nahm, wenn Frauen in seiner Nähe waren. Von ihnen wusste er als glänzender Rhetoriker, dass sie bei seinen hoheitsheischenden Sprüchen an seinen Lippen zu hängen pflegten. Die Jünger begriffen immer viel zu langsam, welch göttliche Größe da vor ihnen stand.

Im Maria-Martha-Verhältnis Jesu ist aber auch etwas Neues enthalten. Da haben die Theologen schon recht – nur dass dieses Neue nicht ganz neu ist und sich nicht, wie sie gern möchten, auf die Gleichstellung der Frau durch Jesus bezieht. Relativ neu im Vergleich zum zeitgenössischen Judentum ist das Lob Jesu für die meditative, kontemplative Maria im Gegensatz zur dienenden, für das leibliche Wohlergehen ihres Herrn sorgenden Martha. »Bis heute hat sich in observanten jüdischen Kreisen die Vorstellung erhalten, dass eine Frau, die einem Schriftgelehrten, einem Rabbi, treu dient, dadurch an den Verdiensten teilhat, die er sich durch sein Studium für die Ewigkeit erwirbt. Die Jüngerin aber, die nur den Worten des Meisters lauscht, ist ungewöhnlich, wenn auch nicht ohne Parallele. Man denke nur an Beruria, die gelehrte Frau des Rabbi Meir. Aber Erscheinungen dieser Art blieben Ausnahmen, übrigens auch im Kreise Jesu.«[173] Klar, denn der predigende Jesus und die ergeben lauschende Maria wären bald verhungert, wenn die »dienenden« Frauen nicht für den finanziellen Unterhalt und das leibliche Wohl der beiden aufgekommen wären. Der größte deutsche Mystiker des Mittelalters, Meister Eckhart, von der Kirche als Ketzer verdächtigt, übte daher auch Kritik an der Maria von Bethanien: »Wir haben sie in Verdacht, die liebe Maria, sie sitze etwas mehr aus Lust dort als zu geistiger Förderung. Drum sagt Martha: ›Herr, laß sie aufstehen!‹, denn sie fürchtete, daß Maria in solcher Lust verharren möchte und nicht vorwärts käme.«[174]

18. War Jesus kein Demokrat? War er Verfechter eines Systems von Herren und Knechten?

Jesus ist tatsächlich nicht konsequent, denn die kontemplativen Frauen preist er, die dienenden aber braucht und benutzt er. Das Ideal, die exklusive Rolle der allein der Meditation hingegebenen, praktisch nichts tuenden Frau ist in der ganzen gesellschaftlichen Breite auch gar nicht realisierbar, gar nicht durchhaltbar. Das muss auch Jesus wissen, zumindest beweist er es durch sein von den Evangelisten geschildertes Verhalten, da er sich ja von den nicht-kontemplativen Frauen weiterhin bedienen, weiterhin finanziell aushalten lässt und ihnen ihr dienendes Tun keineswegs verbietet. Jesus nimmt also mit der Maria von Bethanien und einigen anderen Frauen paradiesische Zustände des höheren Stimmungen gewidmeten Nichtstuns vorweg. Aber das geschieht auf Kosten der arbeitenden Frauen, die die soziale Unterschicht in seiner Werte-, Liebes- und Lebenshierarchie bilden. Ein paar elitäre Frauen oben, die Masse der Frauen unten! Er natürlich unangetastet ganz oben und über allen.

Und diese Inkonsequenz Jesu hat wiederum auch Konsequenzen in geradezu weltgeschichtlichem Maßstab gehabt. Denn nicht einmal in Tausenden und Abertausenden von katholischen Nonnenklöstern in Vergangenheit und Gegenwart wurde die Gleichberechtigung der Frauen, die Gleichheit aller Ordensschwestern vor Gott, Christus und der Kirche realisiert und praktiziert. Vielmehr waren überwiegend die höheren Grade von den gebildeten, reichen oder adligen Frauen besetzt, die sich der Kontemplation widmen durften, während aus den unteren Schichten die niederen Grade stammten, die praktische Dienste verrichtenden Küchen-, Garten-, Putz-, Krankenschwestern. Und diese niederen Kategorien von Schwestern hatten den höheren zu dienen und ihre Anweisungen zu befolgen. Ganz abgesehen davon, dass die dienenden Nonnen zu doppelter Untertänigkeit verurteilt sind: Sie müssen ja nicht bloß den Nonnen höheren Grades gehorsam dienen, sondern obendrein den geistlichen Herren, die als Beichtväter, Aufseher, Betreuer, auch als Vormünder bei allen wichtigeren Rechtsgeschäften der klösterlichen Frauengemeinschaften fungieren. Als »die schlimmste religiöse Barbarei unserer Zeit« bezeichnet denn auch ein katholischer Bestsellerautor die Situation der weiblichen Orden in der Kirche[175], und ein ehemaliger Kirchenrechtler nennt die Geschichte der katholischen Frauenklöster eine »Geschichte der Ausbeutung religiöser Gefühle«[176]. Ihnen würden noch immer »nicht mehr Rechte eingeräumt als Kindern und Schwachsinnigen«, kritisiert ein katholischer Insider.[177]

Es ist nachgerade unvorstellbar, was die Hierarchen der Kirche im Laufe der Jahrhunderte an billigsten Arbeitskräften rekrutiert haben, indem sie Frauen und Männern vorgaukelten, dass diese durch ihre dienende Arbeit im Kloster Verdienste für die Ewigkeit ansammeln würden. Die höhere Schicht der edlen Klosterfrauen und Ordenspriester, der Matres und Patres hatte diese Mühsal nicht nötig; im Unterschied zu den ungebildeten Klosterschwestern und Ordensbrüdern nahmen sie in ihren kontemplativen Zuständen schon auf Erden die Anschauung Gottes durch die seligen Geister des Himmels vorweg. Es war und ist geradezu Zynismus, dass der dienenden, schuftenden, schwitzenden, gedemütigten Unterschicht in den Klöstern trotzdem bei jeder Gelegenheit unter die Nase gehalten wurde, dass der kontemplative Stand in der Kirche selbstredend der höhere und wertvollere sei. Keiner lässt sich so gut beherrschen wie der, dessen Selbstwertgefühl man vorher niedergetreten hat!

An alledem ist auch Jesus nicht ganz schuldlos, denn das Zweiklassensystem von Kontemplativen und praktische Dienste Verrichtenden deutete sich auch schon in der ursprünglichen Jesus-Bewegung an.[178] Bei den reichen Frauen war es allerdings meistenteils wohl das Geld ihrer Männer, das sie ihm zur Verfügung stellten, nicht unbedingt das Geld, das sie selbst erarbeitet hatten. Aber ihnen befahl Jesus ja auch nicht zu arbeiten. Wenn sie für ihn kochten, für sein leibliches Wohl sorgten, taten sie es völlig freiwillig, aus glühender Liebe.

Es besteht keine Notwendigkeit, sich das Leben in der ursprünglichen Jesus-Gemeinde sehr viel anders als in den neuen religiösen Sekten vorzustellen. In den meisten, ganz besonders deutlich beim Rajneesh Bhagwan in Poona und Oregon, bei Sri Muktananda in Ganeshpuri oder bei Reverend Mun: ein Kreis reicher, gebildeter, dem Guru total und in jeder Hinsicht ergebener Frauen um ihn herum. Dann ein äußerer, dem Guru nicht so nahestehender Kreis dienstbarer Geister weiblichen und männlichen Geschlechts, die dafür sorgen, dass es dem innersten Kreis leiblich und materiell an nichts fehlt, denn es wäre doch furchtbar, wenn die Spiritualität, der spirituelle Energiefluss, der von diesem Kreis auf alle überfließt, versiegen würde, nur weil die zu ihm Gehörenden gezwungen sind, die banalen Alltagsgeschäfte auch noch selber zu verrichten. Das Ziel aber, das allen vor Augen gestellt wird, ist überall von derselben ideologischen Suggestionssorte: Du hast als Frau einzig und allein dann die Chance, zu deinem Selbst zu finden, »ein eigener Mensch zu werden«, wenn du die engste Gemeinschaft mit dem »zärtlichen Jesus«[179] oder mit dem dich liebenden Bhagwan oder mit sonst einem Guru suchst und realisierst.

19. Der Gegensatz zwischen jesuanischem und katholischem Zölibat, zwischen jesuanischer und kirchlicher Ehe- und Familienethik

Die römisch-katholische Kirche, die ihren Priestern, ihren Nonnen und Mönchen das Zölibat und die absolute sexuelle Enthaltsamkeit auferlegt, stellt ihren auf diese Weise elitär herausgehobenen Dienern und Dienerinnen stets einen Jesus als Vorbild vor Augen, der ein vollkommen asexuelles Leben geführt habe. Aber zwischen den Anschauungen und der Lebensweise Jesu und der christlichen Urgemeinde einerseits und der Zölibatsideologie der Kirche andererseits klaffen Welten. Stellen wir uns einmal eine Rede vor, die der Apostel Petrus seinem fiktiven Nachfolger Johannes Paul II. hält.[180] Da würde der vorgebliche erste Papst Petrus zu Wojtyla über die Problematik ausführen: »Ich wollte niemals groß hinaus. Und schon gar ein Papst, der Anführer von freiwilligen Eunuchen, von zum Zölibat verdonnerten Klerikern zu werden, wäre mir nicht einmal im Traum eingefallen. Ich war ja auch gar kein Priester, habe mich nie als Priester empfunden ... Abgesehen von der Tatsache, dass ich nie in Rom war und ihr einen Aufenthalt in Rom erfunden habt, um euch als meine legitimen Nachfolger in Szene zu setzen, dass es jahrhundertelang im Frühchristentum gar kein Papsttum gab, ganz abgesehen von alledem wäre ich doch nie für ein Zölibatsgesetz eingetreten. Es war nicht so, dass ich – obwohl verheiratet nach dem Ruf des Meisters nur noch als Propagandist der Sache unterwegs war und alles, auch meine Frau, für immer aufgegeben hätte. Mein alter Freund Paulus, der praktisch alles, woran Jesus und wir Jünger in Israel geglaubt haben, verfälscht hat, ist da weiß Gott ehrlicher und näher an der Wahrheit als ihr, wenn er mal fragt, ob er denn nicht wie Petrus und die anderen Apostel bei seinen Missionsreisen auch ein Weib mitführen dürfe. Nein, mein lieber Wojtyla, der Chef hatte nun wirklich nichts dagegen, dass wir – wenn sich die Gelegenheit dazu ergab – zu unseren Frauen heimkehrten. Er selbst war zwar nicht verheiratet, aber er fand gar nichts Negatives daran, mit einer der vielen Frauen, die mit uns zogen, gelegentlich zu schlafen. Das war für ihn nichts Gemeines, Böses, sittlich Häßliches; es war das Natürlichste von der Welt. Die geschlechtliche Ergänzungsbedürftigkeit der Menschen ist doch in der Schöpfung nicht ohne Absicht grundgelegt.

Gerade in dieser Hinsicht war der Chef nun wirklich kein Moralapostel. Es wäre für einen Menschen, den ihr ja erst zu Gott gemacht habt, auch gar nicht möglich gewesen. Gab es doch sehr anziehende Frauen unter denen, die ihn mit ihrem Vermögen unterstützten und fast ständig um ihn herum waren. Und er war ein Mann, kein sinnenfeindlicher Asket! Was hat er nicht alles gegeißelt und verurteilt, aber wo findet ihr denn bei ihm die Verdammung der Geschlechtslust? Das mit dem Blick auf eine Frau, der bereits Ehebruch bedeuten soll, hat er so nicht gesagt. Das müsste ich doch am besten wissen, das ist ihm von den Evangelisten in den Mund gelegt worden, übrigens wie die gesamte Bergpredigt, die er so nie gehalten hat, was euch übrigens die voneinander abweichenden Versionen im sogenannten Matthäus- und Lukasevangelium demonstrieren können.

Aber was habt ihr gemacht? Ihr habt das Natürliche vergiftet, das ›böse‹ Fleisch verteufelt und auf Scheiterhaufen verbrannt. Ich bin kein Philosoph, aber auf so etwas wäre ein bodenständiger Jude wirklich nicht gekommen. Das fing erst bei Paulus an, der seine hebräischen Wurzeln längst im Hellenismus vergessen hatte und ständig den konstruierten Zwiespalt zwischen einem körperlosen Geist und einem geistlosen Leib hervorkehrte. Ihr Päpste habt diese Art Leib- und Naturfeindlichkeit dann ins Maßlose gesteigert, obwohl ihr ja viele in euren Reihen beherbergt, die die offiziell verhetzte Geschlechtlichkeit auf schamloseste Weise auskosteten. Aber vielleicht musste das Pendel bei ihnen wie überhaupt bei vielen zum Zölibat verurteilten Priestern so ausschlagen, denn das tausendfach Verbotene, mit Hunderten von Einschränkungen Versehene reizte ja besonders! Die ›giftigen Früchte‹ – man musste sie doch probieren.

Ihr Päpste habt also den Priestern – leider auch in meinem Namen – ein Gesetz auferlegt, das niemand halten kann, wenn er normal veranlagt ist. Ihr habt das aus Machterhaltungsgründen getan, weil ihr glaubt, dass die Masse sich lieber von Leuten führen lässt, die als Beherrscher der Triebe, als Erhabene über das Irdische und die böse Fleischeslust gelten. Aber das imponiert heute noch kaum jemand. Die Menschen hassen vielmehr die Heuchelei, die keusche Fassade, hinter der das von euch erlassene Verbot umso ungestümer gebrochen wird, und zwar von Priestern aller Hierarchiestufen.«

Soweit Petrus. Wären Päpste Argumenten zugänglich, dann würden sie sofort den Zölibat abschaffen, aber einen solchen Verrat am „Geist" seiner Institution kann sich weder die Institution noch ihr Chef leisten. Es findet allerdings allen Verboten der Amtskirche zum Trotz bereits eine starke Annäherung zwischen dem jesuanischen »Zölibat« und der von katholischen Priestern faktisch gelebten Ehelosigkeit und »Enthaltsamkeit« statt. Nach neueren Untersuchungen haben etwa 20 Prozent der katholischen Priester eine mehr oder weniger stabile sexuelle Beziehung zu einer Frau oder aufeinanderfolgende Beziehungen mit verschiedenen Frauen, weitere 8 bis 10 Prozent der Priester befinden sich in einer Phase heterosexueller Sondierungen mit oft zufälligen Sexualkontakten. In Deutschland, so der »Spiegel« im Anschluss an Insiderberichte, habe »jeder dritte Geistliche ein Verhältnis. In der Bundesrepublik leben demnach me als 6.000 Frauen mit Priestern zusammen«.[181]

Der Protest gegen das Zölibatsgesetz der Amtskirche, die Forderung, es doch endlich aufzuheben, wird heute den Priestern auch gar nicht mehr so lauthals erhoben wie noch vor einigen Jahrzehnten, als es noch mehr im Dienst befindliche Kleriker gab und die Bischöfe daher bei Übertretungen dieses Gesetzes schärfer durchgreifen konnten. Der Mangel an zur Verfügung stehenden Priestern bewirkt, dass sie deren sexuelle Kontakte mit Frauen stillschweigend und straflos dulden, ja selbst bei sexuellem Missbrauch von Kindern durch Geistliche deren Vergehen meist verharmlosen und mit der Bestrafung, wenn eine solche überhaupt erfolgt, sehr lange warten.[182]

Angesichts der großen Anzahl von Fällen sexuellen Missbrauchs von Kindern durch Pfarrer muss es den Kirchenfürsten fast schon als »Segen« erscheinen, wenn ihre Kleriker nur ganz normalen Sexualverkehr mit Frauen unterhalten. Sie selbst sind ja auch nicht immer Kostverächter. Die Lebensform der katholischen Geistlichen erinnert heute ein wenig an die Gebräuche des 18. Jahrhunderts. Man tritt in den Klerikerdienst ein, um sich den beschaulichen Dingen des Lebens wie Philosophie und Metaphysik materiell gesichert widmen zu können. Man muss weder an Gott glauben noch auf Sexualität verzichten – wenn man die Fassade wahren kann. Die Schwierigkeiten, Lasten, Querelen und Konflikte einer Ehe und Familie ersparen sich solche Charaktere – Kritiker würden sie vielleicht als religiöse Narzissten oder egozentrische Individualisten bezeichnen – natürlich unter dem rhetorischen Vorwand, ganz frei für die Sache Christi sein zu müssen. Unter dem Deckmantel des priesterlichen Wohltäters und Freundes lässt sich auch in der Liebe und Sexualität viel variabler und abwechslungsreicher agieren als in einer Ehe.

Vielleicht wird die wachsende Kirchenkritik sogar dazu führen, dass sich noch im Dienst befindliche Priester damit brüsten werden, zwar nicht »kirchenkonform« im Sinne der Einhaltung des Zölibatsgesetzes, wohl aber »jesuskonform« zu leben, weil doch auch Jesus selbst in sexueller Hinsicht sehr locker, ungebunden, frei und sorglos gelebt habe. Wenn erst einmal »progressive« Kirchenkreise die Tatsache der außerordentlich freien Lebensweise Jesu im Umgang mit Frauen entdecken, die sie heute noch strikt leugnen, dann bietet es sich geradezu an, ihr stark reduziertes Zölibat als vorbildlich zu rühmen, weil es doch dem Jesusideal so nahekommt.

Übrigens ist es nicht nur das Lukasevangelium, das von den vielen Frauen berichtet, die ständig um Jesus herum waren (Lk. 8,3). Auch das älteste Evangelium, das des Markus, spricht von den »vielen anderen Frauen«, die ihn auch auf seinem letzten Gang nach Jerusalem begleiteten, ihm bis zum Tod am Kreuz die Treue hielten (Mk. 15,41). Das Matthäusevangelium versäumt ebenfalls nicht, die »vielen Frauen« zu erwähnen, die mit Jesus aus Galiläa gekommen waren, »um ihm zu dienen« (Mt. 27,55). Das Lukasevangelium umschreibt dieses »Dienen« materieller: »um mit ihrem Vermögen für ihn zu sorgen« (8,3). Nur feministische Theologinnen sehen in diesem Dienen »keine erniedrigende Tätigkeit, sondern ein gegenseitiges Nehmen und Geben, ein sich Hingeben und sich gegenseitig Annehmen, einen Austausch von Liebe, Zärtlichkeit, Hilfe und Trost«.[183]

Kein Zweifel kann jedenfalls nach allem bisher Gesagten daran bestehen, dass die Jesus-Gemeinde im Unterschied etwa zu der sittenstrengen, frauenfeindlichen Qumrangemeinschaft eine freizügige »Liebeskommune« war, wobei Liebe hier keineswegs nur die von den Kirchentheologen allein konzedierte geistige Liebe, die »Agape«, allenfalls noch mit einem geringen Anteil strikt eingedämmter Zärtlichkeit, meinte, sondern ohne Einschränkung auch das erotisch-sexuelle Element einschloss. Man liebte miteinander und durcheinander, ohne sich an die Regeln und Normen der Einehe zu halten. Man könnte geradezu von einem »Liebesharem auf Reisen«, einem jesuanischen »Wanderharem« sprechen.

Aber hat Jesus die Einehe und ihre Unauflösbarkeit nicht auf das Entschiedenste verteidigt, und widerspricht diese Verteidigung nicht den obigen Ausführungen? In der Tat Jesus hat laut den Evangelien scharfe Worte gegen den Ehebruch ausgesprochen (Mt. 5,27f.) und verurteilt die Ehescheidung. Im Markus- und Lukasevangelium bedingungslos (Mk. 10,2-12; Lk. 16,18), bei Matthäus mit einer Ausnahme, der Unzucht: »Wer seine Frau entlässt, außer wegen Unzucht, und eine andere heiratet, begeht Ehebruch« (Mt. 19,9).

Es deutet aber alles darauf hin, dass Jesus auch in dieser Frage wie bei den oben behandelten Kontemplativen und praktisch Dienenden ein Zweiklassensystem vorschwebte: eine höhere Klasse der frei Lebenden und Liebenden und eine untere Klasse der Verehelichten. Wenn verheiratete Männer im alten Äon, in den alten Verhältnissen bleiben und ihm nicht folgen wollen, dann sollen sie gefälligst auch ihre Ehe aufrechterhalten und ihrer Ehefrau treu bleiben. Dann sollen sie sie auch nicht mir nichts dir nichts entlassen können. »Wenn ihr schon«, so könnte man die diesbezügliche Überzeugung des Meisters und seine fiktive Rede an die Ehemänner ausdrücken, »meinen Lebensstil nicht nachahmen wollt, diese freie, ungebundene, sorglose Lebens- und Liebesweise, wenn ihr eine einzige Frau ganz und gar für euch haben wollt, dann könnt ihr sie auch nicht ohne weiteres verstoßen, dann seid ihr nämlich mit ihr ein Fleisch, ein einziger Leib.«[184]

Jesus stellt stets den elitären Standpunkt heraus, auf dem er und seine Anhänger sich befinden. Darunter stehen diejenigen, die Jesus nicht unbedingt verachtet, für die er sogar bisweilen ein Gefühl des Mitleids aufbringt. Das sind die Menschen, die nicht oder noch nicht aus den alten Verhältnissen herauskönnen. Man denke an die Begebenheit mit dem reichen Jüngling. Jesus lädt ihn zur Nachfolge, zum Eintritt in seine Gemeinschaft der Auserwählten ein: »Willst du vollkommen sein, so geh hin, verkaufe, was du hast, und komm, folge mir nach!« (Mt. 19,21) Der junge Mann wollte nicht, »denn er hatte viele Güter« (Mt. 19,22). Dann gehört er zu der (niederen) Klasse derer, die wenigstens die Gebote halten sollen (Mt. 19,17-20). Auch diese Menschen können laut Jesus durch einen unverdienten Gnadenakt Gottes gerettet werden (Mt. 19,26).

Wir sehen also jeweils zwei Klassen in der Vorstellungswelt Jesu: oben die Kontemplativen, die frei und ungebunden Lebenden und Liebenden, die Reichtum und Besitz Aufgebenden oder nicht Anstrebenden – unten die praktisch Dienenden, die dann gefälligst mit ihrer Arbeit und ihrem Geld für die da oben zu sorgen haben. Und die Verehelichten unter ihnen sollen sich dann auch die Treue bewahren, da sie ja kein höheres Ziel wie das in der Liebeskommune Jesu vorweggenommene Gottesreich anstreben. Nur um dessentwillen wären sie befugt, die Ehe hinter sich zu lassen. Bleiben die Reichen und Besitzenden, die nicht gewillt sind, ihr Vermögen in die Jesusgemeinschaft einzubringen: Ihnen gilt das schreckliche Wehe des Meisters in ganz besonderer Weise. Während er noch den reichen jungen Mann durchaus nicht verurteilt, kritisiert er andere auf ihrem Besitz beharrende Personen sehr scharf – auch dies ein Hinweis auf den Zwiespalt und die stark wechselnden Stimmungen im Charakter Jesu.

Theologen und prokirchliche Schriftsteller, die unserer scheidungsfreudigen Zeit Konzessionen einräumen wollen, machen es sich zu leicht, wenn sie zeitgeistkonform behaupten, Jesus habe »von Ehe um jeden Preis nie gesprochen«, er fordere »zu einer Treue und Wahrhaftigkeit auf, die auch bereit ist, eine Scheidung auf sich zu nehmen«.[185] Die Wahrheit ist: Jesus hat tatsächlich die Scheidung rigoros verboten. Aber eben nur der einen Klasse von Menschen, denen, die nicht nach seinem höheren Lebens- und Gottesreichideal leben wollen. Von der Klasse derer, die nach diesem Ideal zu leben bereit waren, forderte er noch viel Rigoroseres, eben auch die Scheidung, die Trennung von allen Familien-, Ehe- und Blutsbindungen, von allem, woran sie hingen, was ihnen bisher das Teuerste, Wertvollste, Liebste war. »Wenn jemand zu mir kommt und nicht Vater und Mutter und Weib und Kinder und Brüder und Schwestern und dazu auch sein eigenes Leben haßt, kann er nicht mein Jünger sein« (Lk. 14,26). In seiner überspannt-rigorosen Ethik für die höhere Klasse der Menschen, für jene, die ihm bedingungslos folgen sollen, betont er geradezu mit aller Entschiedenheit, dass er gar keinen Familien- oder Gesellschaftsfrieden will. Im Gegenteil: »Feuer auf die Erde zu bringen bin ich gekommen, und wie sehr wünschte ich, es wäre schon entfacht! ... Meint ihr, daß ich gekommen sei, Frieden auf der Erde zu schaffen? Nein, sage ich euch, sondern Entzweiung« (Lk. 12,49;51). Durch seine Ankunft, seine Predigt, seine Nachfolge sollen die Menschen sich entzweien: »Denn von jetzt an werden fünf in einem Haus entzweit sein, drei mit zweien und zwei mit dreien. Es werden entzweit sein der Vater mit dem Sohn und der Sohn mit dem Vater, die Mutter mit der Tochter und die Tochter mit der Mutter, die Schwiegermutter mit ihrer Schwiegertochter und die Schwiegertochter mit der Schwiegermutter« (Lk. 12,52f).

Da tigern die neuen Inquisitoren, die Sektenbeauftragten der beiden »christlichen« Großkirchen überall herum, um Beweise für die Familienfeindlichkeit der neuen Religionen und Sekten zu finden, gründen Kommissionen und Vereine zum Schutz verunsicherter Eltern, denen die Sekten vermeintlich ihre Tochter, ihren Sohn abspenstig gemacht haben. Der Staat, erschreckt durch das hysterische Aufheulen der Kirchen, sieht sich selbst und die Gesellschaft in höchster Gefahr und unterstützt all diese Neugründungen gegen die »familienfeindliche Sektenseuche« mit finanziellen Mitteln. Die Wahrheit ist: Wenn und wo die neuen religiösen oder pseudoreligiösen Bewegungen Familien entzweien, zerspalten, Kinder von ihren Eltern trennen, sind sie absolut christlich, urchristlich sozusagen und jesuskonform! Sie folgen dem absoluten Egozentriker und Egomanen, dem radikalen Anarchisten Jesus in Bezug auf ein höheres Klassenrecht der Auserwählten. Mit Recht betont ein christlicher Bestsellerautor, der Wert darauf legt, »praktizierender Katholik«[186] zu sein, die starke Familienfeindlichkeit der Lehre Jesu: »Familienbande bedeuteten ihm nichts ... Leibliche Mutter, Brüder, Schwestern, Ehefrauen, die Toten der Familie –spielte für ihn keine Rolle ... In seinem Szenario zählten nicht Familienbindungen, sondern Treue zu der einzigen Person, die Zugang zum Gottesreich verschaffen konnte: ihm selbst.« Am Ende, so gesteht dieser Theologe, müsse die jesuanische Familienethik »zur persönlichen und gesellschaftlichen Katastrophe führen«.[187]

Jesus ist konsequent egozentrisch. Seine Ethik kreist um ihn selbst als absoluten, bedingungslosen Mittelpunkt. Alles bezieht er im Glaubens- und Sittenbereich auf sich, und von der Haltung und Einstellung zu ihm macht er das ganze Heil eines jeden abhängig. »Wer Vater oder Mutter mehr liebt als mich, ist meiner nicht wert; wer ... mir nicht nachfolgt, ist meiner nicht wert, wer ... sein Leben verliert um meinetwillen, der wird es finden« (Mt. 10,37-39). Und wieder verbindet Jesus an dieser Stelle seine aggressive Familienfeindlichkeit argumentativ damit, nicht den Frieden, sondern das Schwert gebracht zu haben (Mt. 10,34).

Feministische Theologinnen wissen sich bei solchen Stellen der Evangelien in ihrem durch nichts zu erschütternden Enthusiasmus für Jesus nur dadurch zu helfen, dass sie sie Fremdeinflüssen zuschreiben, die zu Jesu Denkungsart im Widerspruch stünden! Die ehe- und familienfeindlichen Aussagen Jesu müssten »essenischen Ursprungs« sein. Ehe- und familienfeindliche Sprüche aus Qumran seien »schon Jesus in den Mund gelegt und ihm angedichtet worden«. Die »aggressive Sektenmentalität ... scheint von der Qumransekte in das frühe Christentum eingedrungen zu sein«.[188] Es bedarf hier tatsächlich »erheblicher, von starkem Wunschdenken bestimmter ›dialektischer‹ Um- und Hineininterpretationskünste«[189], um einen von aller Ehe- und Familienfeindlichkeit säuberlich gereinigten Jesus aus den Evangelien herauszufiltern. »Entsprechende Anstrengungen in dieser Richtung sind den verzweifelten Bemühungen eines Schwarzen zu vergleichen, der den Ku-Klux-Klan reformieren möchte«,[190]

Dabei zeigt Jesus gerade hier, d. h. bezüglich seiner Familienfeindlichkeit, eine weitgehende Übereinstimmung zwischen Lehre und Leben, was sonst nicht immer seine Stärke ist. »Jesus hat Familien auseinandergerissen, auch seine eigene«, gesteht der sonst zu jeder Schönfärberei in Bezug auf die makellose Vollkommenheit Jesu bereite Franz Alt.[191] Vorsichtiger, aber in der Sache kaum weniger hart urteilt der Nichtchrist Schalom Ben-Chorin: Das Verhältnis Jesu zu seiner Familie, insbesondere zu seiner »armen Mutter« sei offenbar ein »gespanntes«, ja ein von Grund auf »gestörtes« gewesen, es stelle »einen eklatanten Verstoß gegen das Gebot der Elternehrung« dar, »das im Judentum immer besonders hochgehalten wurde«.[192] H. C. Zander spricht von dem »schlimmen Zerwürfnis« Jesu mit seiner Familie[193] und P. de Rosa von der Nichtigkeit und Bedeutungslosigkeit der Familienbande, der leiblichen Verwandtschaft für den Nazarener.[194] Insbesondere zu seiner leiblichen Mutter hatte Jesus das denkbar schlechteste Verhältnis.

IV. Teil: Der Mega-Schwindel der Kirche mit Maria, der Mutter Jesu

20. Absolut einzigartige Karriere einer Frau

Man kann sich kaum einen größeren Gegensatz denken als den zwischen der faktischen Mutter Jesu und dem Gegenstand des katholischen oder auch des orthodoxen Marienkultes. Hier die Frau mit den vielen Töchtern und Söhnen, von denen der erste einem Seitensprung mit einem Nichtjuden entstammt, die Frau, die ihren Erstgeborenen für religiös überspannt, für verrückt hält und an seine messianische Sendung nicht glaubt – dort die Frau, die als Gebärerin des Christus, der zweiten Person der Gottheit, als Gottesmutter und Gottesgebärerin göttlich verehrt wird. Sie soll als ewige, ewig sündenlose Jungfrau, als unbefleckt Empfangene, von der Erbsünde Freie, mit Leib und Seele in den Himmel Aufgefahrene die Hauptgarantie für die Durchsetzung der Weltmission ihres Sohnes und der Kirche darstellen. Die Frau, die das Patronat, die Schirmherrschaft über alles übernommen hat, was ihr »geliebter« Sohn durch die Vermittlung der Kirche in der Welt tut.

In den Anfängen des Christentums musste dem farbigen, bunt schillernden Himmel der vielen Göttinnen des Heidentums eine Frau entgegengesetzt werden, die es mit ihnen aufnehmen konnte. Damit war die unvorstellbar steile Karriere der einfachen, kleinen Mirjam aus Nazareth grundgelegt: der Aufstieg von der unscheinbaren, in Misskredit geratenen jüdischen Mutter eines in ihren Augen missratenen, religiös in die Irre gehenden Sohnes zur numinosen Königin des Universums, zur Wärme und Geborgenheit spendenden Allmutter des Lebens, zur neuen Eva.[195] Die alten Herren in Rom, der Weltzentrale des Katholizismus, stricken auch weiterhin bis zum heutigen Tag am Modell, am Archetypus Maria, um sie jeder, auch unserer Zeit als Ideal, als übermenschliche Chimäre vorzusetzen. Diesem Bemühen dienen die von der offiziellen Kirche geförderten Marienerscheinungen, die sie als echt und authentisch erklärt hat: im Jahr 1830 die vor Catheriné Labouré in der Rue du Bac, 1846 die in La Salette, 1858 in Lourdes, 1879 in Knock in Irland, 1917 in Fatima, 1933 in Banneux in Belgien. In der permanenten Weltumarmungsstrategie der Päpste spielt die göttlich erhöhte Übermutter und Jungfrau Maria eine zentrale Rolle. Deshalb weihen sie periodisch die ganze Welt ihrem »Unbefleckten Herzen«, zuletzt noch Papst Johannes Paul II. am 24. März 1984, also jener Papst, der die Re-Evangelisierung Europas und der Welt mit Hilfe der Gottesmutter Maria zum höchsten programmatischen Ziel seiner Amtszeit erklärt hat.[196] »Vor einer riesigen Menge und einem Fernsehpublikum von Millionen weihte er feierlich den gesamten Planeten dem Unbefleckten Herzen Mariä. Nur ein Papst konnte etwas so Komisches tun - oder etwas so atemberaubend Unsinniges, je nachdem, was man glaubt oder nicht glaubt. Auf jeden Fall betonte es die Tatsache, dass die Macht des Papstes wie die Marias sich auf alle Enden der Welt erstreckt, und bis in den Himmel.«[197]

Aber noch viel atemberaubender ist doch der Umstand, dass die Mutter eines unehelichen Sohnes, dazu noch von vier weiteren Söhnen und mindestens drei Töchtern (Mt. 13,55ff.; Mk. 6,3), zur unbefleckten, unberührten, sündelosen und allerreinsten Jungfrau hochstilisiert wurde, die außer vom Heiligen Geist nie von einem Mann berührt worden sei. Mit dieser Erhöhungsstrategie Marias trat die Kirche im Laufe der jahrhundertelangen Herausbildung ihrer Theologie auch dem Vorwurf der illegitimen, unehelichen Geburt Jesu entgegen. Das war demnach ebenfalls eine Kompensation, nein: eine Überkompensation ungeheuren Ausmaßes, denkt man an die entgegengesetzte Ausgangssituation. Dahinter stand eine ungeheure Angst, die Angst davor, der

Stifter des Christentums könnte sozusagen nackt und entblößt vor den Augen der Weltöffentlichkeit aller künftigen Jahrtausende als uneheliches Kind dastehen. Der Stifter des Christentums ein illegitimer Sohn Marias – unmöglich! Dagegen musste der Mythos der Jungfrau und Gottesmutter Maria erfunden, aufgebaut und ausgebaut werden.

Resümee: Eklatante Differenzen zwischen Jesusmoral und Kirchenmoral

Kein Zweifel, Jesus hatte Charisma und faszinierte die Leute, insbesondere die Frauen. Aber vollkommen war er nicht, schon gar nicht in ethischer Hinsicht, obwohl ihm dieses Etikett von allen Seiten aufgeklebt wird. Die Faszination, die von Jesus ausgeht und der sich kaum einer entziehen kann, der sich auf die Beschäftigung mit ihm einlässt, hat mit moralischer Perfektion wenig gemein. Es sind, richtig gelesen, die Texte der Evangelien selbst, die die Perfektionslüge kirchlicher Schönschreiber widerlegen, denn trotz aller Jubel-Berichterstattung des Neuen Testaments blieben darin genügend Andeutungen, Aussagen, Fakten ungelöscht, die dazu nicht passten und uns ein der Wahrheit näherkommendes Bild entdecken lassen.

Von der göttlichen Ausnahmerolle Jesu überzeugte Autoren machen es sich und ihren Lesern zu leicht. Sie entnehmen den Evangelien einen oder ein paar ethische Vorzüge Jesu und blenden andere, negative Charakterzüge völlig aus. Aber da verschiedene Autoren unterschiedlicher Meinung darüber sind, welche ethische Eigenschaft Jesu nun seine höchste und wichtigste sei, widersprechen sich diese vielen Jesus-Bilder wechselseitig. In der Regel werden freilich gläubige Leserinnen und Leser, die ohnehin nicht alle Jesusautoren kennen können, diese Widersprüche nicht bemerken. Das führt dazu – Soziologen haben darauf hingewiesen –, dass es nicht ein Christentum, nicht das

Christentum, sondern nur »Auswahlchristentümer« gibt. Jeder Christ schneidet sich den ihm genehmen Teil aus den Evangelien heraus und hält ihn für das Ganze, für das entscheidend Christliche.

Wer aber an den Quellen forscht, wird bald merken, dass die Moral Jesu, insbesondere seine Liebesmoral, mit der offiziellen Kirchenmoral gar nichts zu tun hat.

Die Kirche lehrt eine Moral, die nicht die des Nazareners ist. Sie verkündet sexuelle Normen, einschneidende Beschränkungen, Gebote und Verbote, an die sich Jesus, wie wir in diesem Buch gesehen haben, nicht gehalten hat, ja, die gar kein ethisches Problem für ihn waren. Law and Order, Unfehlbarkeit eines Papstes, eine vatikanische Inquisition, die sich heute ganz harmlos Kongregation für Glaubensfragen nennt – all das war seine Sache nicht gewesen. Sogar Paulus, der eigentliche Gründer des Christentums, hielt wenig vom Gesetz und war fest überzeugt, dass ihn nicht die Einhaltung moralischer Gebote, sondern nur die göttliche Gnade retten und erlösen könne. Aber im Gegensatz zu Jesus litt er an dem Zwiespalt zwischen Gesetz und Gnade und rieb sich daran auf, während sich der Nazarener, nicht zuletzt in seinem Liebesleben, unbekümmert über gesellschaftliche Konventionen und gesetzliche Vorschriften hinwegsetzte. Sein himmlischer Papa (»Abba«) würde es schon vergeben, wenn es denn überhaupt Sünde sein sollte. Hatte er nicht dem »verlorenen Sohn« verziehen, der sein Vermögen »mit Dirnen« (Lk. 15,30) und durch ein »zügelloses Leben« (Lk. 15,13) verschwendet hatte? Mit diesem Sohn sympathisiert Jesus ganz unverhohlen, er ist es, mit dem er sich identifiziert, und nicht der ältere, pflichtbewusste Sohn, der »nie ein Gebot übertreten hat« (Lk. 15,29).

Der Gegensatz zwischen Jesusmoral und Kirchenmoral wird an dieser Stelle krass deutlich. Denn während Jesus auf der Seite des jüngeren, »verlorenen Sohnes« steht, sich mit ihm sogar gleichzusetzen scheint, auf jeden Fall hier etwas von seiner eigenen Lebens- und Liebesgeschichte einfließen lässt, kann man die Kirche beim besten Willen nur dem älteren, dem Law-and-Order-Sohn zuordnen. Wobei ihre Hierarchie sich oft genug nicht an die Moralgesetze hielt, die sie dem Volk hart und unnachgiebig auferlegte. Das vermutlich meinte Jesus mit den »falschen Propheten, die in Schafskleidern zu euch kommen, inwendig aber räuberische Wölfe sind« (Mt. 7,15).

Solche Gleichnisse wie das »vom verlorenen Sohn« oder auch das »vom Pharisäer und Zöllner« desavouieren allerdings nicht nur die Kirchenmoral, nicht nur die Moral der Pharisäer und Essener, sondern in gewisser Weise die philosophisch-ethische Tradition der Menschheit überhaupt. Die »Moral« solcher Gleichnisse lässt Jesus geradezu als Anarchisten erscheinen. Der Pharisäer, den Jesus in seinem Gleichnis verurteilt, repräsentiert in Wirklichkeit das, was die meisten Menschen für moralisch, für ethisch verantwortbar und vernünftig halten. Er stiehlt nicht, bricht nicht die Ehe, begeht keine Ungerechtigkeiten, betrügt und übervorteilt niemanden, gibt den zehnten Teil seines gesamten Einkommens den Armen (Lk. 18,11f.). Er tut also etwas, das seine heiligen Schriften für gut im Angesicht Gottes halten. Die Tugend ist etwas, wonach der Mensch streben soll, weil es auch Gott gefällt – auf diese Formel hin könnte man die Psalmen und alle jüdisch-religiösen Schriften zusammenfassen. Aber nicht nur die jüdische Tradition, auch die Philosophie der Antike, des Mittelalters und der Neuzeit lehrte mit ganz wenigen Ausnahmen den Vorrang der Tugend vor dem Laster. Das lehren Sokrates, Plato und Aristoteles, das lehren übereinstimmend Stoiker, Thomisten, Kantianer, Moralphilosophen und Humanisten aller Couleur. Sie begründen zwar die Notwendigkeit der Moral meist nicht theologisch, aber sie sehen in ihr etwas, das den Lohn (der guten Tat) immer schon in sich trägt.

Jesus lehrt das genaue Gegenteil. Er bezeichnet den die Gebote übertretenden Zöllner als »gerechtfertigt« (Lk. 18,14), weil es ihm, Jesus, und seinem Gott, so wie er ihn auffasst, so gefällt; weil dieser Gott in der Auffassung Jesu der absolut Souveräne und Autonome ist, der frei entscheidet, wen er belohnen, wen er begnadigen will, der sich doch nicht durch gutes oder schlechtes Tun in seiner Entscheidung beeinflussen lässt. Beeinflussen lässt sich dieser Gott höchstens durch das Eingeständnis der völligen Abhängigkeit von ihm, denn das unterstreicht seine alleinige Herrschaft. »Der Zöllner aber wollte nicht einmal seine Augen zum Himmel erheben, sondern er schlug an seine Brust und sprach: O Gott, sei mir Sünder gnädig!« (Lk. 18,13) Nicht die Tugend ist nach Jesus das Kriterium guten, gelungenen Lebens, sondern das stete Bewusstsein der totalen Abhängigkeit von Gott.

Wenn spirituelle Lehrer des Christentums oder »Wort-zum-Sonntag-Prediger« in dem Gleichnis vom Pharisäer und Zöllner nur etwas fromm Erbauliches sehen, die »Moral von der Geschichte« darauf reduzieren, dass Jesus hier einfach nur vor übertriebener Selbstgerechtigkeit und geistigem Hochmut warnen will, dann übersehen sie das ungeheuer Schockierende, Anarchische, Revolutionäre dieses Gleichnisses. Das gott oder naturgegebene Wesen der Moral existiert für Jesus nicht, er vernichtet es geradezu. Keine Kirche kann sich zur Bestätigung für ihre Morallehre auf ihn berufen. Keine Philosophie kann ihre Ethik durch den Hinweis auf ihn, auf sein moralisches Vorbild, sein Reden, seine Praxis stützen oder zusätzlich motivieren. Hier kann man nur einen Abgrund konstatieren, der die »Moral« Jesu von jeder »philosophia« oder »theologia perennis« trennt.

Natürlich kann man mit einer so gearteten, anarchistischen Morallehre und -praxis Jesu keine Ordnung aufrechterhalten, kein Gemeinwesen aufbauen und am Leben erhalten, keine Kirche etablieren. Es ist pure Heuchelei, wenn sich Ordnungen, Systeme, Gesellschaften, Staaten, vor allem aber die Kirchen auf ihn und seine »Ethik« berufen. Er selbst war jedenfalls kein Heuchler. Nichts geißelt er so bedingungslos, so scharf und unversöhnlich wie die Heuchelei der »Schriftgelehrten und Pharisäer«, sprich: der Theologen und Kleriker.

Jesu Kritik an der religiös verbrämten Heuchelei von damals ist absolut, ohne alle Einschränkungen und Abstriche. Damit gilt aber seine schneidende Kritik auch den heutigen Vorstehern der Kirche. Sie haben sich auf »des Moses Stuhl gesetzt« das heißt: Sie spielen sich als moralische Gesetzgeber der Menschheit auf, erlassen Gebote und Verbote als vermeintlich von Gott Beauftragte, geben »Weltkatechismen« und »Moralenzykliken« heraus. Sie sagen viel »und tun es selbst nicht«; »sie binden schwere Bürden und legen sie auf die Schultern der Menschen; doch sie selbst wollen sie nicht einmal mit dem Finger bewegen. All ihre Werke aber tun sie, um von den Menschen gesehen zu werden sie lieben den obersten Platz bei den Festessen und den Vorsitz in den Kirchen und die Begrüßungen auf den Märkten, und dass sie von den Leuten Rabbi (›Hochwürden‹, ›Monsignore‹, ›Exzellenz‹, ›Eminenz‹, ›Eure Heiligkeit‹ etc.) genannt werden« (Mt. 23,2-7). Deswegen bezeichnet sie Jesus als »geweißte Gräber, die außen schön scheinen, innen aber voll von Totengebeinen und allem Unrat sind... voll von Heuchelei ... gefüllt mit Raub und Unmäßigkeit«; als »blinde Führer, die die Mücke seihen, das Kamel aber verschlucken!«; als »Schlangen und Natterngezücht«; als :Heuchler, die das Reich der Himmel vor den Menschen zuschließen und selbst nicht hineinkommen werden«; als falsche Missionare, die »Meer und Land durchziehen«, um »Genossen zu gewinnen», die sie dann aber, kaum dass sie im Schafstall der Kirche drin sind, zu »Söhnen der Hölle» machen (Mt. 23,13-34); als öffentliche Beter, die sich, in tiefe Andacht versunken, vor den Menschenmassen zur Schau stellen und fotografieren lassen, in kostbaren kultischen Gewändern an ihnen demütig-angeberisch vorbeidefilieren, eben »um sich vor den Leuten sehen zu lassen«(Mt. 6,5); die ihre guten Werke herausposaunen, »damit sie von den Leuten gepriesen werden« (Mt. 6,2). Wobei noch hinzuzufügen wäre, dass die Mittel für diese guten Werke der Kirche meist von anderen kommen, heute vorzugsweise vom Staat, mit einem lediglich »kosmetischen«

Zuschuss der kirchlichen Finanzverwalter, die peinlich darauf achten, dass das Kirchenvermögen keine Einbußen erleidet.

Jesus erscheint in allem, was er sagt und tut, im Guten wie im Bösen, im Gesunden wie Krankhaften, äußerst radikal. Er ist wie Moses, Mohammed, Zarathustra und andere Religionsstifter eine Grenznatur: »verrückt«, egozentrisch, narzisstisch, manisch-depressiv, paranoid, unmoralisch. Er ist ein von apokalyptischen Visionen und narzisstischen Projektionen umgetriebenes religiöses Genie. Er verflucht schroff und rücksichtslos die Städte, die ihn nicht willkommen heißen, obwohl sie im Grunde nichts Böses getan hatten. Sie hatten sich nur »erfrecht«, ihn, den Gesandten Gottes, nicht aufzunehmen (Mt. 10,14f., 11,20-24; Lk. 10,10-16). Dafür sollen sie »ins Totenreich hinuntergestoßen werden« (Mt. 11,23; Lk. 10,15). Denn »wer mich verwirft, der verwirft den, der mich gesandt hat« (Lk. 10,16). Aus seinem Herzen macht er keine Mördergrube. Seine religiöse Egozentrik lebt er ganz offen aus.

Ethisch ist es nicht, wenn er von anderen die bedingungslose Hingabe an seine Person verlangt. Christen machen sich überhaupt nicht das Rücksichts- und Pietätlose im Charakter Jesu klar. Sie könnten sonst aus allen Träumen vom sanften, zärtlichen, ja auch »weiblichen« Jesus fallen, wo ihnen Mytho Theologe Drewermann doch gerade die tiefe Sinnhaftigkeit dieser Träume mit großer Beredsamkeit erschließt. Welcher Kirchengläubige könnte denn auch schon mit solch radikalen Forderungen leben, wie Jesus sie stellt? »Wenn jemand zu mir kommt und nicht seinen Vater und seine Mutter und sein Weib und seine Kinder und seine Brüder und seine Schwestern und dazu noch sein Leben hasst, kann er nicht mein Jünger sein. Wer nicht mit mir geht, kann nicht mein Jünger sein« (Lk. 14,26f.). Die meisten Christen verdrängen diesen anarchischen Jesus total aus ihrem Bewusstsein. Er steht einem kirchlichen, gutbürgerlichen, Ehe und Familie als höchste moralische Werte predigenden Christentum tatsächlich diametral entgegen;

er will keinen Familien- und Gesellschaftsfrieden, »sondern Entzweiung« (Lk. 12,51ff.); er tritt selbst die grundlegendsten, simpelsten Pietätsakte jeder Gemeinschaft wie das Begraben des eigenen Vaters mit Füßen: »Lass die Toten ihre Toten begraben, du aber folge mir« (Lk. 9,59f.).

Die gleiche Haltung findet sich in seinem Liebesleben. Er preist die stadtbekannte Dirne, die Prostituierte, »weil sie viel geliebt hat« (Lk. 7,47; s. Teil I, 1. Kap.). Vergeblich bemühen sich die kirchlichen Schriftgelehrten, die Agape, die reine, geistige Liebe, in dieser Frau auszumachen. Jesus lobt sie im Gegenteil dafür, dass sie sich so richtig, fleischlich, geschlechtlich total hingegeben hat, ohne die übliche, »normale« Heuchelei von Prostituierten, die dem Freier Hingabe, Liebesseufzer, Orgasmen, Befriedigung vortäuschen, weil sie sein Geld brauchen. Die Hingabe der Dirne, die Jesus lobt, war nicht gespielt, sie liebte, das heißt: Sie brachte sich ganz ein, wollte den Männern, die zu ihr kamen, Freude schenken, aber auch selbst dabei erfreut werden.

Übrigens verkehrte auch Buddha, nicht nur Jesus, mit Dirnen. Er speist manchmal im Hause eines Freudenmädchens, aber er weist dieses wie überhaupt alle Frauen zurück, sobald sie sich ihm als Jüngerinnen anschließen wollen. Warum wohl? Hier liegt ein entscheidender Unterschied zu Jesus, der Frauen in seine Wandergemeinde aufnahm. Buddha, ganz auf die Erreichung des rein geistigen, körper- und weltlosen Nirwana konzentriert, will die leibliche Vereinigung, die fleischliche Vermengung zwischen Jüngerinnen und Jüngern verhindern, weil sie nur den ewigen Kreislauf der Wiedergeburt ankurbelt. Er weiß, wenn Frauen und Männer beisammen sind, passiert es. Jesus weiß das auch. Aber er hat nichts dagegen. Sie sollen Vater und Mutter verlassen und »ein Fleisch werden. So sind sie nun nicht zwei, sondern ein Fleisch« (Mk. 10,7). Mit sublimierender geistiger Liebe hat derlei nichts zu schaffen. In seiner »Neuen Gemeinschaft«, in der nicht mehr die Moralgesetze der Welt herrschen, in die nur Leute eingelassen werden, die Ehe, Familie, Kinder etc. hinter sich gelassen haben, wird auch die paradiesische Liebe schon vorweggenommen.

Wir haben gesehen, dass er seine eigenen erotisch-sexuellen Tendenzen, Stimmungen, Gefühle, Anwandlungen weder verdrängte noch bekämpfte. Und er war sicher kein Meister der »Selbstabtötung«. Mit Askese haben seine Vorstellungen von Heiligkeit ganz gewiss nichts zu tun. Als »Schlemmer und Zecher«, als »Fresser und Säufer«, als »Freund« der Sünderinnen und Sünder haben ihn die Zeitgenossen bezeichnet (Mt. 11,19; Lk. 7,34).

Auch seinen »Machismo« lebte er aus. Er gehörte nicht zur Spezies jener – auch unter Priestern verbreiteten – Softies, die Frauen vorgaukeln, sie seien so ganz anders als die harten Machos, total weich, zärtlich, liebevoll, mütterlich, väterlich, kindlich, je nach Bedarf und Begehren der Partnerin, nur auf Erfüllung ihrer Wünsche ausgerichtet. Wie immer er sich auch in seinen an Nuancen und Facetten reichen Begegnungen und Kontakten mit Frauen verhielt, stets blieb er hoheitsvoll, würdevoll, »der Herr« (Romano Guardini), der das Heft in der Hand behalten musste, aber von den Frauen die volle Hingabe verlangte. Als »neuen David«, als »neuen Salomo«, als König fühlte er sich auch in der Liebe.

War Jesus Ökologe, als den ihn Papst Franziskus bezeichnet, oder war er der »größte Ökologe aller Zeiten«, als den ihn Franz Alt eingedenk des gestiegenen Stellenwerts des Umweltbewusstseins in unserer Gesellschaft zu zeichnen bemüht ist? Die große Ehrfurcht vor der Schöpfung in all ihren Dimensionen, die ihm von allen christlichen Exegeten zugesprochen wird, scheint Jesus jedenfalls nicht gehegt zu haben. Bezeichnend in dieser Hinsicht seine Verfluchung eines gänzlich unschuldigen Feigenbaums: Jesus hat Hunger, der Feigenbaum, den er deshalb ansteuert, trägt aber keine Feigen, weil, wie das Markusevangelium eigens vermerkt, es gar nicht die rechte Jahreszeit für Feigen war. Trotzdem: der Feigenbaum muss dafür büßen. Jesus verflucht ihn. »Da sagte er zu ihm: In Ewigkeit soll keine Frucht mehr an dir wachsen. Und der Feigenbaum verdorrte auf der Stelle« (Mt. 21,18f.; vgl. Mark. 11,12-14).

Es scheint nicht nur die Wut darüber gewesen zu sein, dass sich der Feigenbaum ihm, dem Auserwählten und Einzigartigen, verweigert hatte. Jesus erscheint bei dieser Geschichte noch von einem anderen Motiv geleitet, dem der stolzen Demonstration seiner Macht. Denn als die Jünger „erstaunt fragen: Wie konnte der Feigenbaum so plötzlich erdorren?“, antwortet ihnen Jesus: „Amen, das sage ich euch: Wenn ihr Glauben habt und nicht zweifelt, dann werdet ihr nicht nur das vollbringen, was ich mit dem Feigenbaum getan habe“ (Mt. 21,20f.; Mark. 11,21 ff.).

Offenbar will Jesus mit der Baum-Verfluchung exemplarisch seine Macht über die Natur, die Schöpfung demonstrieren und seine Jünger anspornen, es nachzuahmen. Er, der sich vielleicht als der Vollender der Verheißungen des Alten Testaments empfindet, realisiert hier also auch im vollsten Maß den Genesis-Auftrag Jahwes: „Macht euch die Erde untertan!“ (1. Mose 1,28).[198] „Furcht vor euch und Schrecken sei bei allen Erdentieren, bei allen Himmelsvögeln, bei allem, was auf dem Erdboden kriecht, und bei allen Fischen des Meeres; in eure Hand sind sie gegeben“ (1. Mose 9,2). Eben auch der arme Feigenbaum, dem gar nichts anderes übrig blieb, als bei so viel Furcht und Schrecken zu verdorren.

Erstaunlich wenig Mitleid mit Tieren zeigt »Ökologe Jesus« in einer anderen Szene, in der er zweitausend Schweine erbarmungslos in den Tod jagt. Es handelt sich um die Geschichte mit zwei (Mt. 8,28) bzw. einem (Mark. 5,2; Luk. 8,27) von Dämonen Besessenen. Auf Bitten der Dämonen, also der „unreinen, bösen Geister“ treibt er diese nicht einfach aus dem einen oder den zwei Besessenen aus, sondern lässt sie in die Schweineherde fahren, die daraufhin wie von Taranteln gestochen den Abhang hinabstürzt und elendiglich in den Fluten eines Sees umkommt. Die tierfeindlichen Wünsche der Dämonen interessieren hier Jesus mehr als das Leben der Schweine. Und auch als das Existenzrecht der Hirten, die ohne Schadenersatz! ihre Herde verloren und, „von großer Angst gepackt“ (Luk. 8,37), in den umliegenden Dörfern und Städten über die Grausamkeit, die ihnen und den Schweinen widerfahren war, berichteten. Kein Wunder, dass die Bewohner dieser Ortschaften voller Angst Jesus bitten, ihr Gebiet gefälligst zu verlassen. Der „Große Prophet“, abgelehnt von einfachen, vernünftigen Menschen, denen an seiner eiskalten Demonstration der Macht über die Tierwelt nichts liegt! (Zur gesamten Begebenheit vgl. Mt. 8,28-34; Mark. 5,1-20; Luk. 8,26-39).

Verachtenswerte Geschöpfe scheinen für Jesus auch die Hunde gewesen zu sein. Das geht aus der Geschichte mit der »Heidin, aus Syrophönizien gebürtig« (Mt. 15,21-28; Mark. 7,24-30) hervor.

Aber nicht nur die Heidin aus Syrophönizien, der er im Gebiet von Tyros und Sidon begegnete, auch andere Nichtjüdinnen lässt der jüdische Mann Jesus seine (religiös begründete) Überlegenheit spüren. Aufschlussreich in dieser Hinsicht ist seine Unterhaltung mit der Samariterin (Joh. 4,1-42), was ich bereits ausführlich behandelt habe.

Aber kehren wir nochmals zur Tierbeziehung des »Ökologen Jesus« zurück. Die Hunde und Schweine scheinen für Jesus das Verächtlichste unter seines himmlischen Vaters Sonne gewesen zu sein. Das beweisen nicht nur die Begebenheiten mit der Schweineherde, die er rücksichtslos in den Tod jagt, und der Heidin aus Syrophönizien; das zeigen auch jene Stellen in den vier Evangelien, an denen er das Heiligste und Höchste in seinem Weltbild in den extremsten Gegensatz zu diesen zwei Tierkategorien stellt: „Gebt das Heilige nicht den Hunden, und werft eure Perlen nicht den Schweinen vor“ (Mt. 7,6). Ausdrücklich vermerkt die von den beiden Kirchen Deutschlands herausgegebene »Einheitsübersetzung« der Bibel an dieser Stelle, dass »der Ausdruck ›das Heilige‹ ursprünglich wahrscheinlich Opferfleisch bezeichnete, dann im übertragenen Sinn bei den Juden die Thora (das Gesetz) und hier die Lehre Jesu«, womit bewiesen wäre, dass die Tiere, zumindest aber die Hunde und Schweine, keinen legitimen Platz in dieser seiner Lehre haben.

Aber darüber hinaus wird Vegetariern und Veganern kaum gefallen, dass fleischlose Feste, Feiern ohne das Schlachten von Ochsen, Kälbern und Lämmern für Jesus offenbar völlig undenkbar sind. „Bringt das Mastkalb her und schlachtet es; wir wollen essen und fröhlich sein" (Luk. 15,23). Die Feste, die er in seinen Gleichnissen beschreibt, haben es auch immer mit ausgiebigen Tierschlachtungen zu tun.

Dass »der größte Humanist und Menschenrechtler« Jesus auch die Institution der Sklaverei durchaus nicht in Frage stellte, sie vielmehr unreflektiert übernahm und sogar zum Vorbild erhob, zeigt die folgende, Jesus zugeschriebene Aussage in den Evangelien: „Wenn einer von euch einen Sklaven hat, der pflügt oder das Vieh hütet, wird er etwa zu ihm, wenn er vom Feld kommt, sagen: Nimm gleich Platz zum Essen? Wird er nicht vielmehr zu ihm sagen: Mach mir etwas zu essen, gürte dich und bediene mich; wenn ich gegessen und getrunken habe, kannst auch du essen und trinken. Bedankt er sich etwa bei dem Sklaven, weil er getan hat, was ihm befohlen wurde? So soll es auch bei euch sein: Wenn ihr alles getan habt, was euch befohlen wurde, sollt ihr sagen: Wir sind unnütze Sklaven; wir haben nur unsere Schuldigkeit getan" (Luk. 17,7-10).

Diese Stelle stellt keineswegs eine Ausnahme dar. Bei Mt. 10,24 z. B. heißt es: „Ein Jünger steht nicht über seinem Meister und ein Sklave nicht über seinem Herrn."

Was beim »Humanisten« Jesus immer wieder unangenehm auffällt, sind auch die vielen Drohungen mit der Hölle, die noch dazu sadistisch ausgemalt wird. Die Übertreter der Gesetze Gottes werden „in den Ofen geworfen, in dem das Feuer brennt. Dort werden sie heulen und mit Zähnen knirschen" (Mt. 13,41f.), „ihr Wurm stirbt nicht und das

Feuer erlischt nicht“ (Mk. 9,48). Ein anderes Bild, mit dem gedroht wird, ist das genaue Gegenteil des Licht spendenden Feuers: die äußerste Finsternis: „Viele werden von Osten und Westen kommen und mit Abraham, Isaak und Jakob im Himmelreich zu Tisch sitzen; die aber, für die das Reich bestimmt war, werden hinausgeworfen in die äußerste Finsternis“ (Mt. 8,11 f.).

Zu rigoros und mit echter Humanität nicht vereinbar ist auch, wenn Jesus für Beleidigungen sogleich die Höllenstrafe vorsieht: Wer zu seinem Bruder sagt: „Du (gottloser) Narr!, soll dem Feuer der Hölle verfallen sein“ (Mt. 5,22). Auch bei den Verführungsmöglichkeiten, die die Welt nun einmal bietet, wird sofort dem ihren Reizen zum Opfer Fallenden die Höllenstrafe angedroht: „Wenn dich dein rechtes Auge zum Bösen reizt, so reiß es aus und wirf es von dir! Denn besser ist es für dich, dass eines deiner Glieder verlorengehe, als dass dein ganzer Leib in die Hölle geworfen werde. Und wenn deine rechte Hand dich zum Bösen reizt, so hau sie ab und wirf sie von dir“ (Mt. 5,29f.). Man vergegenwärtige sich den rigorosen Fundamentalismus, der in diesen Verboten steckt und für deren Übertretung immer und immer wieder die Höllenstrafe angedroht wird. Wie sollen unsere braven Theologen mit der Tatsache fertig werden, dass der Jesus der vier Evangelien ständig die Hölle an die Wand malt? Wollte man behaupten, Jesus habe die über siebzig Höllendrohungen in den Evangelien nicht ausgesprochen, dann müsste man gleich zu der Methode übergehen, alle nicht ins Konzept des vollkommenen, sanften, liberalen Jesus passenden Stellen zu tilgen. Dann bleibt aber von den Evangelien nicht viel übrig. Die fundamentalistischen Höllenankündigungen und -drohungen stehen nun einmal im Neuen Testament, sind also normierende Grundlage für den christlichen Glauben. Und die Vertreter der Amtskirche stehen mit ihrem ständigen dogmatischen Bezug auf die Hölle sogar in ganz anderer Kontinuität mit der „heiligen“ Schrift als die progressiven Theologen, die von der Hölle nichts mehr wissen wollen und einfach behaupten: „In der Hölle brennt kein Feuer!“ (Th. Sartory).

Man bedenke auch das Gebot, die rechte Hand abzuhauen, die einen zum Bösen reizt (Mt. 5,30). Hier handelt es sich vornehmlich um die Versuchung zum Diebstahl. Besteht da noch eine unüberbrückbare Kluft zum Sudan oder zum Iran Khomeinis, wo überführten Dieben und Räubern Hände und Füße (manchmal über Kreuz: rechte Hand, linker Fuß) amputiert werden bzw. wurden?

Überhaupt scheint das Vergeltungsprinzip »Auge um Auge, Zahn um Zahn« im Denken des biblischen Jesus eine nicht unbedeutende Rolle gespielt zu haben, auch wenn er in der sogenannten Bergpredigt das Gegenteil betont. Zum Beweis sei das »Gleichnis von den bösen Winzern« angeführt. In diesem Gleichnis vergleicht Jesus Gott mit einem Gutsbesitzer, der einen Weinberg anlegt. Übereinstimmend identifizieren christliche Exegeten diesen Weinberg mit Israel. Auch die »Einheitsübersetzung« der Bibel, herausgegeben im Auftrag der Bischöfe Deutschlands, Österreichs, der Schweiz, Luxemburgs usw. sowie des Rates der Evangelischen Kirche in Deutschland und des Evangelischen Bibelwerks betont ausdrücklich auf Seite 1115: „Mit dem Weinberg Gottes ist Israel gemeint.“ Der Gutsherr, der seinen Weinberg an Winzer verpachtet und dann verreist, ist also Gott, der seinem auserwählten Volk sein Reich zur treuen Verwaltung übergibt. Aber Gott wird von Israel schwer enttäuscht. Wie die Winzer die Knechte und selbst den Sohn des Gutsbesitzers, die für ihn den „Anteil an den Früchten“ abholen wollen, umbringen, so hat auch Israel die gottgesandten Propheten getötet. Dafür muss nun Rache geübt werden. „Was wird nun der Besitzer des Weinbergs tun? Er wird kommen und die Winzer töten und den Weinberg anderen geben“ (Mk. 12,9). „Der Stein, den die Bauleute verworfen haben, er ist zum Eckstein geworden ... Und wer auf diesen Stein fällt, der wird zerschellen; auf wen der Stein aber fällt, den wird er zermalmen. Darum sage ich euch: Das

Reich Gottes wird euch weggenommen und einem Volk gegeben werden, das die erwarteten Früchte bringt“ (Mt. 21,42f.; vgl. Mk. 12,10 f.).

Es waren solche Stellen im Neuen Testament, die die biblische Grundlage für die Verfolgung der Juden in vielen Jahrhunderten christlicher Herrschaft lieferten.[199] Ein Volk, das Gott selbst verlassen und verurteilt hatte, durfte keine Milde seitens des »neuen« Gottesvolkes der Christen erwarten!

Der Jesus des Johannes-Evangeliums verschärft noch die Aussagen gegen Israel erheblich. In den »Streitgesprächen Jesu mit den Juden« berichtet im 8. Kapitel dieses Evangeliums, bezichtigt er sie alle der Sünde: „Ihr werdet in eurer Sünde sterben ... Ihr stammt von unten, ich stamme von oben; ihr seid aus dieser Welt, ich bin nicht aus dieser Welt... Warum rede ich überhaupt noch mit euch? ... Wer die Sünde tut, ist Sklave der Sünde ... Ihr seid nicht imstande, mein Wort zu hören.“

Und dann folgt jener berühmt-berüchtigte folgenschwere Ausspruch, der allen Antisemiten in allen nachfolgenden Geschichtsepochen einen besonderen Offenbarungsgrund für die Verteufelung und Satanisierung der Juden lieferte. Jesus wirft ihnen nämlich vor: „Ihr habt den Teufel zum Vater, und ihr wollt das tun, wonach es euren Vater verlangt. Er war ein Mörder von Anfang an.“ Und „er ist ein Lügner und der Vater der Lüge“. Würde er, Jesus, wie die seinen Gott verleugnenden Juden ebenfalls erklären, er kenne Gott nicht, „so wäre ich ein Lügner wie ihr“.

Es ließen sich noch sehr viele weitere Stellen aus den vier kanonischen Evangelien anführen, die im Widerspruch zum Bild des vollkommenen Jesus, des nach Küng „größten Humanisten aller Zeiten“ stehen. Aber das bereits diesbezüglich Ausgeführte dürfte genügen, um dieses Bild und die ihm zugrunde liegende These als ideologischen, doktrinären, fundamentalistischen, eben dogmatischen Machtspruch und -anspruch der Kirche und ihrer Theologen zu entlarven.

Mit meinen Ausführungen wollte ich aber keineswegs den Eindruck erwecken, als ob der biblische Jesus nur Negatives vorzuweisen hat. Es gibt durchaus kostbare humane, soziale und spirituell erhebende Stellen in den Jesus zugeschriebenen Aussagen der Evangelien. Fast möchte man an eine vorweggenommene antikapitalistische Kritik Jesu denken, wenn er z. B. in der Bergpredigt in ihrer lukanischen Version proklamiert: „Selig, ihr Armen, denn euch gehört das Reich Gottes. Selig, die ihr jetzt hungert, denn ihr werdet satt werden ... Aber weh euch, die ihr reich seid; denn ihr habt keinen Trost mehr zu erwarten. Weh euch, die ihr jetzt satt seid; denn ihr werdet hungern" (Lk. 6,20f., 24f.). Das kann man zwar als billige Jenseitsvertröstung abtun. Aber angesichts der katastrophalen Lage vieler Menschen in der Dritten Welt wird eine nicht-utopische, realistische Sicht der fatalen Situation zugeben müssen, dass es momentan die einzige Hoffnung ist, die vielen Menschen dort noch bleibt und ihnen noch für eine Weile Lebensmut zu spenden vermag. Ganz abgesehen davon, dass jüdische Denker wie Ernst Bloch und Erich Fromm besonders betont haben, dass der Jude Jesus sein Reich keineswegs so jenseitig aufgefasst hat, wie das später die ihn für sich vereinnahmende Kirche tat.[200]

Angesichts der brutalen Gewalt, wie sie z. B. gerade jetzt im »Heiligen Land« immer mehr eskaliert, halte ich auch die Anti-Gewalt-Stellen in der Bergpredigt in ihrer matthäischen Version für äußerst treffend: „Selig, die keine Gewalt anwenden; denn sie werden das Land erben. Selig, die hungern und dürsten nach der Gerechtigkeit; denn sie werden satt werden... Selig, die Frieden stiften; denn sie werden Söhne Gottes genannt werden" (Mt. 5,5f., 5,9).[201]

Es ist nun einmal so, dass der Jesus der Evangelien aus Licht und Schatten, aus positiven und negativen Eigenschaften besteht, wie das für jeden Menschen, auch für andere Religionsstifter wie Moses, Buddha, Mohammed usw. gilt, weswegen sich eine pyramidenförmige Hierarchisierung der vollkommensten Exemplare der Spezies Mensch absolut verbietet. Das vollkommenste, alle anderen Menschen ohne jeden möglichen Zweifel überragende menschliche oder gottmenschliche Individuum gibt es nicht und wird es nie geben! Aber natürlich hat fast jede Religion den Versuch unternommen, sich eine makellose Kultfigur zu schaffen und sie an den »wunderbaren gottgefügten« Anfang und Ursprung ihres Daseins zu setzen. Doch wird jedes gründlichere Studium der Vergangenheit immer wieder zeigen können, dass kein Anfang einer geschichtlichen Entwicklung so wunderbar und perfekt war, wie das die Späteren hinzustellen bemüht waren. Kein Beginn innerhalb der verschiedenartigen Aufbrüche in der Menschheitsgeschichte war über jeden Zweifel erhaben. Ohne diesen Zweifel gäbe es gar keine Aufklärung. Man muss ihn geradezu zum heuristischen Prinzip bei der Erforschung jedes Neubeginns erheben! Das sollten sich auch Theologen zu Herzen nehmen und keinen Göttlich-Vollkommenen an den Anfang der Christentumsideologie setzen.

Die Sache des ursprünglichen, des jüdischen Jesus endet in einer *Tragödie*, die man unter einem etwas anderen Aspekt auch als Tragikomödie bezeichnen könnte. Denn dieser Mann, der mit einem „unglaublichen Machtanspruch", mit einer „ungeheuren Autorität" auftrat, so dass ihn manche seiner jüdischen Zeitgenossen für einen „Scharlatan", einen „überdrehten Neuerer", einen „Irren" mit „völlig aberwitzigem Anspruch"[202] hielten, dieser Mann tat am Ende seines kurzen Lebens etwas noch weit Verrückteres: Er zog in Jerusalem ein, in die Tempelstadt, die Stadt der jüdischen Hohenpriester und der römischen Besatzungsmacht.

Christliche Exegeten und Theologen rätseln, warum er das tat. Sie können ihrem Jesus, den sie für den Christus halten, doch immer nur die edelsten, besten, vernünftigsten Motive unterstellen. Das fällt hier besonders schwer, denn die Irrationalität seiner Aktion drängt sich geradezu auf. Er wusste ja, in welche Gefahr er sich begab vor Beginn des Pessachfestes, in dem die politische Atmosphäre jeweils zum Bersten gespannt war. „Wer in die heilige Stadt einzieht, den Tempel aufsucht, Verkäufer aus dem Vorhof vertreibt, Tische der Geldwechsler und Stände der Taubenkrämer umstößt“, den Tempel als „zur 'Räuberhöhle' verkommen“ beschimpft, ja auch die „wirtschaftliche Macht der Tempelaristokratie, die vom Handel in den Vorhöfen anteilig profitierte“[203], attackiert, will der nicht um jeden Preis und gegen alle Vernünftigkeit provozieren und damit seinen möglichen Tod bewusst riskieren?

Aber „welchen Sinn macht der Tod des Messias, da er doch gerade erst gekommen war? Aus jüdischer Sicht keinen: Wenn der Messias stirbt, stirbt die Hoffnung auf den Erretter und das durch ihn kommende Heil.“[204]

Ich plädiere daher für ein anderes Hauptmotiv, eine andere Sicht auf diesen Vorgang. Dieser noch relativ junge fromme Mann Jesus, der nur ein, zwei oder allerhöchstens drei Jahre öffentlich auftrat, der trotz aller Missgunst der Etablierten so viel Zustimmung und Applaus für sein Wirken erfahren hatte, dazu noch über eine enorme Dosis Selbstbewusstsein verfügte, so dass er sein eigenes Tun und Verhalten stets in Übereinstimmung mit seinem wahren Vater im Himmel sah, war überzeugt, dieser Papa (»Abba«), der seine Sonne über Gerechten und Ungerechten aufgehen, seinen Regen auf Gute und Böse niedergehen lasse (Mt. 5,45), der gütig selbst zu Undankbaren und Bösen sei (Lk. 6,35), werde doch sein, d.h. Jesu kühnes, zutiefst messianisches Vorgehen durch ein Großereignis bestätigen und legitimieren. Deshalb der sensationelle Einzug in Jerusalem, das energische Schwingen der Peitsche gegen die Händler im Tempelvorhof, die Agitation gegen die jüdische Obrigkeit. Aber die Sanktionierung seines Gottes- und Lebensbildes durch Jahwe blieb aus. Gott schwieg, sowohl am Ölberg wie am Kreuz. „Mein Gott, mein Gott, warum hast du mich im Stich gelassen?“ (Mk. 15,34). Dann starb Jesus, und damit war seine Sache zu Ende. „Als Messias war Jesus also gescheitert: Der neue Davidide hing, erniedrigt und gedemütigt, am Kreuz, die Römer blieben dominante Besatzer, und das Volk war nach wie vor zerstreut. Genau genommen steht am Anfang des Glaubenswunders von Jesus das totale Versagen: Jener, der die Vollmacht Gottes zu besitzen vorgab, hat eben diese Vollmacht doch nicht. Würde er sonst sterben? Ein Irrtum. Eine Katastrophe."[205]

Jedoch nicht für Machttypen wie Paulus und seine Anhänger. Und so hieß es „wenig später auf einmal, Jesus, der Christus, sei für die Sünden der Menschen gestorben. Auch das war neu, und es war ein ganz anderes Verständnis von einem Messias, als man es aus den jüdischen Texten bisher kannte. Auf einmal war der Tod des Gottgesandten nicht die alles widerlegende Katastrophe, nein: Er war folgerichtiger Bestandteil des neuen Weges. Und dieser Weg, so ging die verblüffende neue Perspektive weiter, musste durch den Kreuzestod zu Auferstehung, Himmelfahrt und Erhöhung führen. Die Geschichte des galiläischen Wandercharismatikers endete nicht am Kreuz, denn der Tod des Gesalbten machte Sinn das war die Lehre des Paulus. Hier übersetzte sich das Judentum ins Christentum. Hier begann die neue Zeitrechnung."[206]

Aber schwindelig kann es einem schon werden, „wenn man den gewaltigen Aufstieg betrachtet, den die Kirche ihrem Herrn ermöglicht hat. Historisch nüchtern betrachtet ein frommer jüdischer Wanderprediger, hat die Kirche ihn, einen Menschen, zu nicht weniger als einem Gott gemacht. Durch seinen Tod und seine Auferstehung ist er nun 'Herr über Tote und Lebende', nun hat er an 'der Macht und Autorität Gottes selbst' teil, nun besitzt er 'alle Gewalt im Himmel und auf Erden'. Christus ist nun 'Herr des Weltalls und der Geschichte' (KKK, 668). So deutlich wie bei keiner anderen Religion hat die wissenschaftliche Erforschung der Anfänge des Christentums und des Lebens Jesu beispielhaft gezeigt, wie das geht, wenn sich Menschen einen Gott erschaffen. Wie ein einzelner Mensch, ein religiöser Enthusiast oder Extremist eine Anhängerschar sammelt und diese durch entscheidende Propagandisten und natürlich eine Fülle von geschichtlichen Zufälligkeiten sich selbst dem Vergessen entreißt und dauerhaft wird. Wie die entscheidenden Inhalte des neuen Glaubens aber nicht von seinem vermeintlichen Gründer gewonnen werden, sondern sich in den ersten Generationen autonom und vielfach auch im Widerspruch zu ihm bilden. Wie das Karussell der religiösen Verehrung sich immer schneller dreht, die religiöse Fantasie immer Größeres fordert und die Dogmatik der Kirche ihr diese Wünsche erfüllt. Am Ende wird aus einem Menschen ein Gott, aus dem Geschöpf ein Schöpfer und aus einer jüdischen Sekte eine Weltreligion. Jesus von Nazareth ist die am meisten überschätzte Person der Weltgeschichte, die sich auf ihn berufende Kirche tanzt um das goldene Kalb.“[207] Diese Überschätzung macht auch Hans Küng mit, wie seine Ausstattung des Jesus mit allen Hoheitstiteln des Christus – ganz nach dem Vorbild des Paulus – beweist. Im Grunde sollte man die Christen »Paulinisten« nennen und Küng ebenfalls!

Vielleicht stehen wir hier sogar vor einer der schlimmsten Usurpationen der Weltgeschichte: Man hat einen diesbezüglich völlig Unschuldigen für einen ganz anderen Zweck vereinnahmt, letztlich und im Endeffekt für eine von unfehlbarem Größenwahn und Herrschsucht besessene Kirche, eigentlich und umfassender gesagt: für alle „christlichen“ Kirchen, denn ein freies, nichtkirchliches Christentum hat ja eigentlich nie existiert, hat es jedenfalls niemals zu irgendwie gearteter Geschichtsmächtigkeit gebracht und hat selber auch nie den Betrug am jüdischen Jesus an den Pranger gestellt oder gar seine kompromisslose Gewalt- und Besitzlosigkeit sowie seinen Aufruf zu radikaler Nächsten-, ja Feindesliebe zu realisieren versucht.

In Wirklichkeit scheint der ursprüngliche jüdisch-galiläische Jesus ein wirklicher Mensch gewesen zu sein, einer mit Fehlern und Mängeln. Wir können seine Spuren sogar noch in den vier kanonischen, kirchlich anerkannten Evangelien ertasten, weil es, wie schon gesagt, eben nicht vollständig gelang, diese Spuren ganz wegzuwischen. Um es gleich vorwegzusagen: Selbst der Jesus der vier kanonischen Evangelien weiß nichts von seiner absoluten sittlichen Vollkommenheit, die ihm doch die Kirche offiziell-dogmatisch und alle Theologen im Schlepptau der Kirche attestieren. Er weiß nichts von seiner totalen Sündlosigkeit. Vielmehr lässt er sich im Jordan von Johannes dem Täufer wie alle anderen Sünder und Buße Tuenden taufen (Mk. 1,1-9). Er herrscht den Mann, der vor ihm auf die Knie fällt und ihn mit »Guter Meister« anredet, schroff an: „Warum nennst du mich gut? Niemand ist gut außer Gott, dem Einen“ (Mk. 10,17f.). Von der Trinität, der allerheiligsten Dreifaltigkeit Gottes scheint dieser Jesus also auch noch nichts gewusst zu haben. Also stimmt auch die Gotteslehre der Kirche nicht mit der Vorstellung überein, die Jesus von Gott hatte.

Zwei Schlussthesen als Ausklang des Buches: Ich bin überzeugt, dass Jesus, wenn er denn gelebt hat, ein galiläischer Wanderprediger war, der gar nicht daran dachte, seine jüdische Religion zu verlassen oder gar eine neue zu gründen. Dinge wie die Geburt aus einer Jungfrau, die Erbsündenlehre, der Tod Jesu am Kreuz zur Tilgung der Sünden der Menschheit oder die Einsetzung eines kannibalistischen Abendmahls, in dem das Blut und der Leib der Gottheit genossen werden, wären dem Juden Jesus nicht mal im Traum eingefallen. Insofern schwebt das Christentum in der Luft, es hat keine Grundlage in der wirklichen Geschichte, zumindest nicht die, die die Kirchen und gewisse sich christlich nennende Parteien behaupten und proklamieren.

Aber das Kuriose ist: Der enorme Glaubwürdigkeitsverlust des Christentums und der Kirchen seit der Aufklärung ändert nicht automatisch etwas an den real-existierende Machtverhältnissen. Das real-existierende, also das als Kirche existierende Christentum ist universales und totalitäres Machtstreben unter dem Vorwand der Religiosität. Und Macht ist Geld! Solange die Kirchen jährlich 10 Milliarden durch die staatlich eingezogene Kirchensteuer und weitere jährlich mindestens 14 Milliarden aufgrund diverser Privilegien vom Staat geschenkt bekommen, wird sich an diesen Machtverhältnissen kaum etwas ändern, können die Kirchen mit diesem Geld alle wichtigen Zweige und Institutionen des öffentlichen Lebens schmieren, massiv beeinflussen und unterwandern.

Urteile zur Bio- und Bibliografie von Hubertus Mynarek

„Der Fall Mynarek“

„Der Religionswissenschaftler, Philosoph und Theologe Prof. Dr. Hubertus Mynarek zählt unbestritten zu den prominentesten Religions- und Kirchenkritikern im deutschsprachigen Raum. Mynarek, der 1953 zum Priester geweiht wurde, von 1966–68 als Professor für Religionsphilosophie in Bamberg und von 1968–72 als Professor für Religionswissenschaft in Wien unterrichtete, war von 1971–72 Dekan der katholisch-theologischen Fakultät der Universität Wien. Seine universitäre Karriere endete abrupt, als er im November 1972 (als erster deutschsprachiger Theologieprofessor überhaupt) aus der Kirche austrat, ein Schritt, den er in einem scharf formulierten, Offenen Brief an den Papst' ausführlich begründete. Nachdem ihm die kirchliche Lehrbefugnis entzogen wurde, hatte der österreichische Staat keine Verwendung mehr für den Gelehrten. So wurde Mynarek schon mit 43 Jahren pensioniert.

Intellektuell kaltstellen ließ er sich jedoch nicht. Er veröffentlichte zahlreiche aufsehenerregende Bücher, in denen er sich mehr und mehr nicht nur von der Kirche, sondern auch vom Christentum und seiner zentralen Gestalt, Jesus von Nazareth, distanzierte. Vor allem die Bücher 'Herren und Knechte der Kirche' (1973) und 'Eros und Klerus' (1978) verschärften die Konfrontation mit der Amtskirche, die den Kampf gegen Mynarek so verbissen führte, dass dieser eine Zeit lang um seine ökonomische Existenz bangen musste.

Mynarek ließ sich jedoch nicht einschüchtern. Im Gegenteil: Im Laufe der Jahre avancierte er vom christlich geprägten Kirchenkritiker zum fundamentalen Religionskritiker, was sich vor allem in den Werken 'Denkverbot. Fundamentalismus in Christentum und Islam' und 'Jesus und die Frauen' niedergeschlagen hat. Insbesondere das letztgenannte Buch zeigt auf, wie naiv und unberechtigt der häufig verwendete Slogan 'Jesus ja, Kirche nein' ist. Das Buch zählt sicherlich zu den klarsten, spannendsten und auch humorvollsten Darstellungen der zutiefst widersprüchlichen Gestalt des biblischen Jesus. Es ist einerseits das dringend notwendige Gegengift zu den modischen, jedoch intellektuell unredlichen Versuchen, die biblische Jesusgestalt feministisch aufzupolieren, andererseits aber auch ein hervorragender Beleg für die beinahe tragisch-komische Bodenlosigkeit 'christlicher Moralvorstellungen'. Mynarek weist nämlich nach, dass der vermeintlich keusche, Messias' mit großer Wahrscheinlichkeit der (für Hirtenkulturen typischen) polygamen Tradition folgte, sich also – dem Vorbild Davids und Salomos entsprechend – einen Harem liebeswilliger Damen zulegte. Ein Szenario, das christlichen Keuschheitspredigern sicherlich kaum gefallen wird. Dementsprechend erfährt Mynarek von kirchlicher Seite scharfe Ablehnung.

Aber auch in der religionskritischen Szene ist Mynarek heftig umstritten. Auch innerhalb der MIZ-Redaktion wurde durchaus kontrovers diskutiert, ob es richtig ist, Hubertus Mynarek in der MIZ ein Forum zu bieten. Andererseits halten wir die Kenntnisse des Kirchenkritikers Mynarek für zu wichtig, um sie einfach zu übergehen. Und bei aller Kritik gestehen wir Mynarek das Recht auf eine faire Auseinandersetzung zu. Das engstirnige Beharren auf, Political Correctness' schafft Scheren im Kopf, die in der Lage sind, Geistesfreiheit nachhaltig zu beschneiden. Dem möchte die MIZ-Redaktion entgegenwirken."

MIZ-Redaktion

Schicksalsweg eines Ketzers

„Er war jung, fesch, äußerst begabt und rebellisch: Ein Shooting-Star unter den Theologieprofessoren der Katholisch-Theologischen Fakultät der Universität Wien. Alsbald wurde er zum Dekan der Fakultät ernannt. Rebellen sind gefährliche Zeitgenossen. Ihre Ideen wirbeln unbarmherzig die stehenden Gewässer altbackener Traditionen und die stinkenden Tümpel der Heuchelei auf. Das ist für eine biedere Gesellschaft eine nicht zu duldende Herausforderung.

Mynarek rührte um, das hätte er lieber lassen sollen. Er ging weiter als erlaubt. Die beleidigte Kollegenschaft ließ das nicht ruhen. Über den jungen Professor ging ein Tsunami von Gerichtsprozessen nieder... Solche Erlebnisse prägen ein Leben lang...

Die Gottesfrage ließ ihn ebenso wenig los. Die Jeremiade darüber erschien erst vor einem Jahr und hieß: 'Papst-Entzauberung'..."

„Der Name Hubertus Mynarek wirkt auf fromm-katholische Kenner wie die Warnung vor einem Tsunami. Selbst gestandene Verleger kommen in Verlegenheit, sobald der wortgewaltige Uni-Professor a. D. für Religionswissenschaft und Fundamentaltheologie mit einem neuen Buchmanuskript winkt. Auch das neueste Werk des notorischen Querdenkers, Papst-Entzauberung. Das wahre Gesicht des Joseph Ratzinger und die exakte Widerlegung seiner Thesen' ist ein veritabler Elefant im überfüllten Porzellanladen der schier unübersehbaren Bücher-Schwemme ...

Ratzinger und Mynarek: Zwei Deutsche, deren Lebensläufe zunächst überraschende Parallelen aufweisen. Der eine wie der andere wächst in Hitlers Drittem Reich heran. Beide kommen aus gutkatholischen Familien. Beide besuchen als Kinder brav den Gottesdienst. Der junge Ratzinger aus Bayern dient in den letzten Tagen des Krieges als Luftwaffenhelfer, kann sich im allgemeinen Chaos davonmachen. Der junge Mynarek aus Oberschlesien ist Oberjungzugführer in Hitlers Jungvolk. Eine harmlose Angelegenheit, trotzdem wird er 1945 von der polnischen Polizei verhaftet, landet im Gefängnis. In seiner Aussichtslosigkeit und Verzweiflung nimmt er Zuflucht zum Gebet. Als er aus dem Gefängnis entlassen wird, schreibt er dies der Fürsorge Gottes zu. Ratzinger wie Mynarek wollen Priester werden. Beide treten 1948 ins Priesterseminar ein. Doch während Ratzingers Lebenslauf eine lineare, ungebrochene Entwicklung zur Priesterweihe aufweist, plagen den radikalen Idealisten Mynarek immer wieder Glaubenszweifel. Auch er besitzt einen scharfen Intellekt, wird bereits in jungen Jahren zum Universitätsprofessor, unterrichtet wie Ratzinger unter anderem Fundamentaltheologie und wird sehr bald zum Dekan der Theologischen Fakultät der Universität Wien gewählt. Doch da trennen sich die Wege.“

Bruch mit der Kirche

Während der 'demütige', in Wirklichkeit aber recht ehrgeizige Ratzinger in der kirchlichen Hierarchie immer höher steigt, zerbricht der Idealist Mynarek an der alltäglichen Wirklichkeit seiner Umgebung und der kirchlichen Entwicklung. Immer mehr verfestigt sich in ihm die Überzeugung: Die Kirche habe sich von dem, was Jesus wirklich wollte, weit entfernt. Die hierarchische Kirche gilt ihm aber auch als nicht reformierbar. Radikal wie er ist, tritt er aus der Kirche aus. Ein Theologieprofessor und Dekan, der aus der Kirche austritt: Die Öffentlichkeit war schockiert. Noch dazu, wo Mynarek in einem explosiven Buch mit dem Titel, Herren und Knechte der Kirche' (von Bertelsmann als zu scharf abgelehnt, bei Kiepenheuer & Witsch schließlich 1973 erschienen) die menschlichen, allzu menschlichen Schattenseiten dessen, was er in seiner Umgebung erlebte, der Öffentlichkeit darbot. Die Medien warfen sich auf das Buch, es wurde ein Bestseller.

Doch Mynarek konnte sich an dem Erfolg nicht lange erfreuen. Die vom Buch direkt Betroffenen prozessierten Mynarek in den folgenden Jahrzehnten in Grund und Boden. Seine Ehe zerbrach, er geriet an den Rand seiner Existenz. Freunde unter den Kirchengegnern halfen ihm. Die Zweifel an der Existenz Gottes und der Gottheit Jesu machten aus ihm einen Agnostiker.

Mynarek heute: 'Ich bin nicht wegen des Zölibats ausgetreten. Sondern wegen der autokratischen Strukturen der Kirche ... Dass Gott auch auf krummen Linien gerade schreiben kann, würde ich heute so ähnlich sehen, auch wenn mein Gottesbegriff sich verändert hat. Das Sein, das wir als Grundlage alles Seienden annehmen können, ist unbegreiflich, unbeschreibbar, unnennbar. Und da meine ich, dass es wahrscheinlich gar keinen so großen Unterschied zu Ihrem Gottesbegriff gibt, denn wenn Sie die Aussagen großer Theologen und Mystiker nehmen, dann sind das Aussagen der negativen Theologie, das heißt, dass man von Gott nur aussagen kann, was er nicht ist, und nicht, was er ist.'

Auch Mynareks neuestes Werk ist ein brillant geschriebenes Buch, sehr lesenswert. Man wird Mynarek nicht in allem folgen. Seine Wahrhaftigkeit verdient aber Verständnis und Respekt."

Rudolf Schermann, katholischer Priester,
Hrsg. und Chefredakteur des Wiener Magazins „Kirche In"

Nach Mynarek und anderen: „Die Ruhe des Friedhofs“ in: „KI“, 10/2008.

„Was waren das für Zeiten, als katholische Theologen in den Verdacht gerieten, ketzerische Lehren zu verbreiten! Als Adolf Holl, Sigmund Kripp, Franz Schupp ihrer Ämter verlustig gingen, Hubertus Mynarek als Dekan der Wiener Katholisch-Theologischen Fakultät aus der Kirche austrat und unter den Presbytern die Kontestation blühte! Die Debatte wogte, die Episkopen hatten Ecken und Kanten, es gärte an allen Ecken und Kanten. Die administrative Erledigung von Konflikten führte allerdings dazu, dass diese Konflikte kaum fruchtbar wurden, sondern nur unter der Decke weiter schwelten. Die ebenso unsäglichen wie unseligen Bischofsernennungen, die Skandale um Groer und Krenn, die hilflose und selbstbetrügerische Reaktion auf den Sturm des Kirchenvolks-Begehrens in Form einer plappernden und konsequenzfreien Veranstaltung namens 'Dialog für Österreich' haben ihren Anteil daran, dass nach und nach Ruhe einkehrte, wie wir sie jetzt haben.

1968, in der Tschechoslowakei, nannte man diesen Beruhigungsprozess 'Normalisierung'. In der Kirche geht ein ähnlicher Prozess vonstatten, nur langsamer. Ruhe kehrt ein, weil die kritischen Geister sich davon machen. Die einen laut, unter Türengeknall, die meisten leise. Es interessiert sie nicht mehr. Die meisten haben nicht mehr das Gefühl, dass es in der Kirche um ihre Anliegen geht. Die Hirten sind römische Klone, die sich hinter geistlichem Beton oder frommem Gesäusel verschanzen. Die Entfremdung ist weit fortgeschritten, das Gespräch ist verstummt, höfliche Gleichgültigkeit dominiert. Es ist wieder Ruhe eingekehrt in der Kirche. Die Ruhe des Friedhofs.“

Episkopos (anonym bleiben wollender katholischer Priester) in: „KI“ 10/2008.

Mynarek als „öffentlicher Mahner und öffentliches Gewissen“

„Wer könnte also hier Stellung nehmen als öffentlicher Mahner und öffentliches Gewissen? Martin Walser schweigt, Botho Strauß äußert kaum noch etwas öffentlich, nur Hans Magnus Enzensberger war nach langer Zeit wieder zur Finanzkrise zu hören, von Rolf Hochhuth gibt es kaum noch Stellungnahmen ... Nachfolger bleiben aus: Frank Schirrmacher ist, wie gesagt, kein Ersatz; Stimmen aus der Soziologie sind willkommen, Zeitbild lieferanten auf einer ganz anderen Ebene, und seien sie noch so amüsant-subversiv wie Eckhard Henscheid, Max Goldt oder der unlängst verstorbene (und unerreichte) Robert Gernhardt, ersetzen keinen öffentlichen Moralisten vom Range eines Karl Kraus oder Kurt Tucholsky – oder eben Heinrich Böll. So bleibt dies Hubertus Mynarek vorbehalten, der allein in der Lage ist, mit seinem stupenden Wissen und seiner Sprachmächtigkeit zu wirken und damit die unerlässliche kritische Masse zu bilden, die ein Forum öffentlicher Auseinandersetzung in einer Demokratie so dringend benötigt und dies seit vielen Jahrzehnten in einer Fülle von Publikationen. In einer Fülle und Breite, wie sie heute von keinem auf diese Weise mehr geleistet werden kann: von der Kirchen-, Papst- und Institutionenkritik, der Aufarbeitung des deutsch-polnischen Verhältnisses, den ethischen Fragen der modernen Naturwissenschaft bis hin zu Problemen der praktischen Lebensgestaltung und der Ethik. Es ist bezeichnend für unser rudimentäres Geistesleben, dass Mynarek nicht, seinem Rang gemäß, von der Öffentlichkeit rezipiert und gewürdigt wird, sondern ein Tipp für Kenner bleibt. Dieses Schicksal teilt Mynarek mit anderen illustren Namen, die nicht ihrer Bedeutung gemäß gewürdigt wurden, so etwa mit Jean und Carl Amery, dem unerschrockenen und völlig unabhängigen Autor Albert Vigoleis Thelen, auch mit Günter Anders und mit zahlreichen anderen, denen man größeren Einfluss gewünscht hätte oder wünscht.“

Zu Mynareks Büchern „Herren und Knechte der Kirche“ und „Die Kunst zu sein“

„'Herren und Knechte der Kirche“, nach einem Artikel im SPIEGEL über Mynarek, brachte den Verf. auf die Spur des Autors. Das Buch gehört zu denjenigen, die es lohnen, alle paar Jahre wieder gelesen zu werden, vor allem von einem Hochschullehrer, wenn auch in einem anderen Wissenschaftszweig tätig.

Besonders hervorzuheben ist hier sein schönes Buch 'Die Kunst zu sein. Philosophie, Ethik und Ästhetik sinnerfüllten Lebens', 1989/1998, das jedem Studierenden, der in die Fänge des blinden globalen Strebertums mit seiner oft asozialen, auf Berechnung und Gier beruhenden Lebensplanung zu geraten droht, nur dringend empfohlen werden kann – und von mir meinen Studenten auch empfohlen wird.“

Zum Wertewandel und Werteverfall

„Die Zeit und ihr Wertewandel und vielfacher Wertezerfall schreit geradezu nach einem 'Geistesleben', wie es Friedrich Heer für die deutsche Gesellschaft seinerzeit einforderte: einem neuen 'Geistesleben'. Die öffentlichen Mahner und Warner, welche die geistige Auseinandersetzung im Nachkriegsdeutschland einmal so fruchtbringend und wirkungsvoll begleiteten und nicht weniger als die Politik prägten, scheinen ausgestorben zu sein. Neue wachsen nicht mehr nach. Historisches Wissen, zumal zur deutschen Geschichte und ihren Abgründen, schwindet dramatisch. So ist es eine stete Beruhigung, dass so ein unerschrockener und geistig so unbestechlicher Kopf wie Hubertus Mynarek unter uns ist, und es ist unser Wunsch zur Feier seines achtzigsten Geburtstags, dass dies noch sehr lange so bleibt und er seine Stimme erheben kann. Themen gibt es genug. Dass er dies in unverwechselbarer Weise tut, davon kann man überzeugt sein.

Es ist vornehmlich Aufgabe der kritischen Öffentlichkeit, in Sendungen und Medien, Diskussionsforen, Tagungen, Vorträgen, Büchern und Aufsätzen Aufklärung in zeitgemäßer Form zu leisten – und sei es in Internetforen, welche noch am ehesten geeignet sind, die heutigen Studierenden zu erreichen. Wenn aber hierfür die couragierten, unerschrockenen, von jeder Zeitströmung und politischer Korrektheit unabhängigen Männer und Frauen nicht immer neu heranwachsen, trocknet diese kritische Öffentlichkeit aus und nimmt keinen Einfluss mehr. Wenn keine Bölls, Szczesnys und Mynareks mehr als Vorbilder wahrgenommen werden, wachsen auch keine Bölls, Szczesnys und Mynareks mehr nach. Die Geistesfreiheit stirbt langsam, Stück für Stück, der 'Sand im Getriebe' (Günter Eich) schwindet. Ein wesentliches und wirksames Gegenmittel hierfür ist es, und das haben alle Hochschulpädagogen mittlerweile erkannt, die Studierenden wieder zum kritischen Lesen zu bringen – und zwar auch außerhalb des engeren Prüfungsfachs. Auch das Verhältnis von Staat und Kirche ist in vielen Punkten problematisch. Hier hineinzuleuchten ist das Verdienst Hubertus Mynareks, der sich wie kein anderer einer klaren Sprache bedient und Missverständnisse dieser nach wie vor allzu engen Symbiose von 'Thron und Altar', der 'hinkenden Trennung von Staat und Kirche' in Deutschland fast als Allein-Opposition annimmt. Hans Küng verkörpert hier nur einen schwachen Schatten solcherart Grundsatzkritik."

Rechtsprofessor Dr. Dr. habil. Michael Killian

Bücher von Hubertus Mynarek

Philosophie des religiösen Erlebnisses
München 1963 (Schöningh-Verlag)

Der Mensch – Sinnziel der Weltentwicklung?
München 1967 (Schöningh-Verlag)

Mensch und Sprache
Freiburg 1967 (Herder-Verlag)

Der Mensch – Das Wesen der Zukunft
München 1968 (Schöningh-Verlag)

Gott oder der Mensch im Mittelpunkt?
Donauwörth 1968 (Verlag Ludwig Auer)

Existenzkrise Gottes?
Augsburg 1969 (Verlag Winfried-Werk)

DIO, SE ESISTE, E'DIVERSO
Turin 1970 (Marietti-Verlag)

Herren und Knechte der Kirche
Köln 1973 (Verlag Kiepenheuer & Witsch), 2. Aufl.
Ulm 2003 (Historia Verlag), 3. Auflage Freiburg
2010 (Ahriman-Verlag) ISBN 978-3-89282-504-9

Der kritische Mensch und die Sinnfrage
Berlin 1976

Religion – Möglichkeit oder Grenze der Freiheit?
Köln 1977 (Verlag Wissenschaft & Politik) ISBN 3-8046-8538-2

Orientierung im Dasein
München 1979 (Unitarier Verlag) ISBN 3-922483-03-8

EROS Y CLERO
Barcelona 1979 (Luis De Caralt Ed. S.A.) ISBN 84-217-6777-1

Zwischen Gott und Genossen
Berlin 1981 (Ullstein Verlag) ISBN 3-550-07944-3

Religiös ohne Gott?
Düsseldorf 1983 (Erb-Verlag), als TB: München 1989: Goldmann Verlag; Neuauflage 2018 im Verlag NIBE Media, Alsdorf

Ökologische Religion. Ein neues Verständnis der Natur
München 1986, 2. Aufl. 1990 (Goldmann Verlag).
Neuauflage 2020, Verlag für Schöne Künste, Herbrechtingen

Kirche ohne Tabu
Rottweil a.N. 1986, Verlag Das Wort, ISBN 3-89201-001-3

Mystik und Vernunft
Freiburg und Olten 1991 (Walter Verlag); Neuaufl. Münster 2001 (LIT Verlag). Neuauflage 2018 im Verlag NIBE Media, Alsdorf

Denkverbot. Fundamentalismus in Christentum und Islam
München 1992 (Knesebeck-Verlag); 2. Aufl. 2006
(ASKU-Presse-Verlag) ISBN 3-930994-16-X

Erster Diener seiner Heiligkeit
Ein kritisches Portrait des Kölner Erzbischofs Joachim Meisner
Köln 1993 (Verlag Kiepenheuer & Witsch).
Neuauflage mit neuer Einleitung etc. bei NIBE Media, Alsdorf 2019

Die Neue Inquisition. Sektenjagd in Deutschland
Marktheidenfeld 1999 (Verlag Das Weisse Pferd).
Neuauflage 2018 bei NIBE Media, Alsdorf

Kritiker contra Kriecher
Ulm 2005 (Historia Verlag), ISBN 3-9806576-4-7

Der polnische Papst. Bilanz eines Pontifikats
Freiburg 2005 (Ahriman-Verlag), ISBN 978-3-89484-602-2

Papst-Entzauberung
Norderstedt 2007(BOD Verlag), ISBN 978-3-8334-8033-1

Das Gericht der Philosophen
Ernst Bloch – Erich Fromm – Karl Jaspers
Über Gott – Religion – Christentum – Kirche
Essen 1979 (Verlag Die Blaue Eule) ISBN 978-3-89206-808-2

Die Kunst zu sein
Philosophie, Ethik und Ästhetik sinnerfüllten Lebens
1. Auflage Düsseldorf 1989, 2. Aufl. Essen 1998,
Neuauflage Angelika Lenz Verlag, Neu-Isenburg 2014

Die Vernunft des Universums
Lebensgesetze von Kosmos und Psyche
(Philosophie in der Blauen Eule / Band 32)

(1. Aufl. München 1988 (Goldmann TB),
Neuauflage Essen 2003, ISBN 978-3-89924-066-9

Jesus und die Frauen
Das Liebesleben des Nazareners
1. Aufl. Frankfurt a. M. 1995 (Eichborn Verlag),
2. & 3. Aufl. Essen 2008 (Verlag Die Blaue Eule),
ISBN 978-3-89206-950-5

Eros und Klerus
1. Aufl. Düsseldorf 1978 im Econ Verlag, drei Taschenbuch-Auflagen im Knaur Verlag, 5. Auflage 1999 im Essener Verlag Die Blaue Eule. Neuauflage wesentlich erweitert bei NIBE Media, Alsdorf 2018

Casanovas in Schwarz
Zehn Schlüsselgeschichten über Priesteraffären mit Frauen
2. Aufl. Essen 2005 Verlag Die Blaue Eule ISBN 978-3-89206-339-1

Jenseits der Todesschwelle
Berichte – Erfahrungen – Argumente zur letzten Sinnfrage des Lebens
NIBE Media, Alsdorf 2018

Eine Jugend im Osten des Dritten Reiches
Verlag Die Blaue Eule, Essen 2008, ISBN 978-3-89924-217-1

Streiter im weltanschaulichen Minenfeld
Zwischen Atheismus und Theismus – Glaube und Vernunft – Säkularem Humanismus und theonomer Moral-Kirche und Staat
Festschrift für Prof. Dr. Hubertus Mynarek, hrsg. von
C. Baumann und N. Ulrich.
Verlag Die Blaue Eule, Essen 2009 ISBN 978-3-89924-247-8

Die Neuen Atheisten
Ihre Thesen auf dem Prüfstand
Verlag Die Blaue Eule, Essen 2010, ISBN 978-3-89924-302-4

Luther ohne Mythos
Das Böse im Reformator
Ahriman-Verlag, Freiburg 2012, 3. Aufl. 2013
ISBN 978-3-89484-609-1

Warum auch Hans Küng die Kirche nicht retten kann
Eine Analyse seiner Irrtümer
Tectum Verlag, Marburg 2013,
jetzt im Nomos-Verlag, Baden-Baden ISBN 978-3-8288-3020-2

Wertrangordnung und Humanität
Essen 2014 (Verlag Die Blaue Eule) ISBN 978-3-89924-376-5

Papst Franziskus – Die kritische Biografie
Tectum Verlag, Marburg 2015;
2017 Nomos Verlag, Baden-Baden, ISBN 978-3-8288-3583-2

Vom wahren Geist der Humanität
Der evolutionäre Naturalismus ist kein Humanismus.
Die gbs in der Kritik
NIBE Media, Alsdorf 2017

Moderne Denker der Transzendenz
NIBE Media, Alsdorf 2019

Die Giordano-Bruno-Stiftung.
Neo-Atheistische Variante der Humanität oder Affentheorie?

Angelika Lenz Verlag, Neu-Isenburg 2022

Betrug, Fälschungen, Fake News
in der Politik des 20. und 21. Jahrhunderts
Eigenverlag (Tel. 06755 621), 55571 Odernheim 2022

Meine Begegnungen mit Päpsten,
Kardinälen, Erzbischöfen, Bischöfen und Prälaten
Angelika Lenz Verlag, Neu-Isenburg 2023

Kurzbiografie von Hubertus Mynarek

Hubertus Mynarek, Dr. theol., Mag. phil., habilitierte an der Universität Würzburg für Fundamentaltheologie und vergleichende Religionswissenschaft, lehrte dann als ordentlicher Professor zunächst an der Universität Bamberg/Bayern, dann an der Universität Wien. Autor von über 40 Werken zu einer breiten Palette weltanschaulicher, philosophischer, theologischer, ökologischer und kultureller Themen. Mynarek ist Träger des Sir-Karl-Popper-Preises des Österreichischen Freidenkerbundes für Verdienste um die Offene Gesellschaft und Mithrsg. der philosophischen Zeitschrift „Aufklärung und Kirche“, Nürnberg (darin zahlreiche Beiträge von ihm).

Anmerkungen

1 H. W. Kubitza, Verführte Jugend. Eine Kritik am Jugendkatechismus Youcat, Marburg 2011, 102.

2 Kubitza, a. a. O. 100.

3 Ebd. 100f.

4 Vgl. H. Mynarek, Jenseits der Todesschwelle, Alsdorf 2018 (NIBE-Media).

5 Küng, Christsein, München 1974, 138.

6 Kubitza, a.a.O. 103.

7 J. Ratzinger-Benedikt XVI., Glaube – Wahrheit – Toleranz, Freiburg, 4. Aufl. 2005, 34f., 71; vgl. H. Mynarek, Papst-Entzauberung, Norderstedt 2007.

8 In unüberbietbarer Widersprüchlichkeit spricht Küng in einer Kapitelüberschrift seines Buches zur Rettung der Kirche sogar von „dem in der Bibel bezeugten geschichtlichen Jesus Christus“ (S. 195).

9 D. Pieper, Das Leben Jesu, in: Der Spiegel (Sonderausgabe Geschichte), Nr. 6/2001, 17.

10 Zit. nach C. Schüle, König der Wahrheit, in: ebd. 25.

11 H. Wolff, Jesus der Mann, Stuttgart 1975, 80.

12 Ch. Mulack, Die Weiblichkeit Gottes, Stuttgart 1983, 287.

13 F. Alt, Jesus – der erste neue Mann, München, 8. Aufl. 1991, 65, 70.

14 E. Moltmann-Wendel, Jesus, feministisch gesehen, in: J. Thiele (Hrsg.), Jesus, Düsseldorf 1993, 113.

15 Alt, a.a.O. 66.

16 J. Klausner, Jesus von Nazareth, Berlin 1934, 57f.

17 G. Vermes, Jesus der Jude, Neukirchen-Vluyn 1993; ders., Jesus and the World of Judaism, New York 1983.

18 P. Winter, On the Trial of Jesus, Berlin 1961 (Studia Judaica, Vol. 1).

19 D. Flusser, Jesus und das Gesetz, in: H. Wolandt (Hrsg.), Jesus – Ein kritisches Lesebuch, München 1993, 237.

20 D. Flusser, Jesus, Hamburg 1987.

21 Schalom Ben-Chorin, Bruder Jesus, München, 7. Aufl. 1984.

22 K. Deschner (Hrsg.), Jesusbilder in theologischer Sicht, München 1966, 449 f. Auch A. N. Wilson („Der geteilte Jesus", München 1993, 18) ist überzeugt, dass das Markusevangelium „uns den überraschenden Hinweis liefert, dass Jesus die Nichtjuden als ›Hunde‹ abtat, denen er nichts zu sagen habe. Dies berechtigt zu der durchaus plausiblen Annahme, dass hier ein Bruchstück mündlicher Überlieferung des wirklichen Jesus überlebt hat, das uns von den Evangelisten ungeschickterweise bewahrt worden ist."

23 Küng, Christ sein 363.

24 Ebd.

25 Ebd.

26 So nannte ihn der Professor für Judaistik an der Universität Leeds, Hyam Maccoby, in seinem Werk „Der Mythenschmied. Paulus und die Erfindung des Christentums", Freiburg 2007 (Ahriman-Verlag, hrsg. von F. E. Hoevels; Titel der Originalausgabe: „The Mythmaker. Paul and the Invention of Christianity", New York 1986).

27 T. Maccoby, a.a.O. 15.

28 Ebd.

29 Ebd.

30 Siehe dazu: H. Mynarek, Luther ohne Mythos. Das Böse im Reformator, Freiburg 2012 (Ahriman-Verlag).

31 Küng, Christsein 427f; vgl. auch ebd. S. 568: „Wer mit Jesus gehen will, der verleugne sich selbst und nehme ... sein eigenes Kreuz auf sich und folge ihm nach."

32 Allerdings gesteht Küng anderenorts, dass er sich nicht selber als guten Christen präsentieren will, wohl aber das Christsein für eine

besonders gute Sache halte“ (in: H. Küng, Umstrittene Wahrheit. Erinnerungen, München 2007, 286).

33 H. Küng, Theologie im Aufbruch, Neuausgabe München 1992, 113.

34 Maccoby, a.a.O. 3.

35 Im Kanon Muratori aus dem frühen 3. Jhdt. ist folgende Stelle bemerkenswert: „Dieser Arzt Lukas hat das Evangelium nach der Himmelfahrt Christi, nachdem ihn Paulus als wissenschaftlich gebildeten Mann mit sich genommen hatte, unter seinem eigenen Namen nach den Anschauungen des Paulus geschrieben ... Auch er hat indes den Herrn nicht im Fleische gesehen.“

36 Maccoby, a.a.O. 203.

37 Klausner, Von Jesus zu Paulus, Königstein 1980.

38 Zit. nach K. Deschner/H. Herrmann, Der Antikatechismus, München 1993 (Goldmann TB), 142.

39 E. Meyer, Ursprünge und Anfänge des Christentums, 4. + 5. Aufl. 1921, Bd. III, 459.

40 Kubitza, a.a.O. 27.

41 Deschner/Herrmann, a.a.O. 143.

42 Küngs Lobrede auf Paulus gipfelt in den Worten: „Paulus hat seine Macht nie missbraucht ... Paulus stellt sich seinen Gemeinden nie als Herr, auch nicht als Priester gegenüber“ (Küng, Ist die Kirche noch zu retten? 183).

43 D. Sölle, Jesus, der Mensch für andere, in: J. Thiele (Hg.), Jesus. Auf der Suche nach einem neuen Gottesbild, Düsseldorf 1993, 23ff.

44 L. Boff, Jesus, befreiungstheologisch gesehen, in: Thiele (Hg.), a.a.O., 70ff.

45 K. Rahner, Jesus, existentiell gesehen, in: Thiele (Hg.), a.a.O., 133ff.

46 P. Teilhard de Chardin, Jesus, kosmisch gesehen, in: ebd. 156ff.

47 J. Sudbrack, Jesus, mystisch gesehen, in: ebd. 167ff.

[48] C. G. Jung, Jesus, archetypisch gesehen, in: ebd. 177ff.

[49] E. Drewermann, Jesus, therapeutisch gesehen, in: ebd. 184ff.

[50] H. R. Schlette, Jesus, solidarisch gesehen, in: ebd. 206ff.

[51] O. Ortega, Jesus, lateinamerikanisch gesehen, in: ebd. 319ff.

[52] B. Bujo, Jesus, afrikanisch gesehen, in: ebd. 333ff.

[53] W. Kröger, Jesus, asiatisch gesehen, in: ebd. 351ff.

[54] K.-H. Ohlig, Jesus multikulturell gesehen, in: ebd. 371ff.

[55] M. M. Ayoub, Jesus, islamisch gesehen, in: ebd. 292ff.

[56] M. Gandhi, Jesus, hinduistisch gesehen, in: ebd. 299ff.

[57] D. T. Suzuki, Jesus, buddhistisch gesehen, in: ebd. 305ff.

[58] M. Buber, Jesus, jüdisch gesehen, in: ebd. 283ff.

[59] J. M. Lochmany, Jesus, atheistisch gesehen, in: ebd. 221ff.

[60] M. Machovec, Jesus, marxistisch gesehen, in: ebd. 229ff.

[61] E. Bloch, Jesus, rebellisch gesehen, in: ebd. 244ff.

[62] L. Kolakowski, Jesus, philosophisch gesehen, in: ebd. 258ff.

[63] Johannes Paul II., Jesus, päpstlich gesehen, in: ebd. 126ff; vgl. H. Herrmann, Johannes Paul II. beim Wort genommen, München 1995.

[64] Vgl. E. Moltmann-Wendel, Jesus, feministisch gesehen, in: ebd. 107ff.

[65] Vgl. W. Schubart, Jesus, erotisch gesehen, in: ebd. 148ff.

[66] F. Alt, Jesus – der erste neue Mann, München 81991, 14.

[67] A. a. 0. 13.

[68] Ebd. 12.

[69] Ebd. 21.

[70] Ebd. 16.

[71] Ebd. 66f.

[72] Ebd. 14.

[73] Ebd. 18.

[74] Vgl. J. Dirnbeck, Starb Jesus in Indien? (2. Teil der Serie: »Bestseller-Star Jesus«), in: »Kirche intern« 1/94, 34-38.

75 A. Worm, Jesus Christus, Düsseldorf 1993, 164.

76 So widersprüchlich, ohne den Widerspruch auch nur zu bemerken, kritisierte die Kirchenpresse (»Rheinischer Merkur«, »Deutsche Tagespost« und verschiedene diözesane Kirchenzeitungen) mein kritisches Porträt des Kölner Kardinals J. Meisner (H. Mynarek, Erster Diener Seiner Heiligkeit, Köln 1993, Neuaufl. 2019, Alsdorf).

77 Dazu: H. Mynarek, Ende der Kirchenreligion – Beginn einer neuen Spiritualität, in: B. Kuckertz (Hg.), Gotteslohn. Die Kirche und ihre ungehorsamen Diener, München 1992, 136ff.

78 H. C. Zander, Ecce Jesus, Reinbek 1992, 14.

79 J. Neuner/H. Roos, Der Glaube der Kirche in den Urkunden der Lehrverkündigung (neubearbeitet von K. Rahner/K. H. Weger), Regensburg 1986, 12. Aufl., 109; ähnlich, teilweise identisch im neuen Weltkatechismus: Katechismus der katholischen Kirche, München 1993: »Inspiration und Wahrheit der Heiligen Schrift«, Nr. 105–107; vgl. Nr. 101–104.

80 Vgl. zu den Berichten über den Jesusknaben in den apokryphen Evangelien W. Schneemelcher (Hg.), Neutestamentliche Apokryphen, Bd. l: Evangelien, Tübingen, 5. Aufl. 1987.

81 A. N. Wilson, Der geteilte Jesus, München 1993, 119f.

82 Vgl. Schalom Ben-Chorin, a.a.O. 28; M. Koestler, Stirbt Jesus am Christentum?, Gütersloh 1986, 97. Der letztere erwähnt nicht den Talmud, wohl aber »eine sehr alte Legende«, nach der Jesus der uneheliche Sohn Marias gewesen sei. Aber auch er konstatiert, dass »offenbar die Herkunft des Jesus von allem Anfang an zu allerlei Deutungen Anlass gegeben hat«; kritisch zur Panthera-Tradition äußert sich Wilson, Der geteilte Jesus, 103.

83 J. Jeremias, Jerusalem zur Zeit Jesu, Gütersloh 1969, 201.

84 »Nazareth war zu Lebzeiten Jesu wahrscheinlich ein sehr kleiner Ort« (Wilson, a.a.O. 115). Dagegen behauptet der im ersten Jahr-

hundert unserer Zeitrechnung lebende jüdische Geschichtsschreiber Flavius Josephus (Der jüdische Krieg, München 1988, III, 3,2), dass wegen der Fruchtbarkeit und des Reichtums dieses Teils von Galiläa die Bevölkerungsziffern in den Dörfern allenthalben gewaltig anstiegen, so dass selbst das kleinste Dorf mindestens 15.000 Einwohner zählte. Aber das dürfte dann doch übertrieben sein.

85 Zur Entwicklung des Marienkultes und Rolle der Maria in der Kirche siehe Mynarek, Erster Diener Seiner Heiligkeit, 4. Kap: »Der Kardinal und die Frauen« 201ff.

86 Eine Reihe von Widersprüchen in den Evangelien hat P. de Rosa zusammengestellt (Der Jesus-Mythos, München 1991, 183191)

87 Ranke-Heinemann, Nein und Amen, Hamburg 1992, 81.

88 W. Biermann, Rotgefärbter Tatsachenbericht vom wahren Leben und Tod des Jesus Christus, in: H. Wolandt (Hg.), Jesus – Ein kritisches Lesebuch, München 1993, 305.

89 L. Rinser, Mirjam, Frankfurt a. M. 1983; hier zit. nach H. Wolandt (Hg.), a.a.O. 300f. (Titel des Rinser-Beitrags: Jochanan und Jeschua)

90 Schneemelcher, a.a.O. 345.

91 Wilson, a.a.O. 102.

92 Zit. nach Ranke-Heinemann, a.a.O. 51.

93 G. Kittel, Theologisches Wörterbuch zum Neuen Testament, Bd. V, 1954, 828, Anm. 21.

94 K. Galling (Hg.), Die Religion in Geschichte und Gegenwart, Tübingen, 3. Aufl. 1959, Bd. III, 1068.

95 Zu dem, was sonst noch so alles an Glaubens- und Kultelementen vom Heidentum übernommen, geschluckt, getauft und christianisiert wurde, vgl. Mynarek, Erster Diener Seiner Heiligkeit, 228–233.

96 Zit. bei K. Deschner, Abermals krähte der Hahn, Düsseldorf 1980, 79.

97 Joseph Kardinal Höffner in »Ruhrwort«, 4.7.1987, 11.

98 Vgl. das Kapitel »Der Kardinal und die Frauen« in meinem Buch »Erster Diener Seiner Heiligkeit«.

99 J. Ratzinger, Einführung in das Christentum, München [4]1968, 225.

100 Drewermann meint hier besonders das Matthäusevangelium.

101 Drewermann, Jesus, therapeutisch gesehen, in: J. Thiele (Hg.), a.a.O. 194f.

102 Ebd. 194.

103 Ebd.

104 Schalom Ben-Chorin, Mutter Mirjam, München 1982, 63.

105 Alle hier angeführten Aussagen des Kardinals mit den entsprechenden Literatur- und Anmerkungshinweisen finden sich wiedergegeben und kommentiert in meinem Buch »Erster Diener Seiner Heiligkeit«, 201–217.

106 Vgl. G. Lohfink, Sachbuch zur Formkritik. Jetzt verstehe ich die Bibel besser, Freiburg 1973.

107 M. Schmaus, Katholische Dogmatik, Bd. V, München 1955, 107.

108 Zu den Widersprüchen zwischen den beiden Stammbäumen Jesu vgl. Ranke-Heinemann, a.a.O. 80ff.; A. Worm, a.a.O. 180ff.

109 Von den Frauen im Stammbaum des Matthäusevangeliums wird noch die Rede sein.

110 Worm nennt die Abstammung Jesu von David eine »literarische Marotte« und fügt hinzu: »Ist es heute – trotz rigoroser Dokumentationspflicht schon schwer genug, die gut dokumentierten Familienstammbäume 100 oder 200 Jahre zurückzuverfolgen, war dies im 1. Jahrhundert nach Christus so gut wie ausgeschlossen: David starb ein Jahrtausend vor ›Matthäus‹ (961 v. Chr.), und über so lange Zeiträume hinweg kann niemand die Familienverhältnisse rekonstruieren« (a.a.O. 182f.). Weiter oben hatten wir bereits ausführlich darauf aufmerksam gemacht, dass im Johannesevangelium Jesu Abstammung von David direkt verneint wird (vgl. Joh. 7,41f.)

bzw. in eine Abstammung rein »dem Geiste, nicht dem Fleische nach« umgewandelt wird.

111 Auf Onanie (Masturbation) weist diese Bibelstelle nicht zwingend hin, obwohl manche Exegeten das behaupten.

112 Vgl. G. Kittel (Hg.), Theologisches Wörterbuch, Bd. III, Stuttgart 1950, 1.

113 P. de Rosa, a.a.O. 368.

114 A.a.O. 69f.

115 Moltmann-Wendel, Jesus, feministisch gesehen, in J. Thiele (Hg.), a.a.O. 112.

116 Wilson, a.a.O. 96, 149f.

117 Worm, a.a.O. 200f.

118 R. Schnackenburg, Die sittliche Botschaft des Neuen Testamentes, München, 2. Aufl. 1962, 108.

119 Ranke-Heinemann, a.a.O. 102.

120 R. Bultmann, Das Evangelium des Johannes, Göttingen 1962, 83.

121 A.a.O. 103.

122 Vgl. Schalom Ben-Chorin, a.a.O. 68ff.

123 Ebd. 69.

124 Schnackenburg, a.a.O.

125 Wilson, a.a.O. 114f.

126 Bei Markus (6,3) heißt es: »Ist dieser nicht der Zimmermann, der Sohn der Maria ...?« Es gibt allerdings Exegeten, vor allem jüdische wie Prof. G. Vermes (Jesus der Jude, Neukirchen-Vluyn 1993), einen der hervorragendsten Kenner der jüdischen Welt des ersten Jahrhunderts und der Schriftrollen vom Toten Meer, die das griechische Wort »ho tekton« so auslegen, dass Jesus nicht Zimmermann, Schreiner oder Tischler war, sondern Gelehrter. Die Begründung dafür ist die, dass der verwendete griechische Ausdruck ein Wort semitischen Ursprungs wiederzugeben versucht. Nun hatte in alten jüdischen Schriften das Wort »Zimmermann« oder

»Handwerker« eine metaphorische Bedeutung. Im Aramäischen lautet das entsprechende Wort »naggar«, was sowohl »Handwerker« wie »Gelehrter« bedeuten kann.

127 Selbstverständlich kann man nicht mit Bestimmtheit sagen, Jesus sei verheiratet gewesen. Aber »es wäre überraschend, wenn er es nicht gewesen war« (Wilson, a.a.O. 22). »Ein unverheirateter Rabbi ist kaum denkbar« (Schalom Ben-Chorin, a.a.O. 104). Aus dem Schweigen der Evangelien zum Thema: »War Jesus verheiratet oder nicht?« darf man nicht einfach auf sein Nichtverheiratetsein schließen, denn wir vernehmen von ihnen auch kein einziges Wort über die Frauen der Jünger, obwohl die meisten von ihnen mit Sicherheit verheiratet waren. Nur indirekt erfahren wir, dass Petrus verheiratet war, da Jesus ja seine Schwiegermutter heilt.

128 Vgl. z. B. O. Betz/R. Riesner, Jesus, Qumran und der Vatikan, Freiburg 1993; K. Berger, Qumran und Jesus, Stuttgart 1993; H. Kosmala, Hebräer – Essener – Christen, Leiden 1959; K. Schubert, Die Gemeinde vom Toten Meer, München 1958; ders., Die Religion des Judentums, Leipzig 1992; R. Eisenmann/M. Wise, Jesus und die Urchristen. Die Qumranrollen entschlüsselt, München 1992.

129 Jebamoth 62 b.

130 Dazu: Moltmann-Wendel, Ein eigener Mensch werden, 140f.

131 Vgl. Schalom Ben-Chorin, Bruder Jesus. Der Nazarener in jüdischer Sicht, München [7]1984, 100f.; F. Alt, a.a.O. 70.

132 E. Jones, Probleme der Religionspsychologie, Frankfurt a. M. 1970, 16f.

133 H. C. Zander, Ecce Jesus, Reinbek 1992, 118f. Zum Problem des Größenwahns Jesu vgl. die pathographische Studie über ihn, die sich im Werk »Genie, Irrsinn und Ruhm« des Psychiaters W. Lange-Eichbaum findet (München, 3. Aufl. 1942, 379–404); außerdem A. Schweitzer, Die psychiatrische Beurteilung Jesu, Tübingen 1913.

[134] Zit. bei Alt, a.a.0. 74.

[135] A.a.O. 72,74.

[136] Drewermann, Das Matthäusevangelium, 1. T., Olten 1992, 467.

[137] Drewermann, An ihren Früchten werdet ihr sie erkennen, Olten 1988, 59f.

[138] Alt setzt die Sünderin mit Maria Magdalena identisch, obwohl das der Text in den Evangelien des Markus, Matthäus und Lukas keineswegs sagt oder fordert. Das gilt auch unter der Voraussetzung, dass die Schilderungen bei Markus und Matthäus nicht dieselbe Frau meinen sollten wie bei Lukas. Richtig liegt wohl die feministische Theologin Moltmann-Wendel: »Aber die große Sünderin, von der Lukas erzählt (Lk. 7), und Maria Magdalena, von der alle vier Evangelien berichten, haben nichts miteinander zu tun, so wenig wie Petrus mit Judas. Was man Maria Magdalena in der abendländischen Kirchengeschichte angetan hat, entspricht der fatalen christlichen Gleichsetzung von Judas und Juden. So wie hier ein einzelner mit seinem Geschick zum Prototyp eines ganzen Volkes wurde, an dem man Zorn und Hass ablud, so projizierte man in eine Jüngerin sexuelle Sünde und belud damit das weibliche Geschlecht ... Seitdem sind die Frauen aller Zeiten von der Kirche gezeichnet, geplagt und vereinnahmt, dass sie sündig wie Maria sind und fromm wie sie sein sollen. Wie sähe unsere Tradition aus, wenn sie aus Petrus einen bekehrten Zuhälter gemacht hätten?« Aber aus Maria Magdalena habe man eine »prostituierte und diskriminierte Schwester« gemacht (E. Moltmann-Wendel, Ein eigener Mensch werden, Gütersloh 7. Aufl., 1991, 70–73).

[139] A.a.0. 71.

[140] Moltmann-Wendel, a.a.O. 62–64. Diese Theologin bezieht allerdings die ganze Szene mit der Jesus salbenden Frau auf Maria von Bethanien (vgl. Joh. 12,1-8).

[141] Vgl. Schalom Ben-Chorin, a.a.O. 98.

[142] Neuerdings unter Berufung auf Bultmann, aber auch auf J. Carmichael (Leben und Tod des Jesus von Nazareth, 1965, 197f.) U. Ranke-Heinemann, Nein und Amen, Hamburg 1992, 318ff.

[143] Bei Zander, a.a.O. 23; vgl. D. Flusser, Jesus, Hamburg 1987.

[144] A.a.0. 101f.

[145] F. Nietsche, Also sprach Zarathustra, Leipzig 1930,71.

[146] H. Vorgrimler, Das Faszinierende an Jesus, in: J. Thiele (Hg.), Jesus, Düsseldorf 1993, 22. Ähnlich D. Sölle, Jesus sei immer nur für andere dagewesen, habe sich nie bedienen lassen (ebenfalls bei Thiele, a.a.O. 23-35).

[147] Alt, a.a.O, 34f.

[148] Alt, a.a.O. 67f; vgl. die ebenfalls fehlinterpretierende, ins Metaphysisch-Symbolische abhebende Moltmann-Wendel: »Jesus holt sich Kräfte aus den Begegnungen mit den Frauen.« Er nimmt der Samariterin »nicht das, was sie ist und hat: ihr Symbol, Wasser zu sein und Krug zu sein, auch wenn er ›das Wasser des Lebens‹ gibt. Und er macht sie schließlich zur Apostelin der Samaritaner« (Jesus, feministisch gesehen, 114).

[149] Zur Problematik des Verständnisses Gottes als Geist vgl. H. Mynarek, Gottesbild eines Ketzers, in K. Deschner (Hg.), Woran ich glaube, Gütersloh 1990, 172ff. und Mynarek, Mystik und Vernunft, NIBE Verlag, Alsdorf 2018.

[150] Alt, a.a.O. 68.

[151] A.a.O. 98f.

[152] J. Jeremias, Neutestamentliche Theologie, 1.T.: Die Verkündigung Jesu, Gütersloh 1971, 218.

[153] K. Deschner, Das Kreuz mit der Kirche, Düsseldorf 1974, 64.

[154] R. Bultmann, Neues Testament und Mythologie. Das Problem der Entmythologisierung der neutestamentlichen Verkündigung, in: H.W. Bartsch (Hg.), Kerygma und Mythos, Hamburg 1954 (Kapitel: »Jesus als Rabbi«).

155 Jeremias, a.a.O.

156 Vgl. H Mynarek, Eros und Klerus. Vom Elend des Zölibats, Neuaufl. bei NIBE, Alsdorf 2018.

157 Zum Gegensatz von Schöpfergott und Erlösergott im Christentum siehe Mynarek, Verrat an der Botschaft Jesu – Kirche ohne Tabu, Rottweil a.N. 1986, 5. Kap.

158 A.a.O. 99.

159 Die sieben »bösen Geister« müssen nicht mit sexueller Triebhaftigkeit gleichgesetzt werden. Vielleicht war es eine vorübergehende psychische Störung mit Anfällen, Bewusstseinsstörungen, manischen Depressionen.

160 Vgl. S. Haskins, Die Jüngerin. Maria Magdalena und die Unterdrückung der Frau in der Kirche, Bergisch Gladbach 1994 (im jetzigen Zusammenhang bes. S. 75, 104).

161 Die Jünger scheinen ja so ihre Zweifel an ihr gehabt zu haben, denn sie »hörten zwar, dass Jesus lebe und Maria ihn gesehen habe, aber sie glaubten ihr nicht« (Mk. 16,9-11).

162 Zander (a.a.O. 80) meint, Maria Magdalena sei »wohl ... ein paar Jahre nach Jesu Tod der paulinischen Säuberung zum Opfer gefallen«.

163 Ebd. Nach Moltmann-Wendel hat Maria Magdalena »Reichtum mitgebracht. Wie durch Johanna kommt durch sie etwas Städtisches in die mittelständische Jesusbewegung« (a.a.O. 75).

164 M. Luther, WA (Werksausgabe) 28,32, 35, 449.

165 Moltmann-Wendel, a.a.O. 74,92.

166 Zit. bei Moltmann-Wendel, a.a.O. 83.

167 Vgl. H. Mynarek, Eros und Klerus, passim.

168 Moltmann-Wendel, a.a.O. 138.

169 Zit. bei Moltmann-Wendel, a.a.O. 137.

170 J. Zink, Sag mir wohin, Stuttgart 1977.

171 Moltmann-Wendel, a.a.O. 141.

172 Also sprach Zarathustra, Leipzig 1923, 97(Kap. „Von alten und jungen Weiblein").

173 Schalom Ben-Chorin, a.a.O. 100.

174 Zit. nach Moltmann-Wendel, a.a.0. 58.

175 P. de Rosa, Der Jesus-Mythos, München 1991, 377.

176 H. Herrmann, zit. nach »Der Spiegel« 52/1992, 82f. Zum Ganzen der Situation von Nonnen in Kloster und Kirche: Mynarek, Eros und Klerus 117ff.; ders., Erster Diener Seiner Heiligkeit 249ff.

177 E. Drewermann, zit. nach »Der Spiegel« 52/1992,82.

178 Vgl. zum Stand der Priester und Laien in der Kirche: Mynarek, Eros und Klerus 170ff.; ders., Verrat an der Botschaft Jesu 214ff., und Herren und Knechte der Kirche.

179 Moltmann-Wendel, a.a.O. 106.

180 Das gesamte Gespräch ist aufgezeichnet in meinem Beitrag »Petrus, Wojtyla und der Zölibat« in dem von R. Niemann herausgegebenen Buch »Petrus, Fels des Anstoßes«, Stuttgart 1994, 127–136; zu den gesamten reaktionären Anschauungen des Wojtyla-Papstes s. H. Mynarek, Der polnische Papst – Bilanz eines Pontifikats, Freiburg 2005 (Ahriman).

181 »Der Spiegel« 52/1992, 85; vgl. A.W.R. Sipe, Sexualität und Zölibat, Paderborn 1992.

182 In den USA gibt es auch das »St. Luke Institut«, eine psychiatrische Klinik für pädophile Priester, in der seit 1985 200 Pfarrer behandelt worden sind, die sich an Minderjährigen vergangen hatten. Der Präsident dieses Instituts, Canice Connors, schätzt, dass »etwa drei Prozent der katholischen Pfarrer« Minderjährige missbrauchen oder einmal missbraucht haben; er nimmt an, dass sich diese 1500 Priester durchschnittlich an zehn bis fünfzehn Kindern vergangen haben. Der international bekannte Theologe Andrew Greeley behauptet, dass in den vergangenen 25 Jahren 2.000 bis 4.000

Pfarrer mehr als 100.000 Kinder sexuell missbraucht haben. Er stützt seine Hochrechnung auf die medizinische Fachliteratur, dass Pädophile sich gewöhnlich an Dutzenden Kindern vergehen, sowie auf einen Bericht der Kirchenkommission der Erzdiözese Chicago, wonach in dem angegebenen Zeitraum dort fünf Prozent der Pfarrer Kinder missbraucht haben. Tatsache ist, dass die Diözesen der USA bisher etwa eine halbe Milliarde Dollar Anwaltsgebühren und Schmerzensgeld an die Opfer der Priester zahlen mussten. Trotzdem wird auch in den USA kritisiert, dass die Kirche in dieser Hinsicht mehr rede als tue, und dass sie mehr für die Täter als für die Opfer aufwende. In Deutschland allerdings wird diese Angelegenheit von den Bischöfen noch weit stärker tabuisiert als in den USA.

183 Moltmann-Wendel, a.a.O. 115.

184 Vgl. Mk. 10,8; Mt. 19,6: »Somit sind sie nicht mehr zwei, sondern (sie sind) ein Leib«.

185 Z. B. Alt, a.a.O. 89f.

186 P. de Rosa, a.a.O. 14.

187 Ebd. 280–282.

188 Ranke-Heinemann, a.a.O. 312f.

189 F. Buggle, Denn sie wissen nicht, was sie glauben, Reinbek 1992, 162.

190 Die von ihr in etwas anderer Hinsicht verwendete Analogie mit dem Ku-Klux-Klan steht bei Mary Daly, Der qualitative Sprung. Über die patriarchalische Religion, in: E. Moltmann-Wendel (Hg.), Frau und Religion: Gotteserfahrungen im Patriarchat, Frankfurt a. M. 1983, 110ff.

191 A.a.0.91.

192 A.a.O. 69f., 99.

193 Im »Stern«, Nr. 18/1990, 162.

194 A.a.O. 281f., 369f.

195 Entwicklung des Marienkultes und Rolle der Maria in der Kirche siehe Mynarek, Erster Diener Seiner Heiligkeit, 4. Kap: »Der Kardinal und die Frauen« 201ff.

196 Dazu H. Mynarek, Denkverbot. Fundamentalismus in Christentum und Islam, München 1992, 1. Kap. und ders., Der polnische Papst, 3. und 6. Kap.

197 P. de Rosa, a.a.O. 380.

198 Ausführlicher dazu: H. Mynarek, Ökologische Religion. Ein neues Verständnis der Natur, 2. Aufl. München 1990 (Goldmann TB). Neuaufl. u. d. T.: Ein neues Verständnis der Natur. Ökologische Spiritualität, Verlag für Schöne Künste, 2020. Ders., Mystik und Vernunft, Alsdorf 2018 (NIBE), darin zu unserer jetzigen Thematik die Kapitel: „Die Bibel und die Natur“ und „Christentum und Natur- feindlichkeit“.

199 Dazu ausführlich das Kap.: „Die Inquisition und die Juden“, in: H. Mynarek, Die neue Inquisition, Alsdorf 2018 (NIBE).

200 Vgl. H. Mynarek, Das Gericht der Philosophen. Ernst Bloch – Erich Fromm – Karl Jaspers über Gott – Religion – Christentum – Kirche, Essen 1997 (Die Blaue Eule), 44 ff., 96 ff.

201 Zwar verweist H. Albert in seiner Kritik an Küng (s. „Aufklärung und Kritik“ 1/2006, 15 f.) auf den egoistisch-utilitaristischen Charakter der jesuanischen Ethik (auch im Anschluss an A. Schweitzer und W. Kaufmann). Doch vergessen alle drei, zu wem Jesus spricht, nämlich zu den Ärmsten der Armen, denen man nicht gleich eine selbstlose Ethik materiell gesättigter Kant-Jünger vorsetzen kann und denen man auch nicht die Jenseitshoffnung nehmen sollte, wenn man ihnen das Diesseitsparadies der Reichen nicht ermöglichen kann und oft auch gar nicht will.

202 C. Markschies, Ein unglaublicher Machtanspruch, in: Der Spiegel (Sonderausgabe) 6/2011, 40, 43.

203 C. Schüle, König der Wahrheit, in: ebd. 33.

204 Ebd.

205 Ebd.

206 Ebd.

207 Kubitza, a.a.O. 150.

Hubertus Mynarek

Meine Begegnungen mit Päpsten, Kardinälen, Erzbischöfen, Bischöfen und Prälaten

Keiner deckt sowohl die persönlichen Intrigen als auch die raffiniert gesponnenen Strategien hinter den Kulissen kirchlicher Herrschaft so konkret und vielseitig auf wie Hubertus Mynarek. Der Ex-Dekan der katholisch-theologischen Fakultät der Universität Wien ist nach seinem Bestseller „Herren und Knechte der Kirche" wieder fündig geworden bei seiner Spurensuche auf vermintem Gelände.

421 S., kart., ISBN 978-3-943624-84-7, € 28,00

Hubertus Mynarek

Die Giordano-Bruno-Stiftung

Neo-Atheistische Variante der Humanität oder Affentheorie?

Auf dem weiten Feld der Religionen und Weltanschauungen gibt es zurzeit in Deutschland keine Organisation, die so intensiv und dezidiert einem geistlosen Naturalismus, einem „Humanismus" ohne geistige Werte das Wort redet wie die Giordano-Bruno-Stiftung. Sie begeht zudem einen Etikettenschwindel, indem sie die idealistisch-pantheistische Naturphilosophie Brunos für ihre Zwecke umdeutet. Anhänger findet die gbs aber, weil sie die theoretische Rechtfertigung des degenerativen Zeitgeistes liefert, der nur auf Sinnlichkeit und Spaß setzt und den Verlust von Denken, Reflexion und Differenzieren in Kauf nimmt.

Mynarek zeigt anschaulich Unhaltbarkeit und Widersprüche dieses Konzepts und weist den Weg zum wahren Humanismus.

247 S., kart., ISBN 978-3-943624-79-3, € 22,00

Hubertus Mynarek

Die Kunst zu sein

Philosophie, Ethik und Ästhethetik sinnerfüllten Lebens

Eine systematische, logisch aufbauende, zugleich praktisch und konkret bleibende Philosophie der Lebenskunst. Es geht um die Fähigkeit, die „Leichtigkeit des Seins" hinter den schweren, dunklen Wolken unserer Begrenztheit zu entdecken und zu praktizieren. Auch Krankheit, Schmerz, Leiden, Sterben und die Perspektive über den Tod hinaus werden neu bewertet. Ohne philosophischen Tiefgang bietet das Leben keine substanzielle Kost. Zu den Fragen über Sinn und geistigen Standort des Menschseins gibt Mynarek bedeutsame Antworten.

355 S., kart., ISBN 978-3-943624-06-9, € 22,00

Hubertus Mynarek

Die neuen Atheisten

Ihre Thesen auf dem Prüfstand

Dieses Buch stellt die kompletteste Darlegung und kritische Würdigung der Ansichten der wichtigsten und prominentesten atheistischen Autoren der Gegenwart dar. Die großen Menschheitsfragen nach der Entstehung des Kosmos, der Materie, des Lebens, der Evolution, des Bewusstseins, der Ethik und Religion werden im Kontext der Systeme dieser Autoren sorgfältig, aber auch faszinierend anschaulich analysiert.

Nach der Lektüre des vorliegenden Buches kennen seine Leserinnen und Leser die Gesamtgestalt des Atheismus, seine Stärken, aber auch seine Schwächen. Sie erwerben damit auch eine solide und legitime Basis, um das Verhältnis von Atheismus und Naturwissenschaft, Atheismus und Philosophie, Atheismus und Humanismus neu und treffender zu bestimmen.

373 S., kart., ISBN 978-3-943624-72-4, € 22,00

Grabner-Haider / Mynarek / Satter

Das andere Christentum

Über eine neue Vielfalt der Religiosität

In der Dynamik der modernen Gesellschaften und der postmodernen Kultur entstehen in den westlichen Ländern viele Formen des religiösen Glaubens und der Spiritualität. Damit entwickelt sich eine neue Vielfalt der geistigen Orientierung und der Religiosität. Nicht wenige Zeitgenossen beteiligen sich an der kreativen Vermischung von religiösen Bildern und Traditionen aus verschiedenen Weltkulturen. In den ersten 350 Jahren seiner Geschichte wurde der christliche Glaube in großer Vielfalt gelebt, es gab keine Institutionen der Vereinheitlichung. Erst in der Zeit der rationalen Aufklärung wurde in Europa wieder um die Vielfalt der religiösen Überzeugungen gerungen.

Nach den Katastrophen der beiden Weltkriege löste sich in Europa das einheitliche Glaubensmodell weitgehend auf. Heute ist in allen großen Kirchen die Vielfalt der Glaubensformen und der Lebensgestaltung zurückgekehrt. Diese Vielfalt reicht heute vom traditionellen Bekenntnis bis hin zu skeptischen und agnostischen Positionen, vom Glaubenschristentum zum Tatchristentum, von christlicher Spiritualität bis zur atheistischen Religiosität.

Dieser kreative Prozess der Transformation von religiösen Lehren und Moralwerten in der modernen Lebenswelt soll hier näher beschrieben werden.

181 S., kart., ISBN 978-3-943624-46-5 € 16,90

Markus Mynarek

Spiritualität – Religion – Kirche bei Friedrich Schiller

Der Autor veranschaulicht Schillers tiefe Spiritualität und Religiosität, wie sie sich in vielen Facetten und Nuancen seiner Persönlichkeit und seines Gesamtwerks manifestiert. Spiritualität als Primat des Geistes, der als konstitutives Element auch noch in allen Formen der Sinnlichkeit steckt. Religiosität als innerste Tendenz im Menschen zur Transzendenz, zum Transzendieren jeder real existierenden oder kirchlich organisierten Religion hin auf ein je Höheres, Größeres, Umfassenderes echter Religiosität, mittels derer sich das Individuum mit dem Sein, dem Universum oder welchen Entitäten und Energieformen auch immer verbunden fühlt, egal ob diese nun pantheistisch, theistisch, polytheistisch oder sonstwie aufgefasst werden. Der in dieser seiner rationalen und zugleich emotionalen Tiefenspiritualität von Mynarek wieder ans Licht gebrachte Schiller vermag auch die Spiritualität des Gegenwartsmenschen zu erhellen, neu zu motivieren und zu beflügeln.

266 S., kart., ISBN 978-3-943624-75-7 € 19,90

Christian Casutt

Mut zur Glaubensfreiheit

Eine Anleitung in fünf Schritten

Trotz des drastischen und anhaltenden Mitgliederschwunds der Kirchen scheint der christliche Glaube, selbst bei Menschen, die der Institution den Rücken kehren, in der ein oder anderen Form und Äußerung fortzuleben. Tradition und eingeübte Rituale halten sich mitunter hartnäckig, auch wenn der Bezug zur kirchlichen „Gemeinschaft der Gläubigen" fehlt. Frühkindliche Sozialisation, manch schwierige Lebensumstände, oft auch nur eine diffuse Angst, etwas am Status quo zu ändern, letztlich schlicht mangelndes Wissen, lassen viele Menschen ihre „gläubige Lebenshaltung" beibehalten.

Der Autor offeriert einen Weg zur Befreiung vom christlichen Glauben in fünf Schritten. Neben dem Nachweis der Irrationalität des Glaubens zeigt er Gründe dafür auf, dass ein vom Glauben befreites Leben für den Einzelnen und die Gesellschaft, gerade vor dem Hintergrund aktueller Herausforderungen, ein sinnvolleres Leben darstellt. Es werden auch benachbarte Themen betrachtet, u. a. Kirche, Theologie, Transzendenz und Atheismus.

173 S., kart., ISBN 978-3-943624-86-1 € 18,00